T0151607

MÉTAPHYSIQUE

LIVRE EPSILON

LA *MÉTAPHYSIQUE* D'ARISTOTE

sous la direction de
David Lefebvre et Marwan Rashed

Cette série offre une traduction nouvelle de cette œuvre fondamentale.
L'introduction et une riche annotation réinscrivent chaque livre
dans l'ensemble du projet métaphysique.
Chaque auteur propose un commentaire à la fois textuel et philosophique
qui veut prendre acte du renouveau des études aristotéliciennes.

PARU

Livre Delta, par Richard Bodéüs et Annick Stevens

À PARAÎTRE

Livre Èta, par Pierre-Marie Morel

BIBLIOTHÈQUE DES TEXTES PHILOSOPHIQUES

Fondateur : HENRI GOUHIER   Directeur : JEAN-FRANÇOIS COURTINE

ARISTOTE

MÉTAPHYSIQUE

LIVRE EPSILON

Introduction, traduction et commentaire
par
Enrico Berti

*Ouvrage publié avec le concours
du Centre national du livre*

PARIS
LIBRAIRIE PHILOSOPHIQUE J. VRIN
6, place de la Sorbonne, V^e
2015

© *Librairie Philosophique J. VRIN*, 2015
Imprimé en France

ISSN 0249-7972
ISBN 978-2-7116-2617-5

www.vrin.fr

INTRODUCTION

LE CARACTÈRE DU LIVRE E ET SA PLACE DANS LA *MÉTAPHYSIQUE*

Le livre E (*Epsilon*), VIᵉ dans la série des quatorze livres de la *Métaphysique* d'Aristote – par la présence de deux livres *Alpha* (*grand Alpha* et *petit Alpha*, correspondants à deux livres I) –, est l'un des plus brefs de tout l'ouvrage (cinq colonnes de l'édition Bekker, sur une moyenne de seize), dépassé seulement en cela par le livre *petit Alpha* (trois colonnes et demi). En outre, il est l'un des plus hétérogènes quant au contenu, traitant dans ses quatre chapitres trois ou quatre sujets différents, et il est l'un des plus discutés du point de vue de l'interprétation. Grâce à son chapitre 1, le livre E a connu une fortune immense, comparable seulement à celle du livre *Lambda*, aussi bien dans l'antiquité qu'au Moyen Âge et aux temps modernes. Il présente aussi des difficultés de style et de doctrine, qui ont conduit plus d'un interprète à douter de son authenticité.

Je mentionnerai très brièvement pour commencer ici le sujet des différents chapitres du livre E, avant d'y revenir plus amplement dans la suite. Le chapitre 1 porte sur la différence entre la science de « l'être en tant qu'être » et les autres sciences, soulignant en particulier le caractère « théologique » de cette science. Le chapitre 2 a pour objet « l'être par accident », déclarant qu'il n'est pas l'objet de la science de l'être en tant qu'être ; le chapitre 3 traite de l'être par accident en tant que cause des événements contingents ; et le chapitre 4 traite de « l'être comme vrai » (et du « non-être comme faux ») et affirme que lui non plus n'est pas l'objet de la science de l'être en tant qu'être. Si l'on voulait trouver une unité entre ces quatre sujets, on pourrait dire que le livre E dans son ensemble examine l'objet de la science de l'être en tant qu'être, dans ce qu'il comprend et dans ce qu'il exclut.

Non avons dit que le livre E occupe la sixième place dans la série des livres de la *Métaphysique*, telle qu'elle nous a été transmise par la tradition manuscrite. Il faut rappeler que le premier de cette série, le livre A (*grand Alpha*, ou *Alpha majeur*), présente une « sagesse » (σοφία) qui est définie

comme la science des « principes » et des « causes premières » (les deux
expressions sont synonymes), causes qui sont de quatre genres, selon la
classification introduite par Aristote lui-même dans la *Physique* : causes
matérielles, formelles, efficientes et finales. Ensuite le livre A compare
cette conception des causes à celles des auteurs qui ont conçu les premiers
la philosophie comme une science des principes, de Thalès à Platon, afin
d'y trouver une confirmation. Le deuxième livre, α (*petit Alpha*), redéfinit
la science des causes premières comme science de la vérité, montre que,
dans chaque genre de causes, il doit exister une cause première, et traite du
degré de rigueur de cette science, qui ressemble à celui de la physique. On a
douté de l'authenticité de ce livre ou, du moins, de son appartenance à la
Métaphysique. En tout cas, les deux premiers livres ont le caractère d'une
introduction, chacun des deux par ailleurs ignorant l'autre, de telle manière
qu'ils semblent être deux introductions à deux cours différents sur la
science des causes premières.

Le livre B, troisième de la série, propose comme méthode de la science
recherchée, la discussion des apories ou des problèmes ayant des solutions
opposées. Il examine quinze apories qui portent sur l'objet de la science en
question (causes premières, principes des démonstrations, substances et
accidents, types de substances, autres notions discutées par les « dialecti-
ciens ») et sur la nature des principes (matériels ou immatériels, particuliers ou universels, en puissance ou en acte, etc.), en montrant à chaque
fois les conséquences qui découlent des solutions opposées qu'on pourrait
adopter pour chaque aporie. Le livre B apparaît donc comme une introduction méthodologique à la science proposée au livre A. Le livre Γ,
quatrième de la série, semble résoudre les quatre ou cinq premières apories
du livre B, celles qui portent sur l'objet de la science recherchée ; il définit
cet objet comme l'« être en tant qu'être », où le mot « être » a plusieurs
significations dont la première est la substance, et il discute les « principes
des démonstrations », qui ont la même extension que l'être en tant qu'être :
le principe de non-contradiction et le principe du tiers exclu.

Le livre Δ, cinquième de la série, examine les multiples significations
de près de quarante termes employés dans les sciences philosophiques,
constituant une espèce de lexique ou de vocabulaire philosophique. Il
interrompt clairement la série des livres précédents, de sorte que plusieurs
interprètes le considèrent comme étranger à la *Métaphysique*, c'est-à-dire
introduit dans cette œuvre par ses éditeurs, d'autant plus que, dans certains
catalogues anciens des œuvres d'Aristote, il semble être mentionné comme
une œuvre indépendante, ayant pour titre *Sur les choses dites en plusieurs
sens*. Un autre signe de la non appartenance de ce livre à la *Métaphysique*
est le fait que le livre K, onzième de la série, qui est dans sa première partie

une version abrégée des livres BΓE, ignore le livre Δ, qui se trouve maintenant entre Γ et E. Mais l'authenticité du lire K a elle même été contestée et, en tout cas, d'autres interprètes pensent que le livre Δ est à sa place, parce qu'il contribue à introduire à la science recherchée en distinguant les significations des termes employés par cette dernière.

Le livre E, qui reprend la question de la conception d'une science de l'être en tant qu'être, semble se rattacher directement au livre Γ, en ignorant le livre Δ. Même au début du chapitre 2, où il distingue les quatre significations de l'être qui ont été isolées au livre Δ (chap. 7), le livre E semble ignorer Δ, en mentionnant ces significations dans un ordre différent. Mais c'est probablement à cause de cette distinction que les éditeurs ont placé le livre Δ avant le livre E. La citation du livre Δ qu'on trouve à la fin de E (1028a4-6), sous le titre *Sur le choses dites en plusieurs sens*, paraît avoir été ajoutée par ceux qui ont introduit le livre Δ dans l'œuvre.

Après le livre E, nous trouvons le livre Z, le VIIᵉ, entièrement consacré à l'étude de la substance. On pourrait le considérer comme la continuation du livre E, parce que la substance est la première des catégories, lesquelles forment la première signification de l'être sur laquelle, selon E, doit porter la science de l'être en tant qu'être. Mais le début du livre Z semble se rattacher directement au livre Δ, le citant par le titre *Sur les choses dites en plusieurs sens*, même s'il ne reprend pas les quatre significations distinguées dans ce dernier, mais présente, comme série des significations de l'être, la série des catégories qui est interne à l'une des significations isolées en Δ, l'être par soi. Le passage de E à Z ne va donc pas sans problèmes. Plus direct, au contraire, est le passage de Z à H, huitième livre de la série, qui traite des principes de la substance (forme et matière); de même, le passage de H à Θ, le IXᵉ livre, est assez bien justifié, parce que Θ traite de la puissance et de l'acte, qui sont l'autre signification de l'être étudiée par la science de l'être en tant qu'être, après celle des catégories et, en particulier, de la substance. Cependant, le dernier chapitre de Θ (10) revient sur l'être comme vrai et le non-être comme faux, dont, en E 2, l'étude avait été déclarée non pertinente à la science de l'être en tant qu'être. Cela pose évidemment un problème qui jette une ombre sur la continuité entre E et le groupe ZHΘ.

Après Θ, nous trouvons, dans la série des livres de la *Métaphysique* qui nous a été transmise par les manuscrits, le livre I, le Xᵉ de la série, qui traite de l'un et du multiple et de leurs propriétés. Il ne s'agit pas de l'une des significations de l'être distinguées en Δ ou E, mais l'étude de l'un et du multiple peut être justifiée par l'équivalence établie au livre Γ entre l'être et l'un, aussi bien que par la présence, au livre B, de quelques apories concernant l'un. En effet le livre I nous donne la solution d'une des plus importantes apories de B (si l'être et l'un sont ou ne sont pas des substances), en citant explicitement cette aporie. Plus problématique est la présence du livre K, XIe de la série, parce que, comme nous l'avons déjà dit, ce livre dans sa première partie (jusqu'à 1065a26) n'est qu'une version abrégée des livres BΓE, et dans sa deuxième partie, est formé par des résumés ou des extraits des livres II, III et V de la *Physique*, dont la fonction n'est pas claire. Pour ces raisons plusieurs interprètes ont douté de l'authenticité du livre K.

Même la présence du livre Λ, XIIe de la série, crée des problèmes, parce que ce livre se présente comme une recherche sur la substance, qui, dans sa première partie (chapitres 1-5), établit les principes des substances sensibles, c'est-à-dire mobiles, et dans sa deuxième partie (chapitre 6-10), identifie les causes motrices des cieux et des astres avec des substances immobiles, dont de cette manière il démontre l'existence. Ce qui n'est pas clair est le rapport entre ce livre et les autres livres de la *Métaphysique* : si, en effet, sa première moitié, tout en proposant des théories cohérentes avec celles de ZHΘ, semble ignorer ces livres, sa deuxième partie résout une des apories du livre B (la question de l'existence de substances différentes des sensibles, question mentionnée aussi au livre Z) et remplit ainsi l'une des tâches attribuées à la science de l'être par le livre E. Pour ces raisons, plusieurs interprètes ont douté non de l'authenticité du livre Λ, mais de son appartenance à la version originaire de la *Métaphysique*.

Finalement les livres M et N, XIIIe et XIVe de la série, traitent respectivement de la nature des objets des mathématiques, des Idées admises par Platon et des nombres idéaux admis par les Académiciens (livre M), et aussi des principes de ces nombres idéaux (livre N). Le livre M reprend explicitement une des apories du livre B, tandis que le livre N semble être plus indépendant. Personne n'a douté de l'authenticité de ces deux livres, même si, au Moyen Âge, ils n'ont pas été commentés, évidemment à cause de l'interprétation selon laquelle la *Métaphysique* d'Aristote devait se conclure par le livre Λ, conçu comme une espèce de « théologie » ; pour la même raison, quelques interprètes modernes les ont placés avant le livre Λ.

La situation décrite ci-dessus de manière très sommaire a été interprétée par la plupart des spécialistes comme témoignant de l'existence d'un groupe de livres suffisamment liés entre eux, les livres ABΓEZHΘIMN, et de l'existence de quatre livres qui n'ont pas appartenu au groupe originaire, mais ont été insérés dans celui-ci à des moments différents, les livres α, Δ, K, Λ. Il est possible que le premier groupe corresponde à une *Métaphysique* en 10 livres mentionnée dans le catalogue d'Hésychius (VIe siècle après J.-C.), qui, selon certains interprètes, refléterait une situation déjà existante au IIIe siècle avant J.-C. et correspondrait à une première édition de la *Métaphysique* établie dans l'école d'Eudème de Rhodes, disciple direct d'Aristote. Dans la période comprise entre cette édition et celle attribuée à Andronicos de Rhodes (Ier siècle avant J.-C.), on aurait ajouté aux 10 livres liés entre eux, les livres Δ, K et Λ, formant la *Métaphysique* en 13 livres mentionnée dans le catalogue que les Arabes attribuent à Ptolémée el-Garib (Ier siècle après J.-C.). À une époque ultérieure, on aurait ajouté à cette série le livre α, dont le numéro témoigne qu'il n'appartenait pas à la série initiale.

Ces résultats, qui dérivent des études de Jaeger, Ross, Düring et Moraux[1], ont été récemment confirmés en substance par Jonathan Barnes, qui a d'ailleurs réduit l'importance d'Andronicos comme éditeur[2], et Oliver Primavesi, qui a montré que la numérotation des livres de la *Métaphysique* remonte à une époque antérieure à Andronicos[3]. Dans ce cadre, le livre E fait partie du noyau originaire de la *Métaphysique*, présupposant le livre Γ et introduisant au group ZHΘ. Cela n'empêche pas qu'il pose des problèmes : à cause de son rapport au chapitre 10 du livre Θ, qui reprend la discussion de l'être comme vrai et du non-être comme faux, apparemment conclue par E 4, et surtout à cause de son rapport au livre K, où il est repris dans le résumé (ou dans la première ébauche) du groupe BΓE. C'est surtout à cause de ce dernier problème que son authenticité a été mise en doute ou niée, comme nous allons le voir tout de suite.

LE PROBLÈME DE L'AUTHENTICITÉ

Le premier qui a nié, au moins en partie, l'authenticité du livre E est Paul Natorp. Dans un long article sur le sujet et le plan de la *Métaphysique* d'Aristote, il a vu une «intolérable contradiction» dans l'identification proposée au chapitre 1 entre la science de l'être en tant qu'être et la science

---

1. W. Jaeger, *Studien zur Entstehungsgeschichte der Metaphysik des Aristoteles*, Berlin, Weidmann, 1912; *Aristoteles. Grundlegung einer Geschichte seiner Entwicklung*, Berlin, Weidmann, 1923 (réimpr. 1955, trad. fr. *Aristote. Fondements pour une histoire de son évolution*, Paris, Éditions de l'Éclat, 1997); Aristotle's *Metaphysics*, A Revised Text with Introduction and Commentary by W. D. Ross, Oxford, Clarendon Press, 1953 (1re éd. 1924); I. Düring, *Aristoteles. Darstellung und Interpretation seines Denkens*, Heidelberg, Winter, 1966; P. Moraux, *Der Aristotelismus bei den Griechen*, I. Bd., *Die Renaissance des Aristotelismus im I. Jh. v. Chr.*, Berlin-New York, W. de Gruyter, 1973.

2. J. Barnes, «Roman Aristotle», in J. Barnes, M. Griffin (eds), *Philosophia togata, II, Plato and Aristotle at Rome*, Oxford, Clarendon Press, 1997, p. 1-69.

3. O. Primavesi, «Ein Blick in der Stollen von Skepsis: vier Kapitel zur frühen Überlieferung des *corpus aristotelicum*», *Philologus*, 151, 2007, p. 51-77.

« théologique » et il a, pour cette raison, proposé de supprimer comme inauthentiques les lignes 1026a18-19 (« par conséquent les philosophies théorétiques seraient trois, la <science> mathématique, la <science> physique et la <science> théologique ») et lignes 1026a21-22 (« <la science> la plus honorable doit porter sur le genre le plus honorable »)[1]. Mais le chapitre 1, même amendé de ce que Natorp appelle ces « interpolations », représente une régression par rapport aux livres Γ, d'un côté, et Z, de l'autre côté : en identifiant l'objet de la métaphysique avec l'être en tant qu'être, il semble, en effet, ignorer la primauté de la substance parmi les catégories de l'être, affirmée en Γ et Z ; en outre, en plaçant aussi la mathématique, qui ne porte pas sur des substances, parmi les sciences théorétiques, il semble aussi ignorer la primauté de la substance. En somme, selon Natorp, le chapitre 1 du livre E, s'il est d'Aristote, est probablement une ébauche d'une ancienne introduction à la philosophie première, qui fut ensuite abandonnée par Aristote lui-même.

Le jugement de Natorp au sujet des chapitres 2 à 4 du livre E est encore plus négatif. Natorp considère, en effet, que le chapitre 2 reprend la classification des significations de l'être proposée en Δ 7, ignorant la primauté de la substance établie en Γ ; que les chapitres 2-3 parlent de l'être par accident au lieu de parler des accidents par soi de l'être mentionnés en Γ ; que ces mêmes chapitres confondent l'accident logique avec l'accident physique et que le chapitre 4 oublie complètement de parler de la dernière signification de l'être, c'est-à-dire de l'être selon la puissance et l'acte, sans renvoyer pour ce sujet au livre Θ. En conclusion, selon Natorp, le livre E dans son ensemble doit avoir été introduit dans une première version de la *Métaphysique*, après la composition du livre K, qui est l'œuvre d'un péripatéticien postérieur à Aristote qui identifie la métaphysique avec la théologie, et dans une seconde version du même ouvrage, après l'introduction du livre Δ, qui doit remonter à Andronicos[2].

Il est évident que le verdict d'inauthenticité prononcé par Natorp sur la plus grande partie du livre E et sa suppression de certaines lignes du chapitre 1 dépendent de l'interprétation philosophique que cet auteur donne de la métaphysique d'Aristote, c'est-à-dire de son refus de la possibilité d'une métaphysique qui soit aussi une théologie rationnelle,

1. P. Natorp, « Thema und Disposition der aristotelischen *Metaphysik* », *Philosophische Monatshefte*, 24, 1888, p. 37-65 et p. 540-574 (traduction italienne en un volume : *Tema e disposizione della « Metafisica » di Aristotele*, a cura di G. Reale, Milano, Vita e pensiero, 1995).

2. L'inauthenticité du livre K a été soutenue par Natorp dans « Über Aristoteles'*Metaphysik* K 1-8, 1065 a 26 », *Archiv für Geschichte der Philosophie*, 1, 1888, p. 178-193.

refus qui dérive de son kantisme. L'appel à Kant est d'ailleurs explicite dans son article, quand il interprète l'être en tant qu'être d'Aristote comme « l'objet en général » (*das Gegenstand überhaupt*) dont parle Kant, en approuvant cet aspect de la métaphysique d'Aristote, ce qu'aux temps modernes, on a appelé « ontologie », mais en reprochant, en même temps, à Aristote, avec Kant, de n'avoir pas compris que cette recherche ne peut porter que sur les conditions des objets de la connaissance et donc ne peut pas être proprement une ontologie[1]. Cependant, il faut reconnaître à Natorp le mérite d'avoir contesté, en ce qui concerne le chapitre 1 du livre E, la réduction totale de la science de l'être à la théologie, qui avait été attribuée à Aristote par les commentateurs néoplatoniciens dans l'antiquité et par les commentateurs créationnistes (aussi bien musulmans que chrétiens) au Moyen Âge, et qui est encore présente chez plusieurs inter-prètes contemporains, à partir de Heidegger. Et il faut reconnaître que quelques unes des raisons qui ont conduit Natorp à déclarer inauthentiques les chapitres 2 à 4, tels que leur rapport avec Θ 10 et le rapport de E tout entier avec le livre K, constituent de véritables problèmes, que les partisans de l'authenticité du livre E doivent résoudre.

L'autre négateur de l'authenticité du livre E est Emmanuel Martineau, qui a consacré à cette thèse un long article lui aussi[2]. La plupart de ses observations et de celles qu'il considère comme des signes d'inauthenticité seront discutés dans mon commentaire. Je me limiterai ici à résumer sa thèse : il renverse, pour ainsi dire, celle de Natorp, en soutenant, à propos du rapport entre le livre E et le livre K, que les chapitres de ce dernier qui semblent être un résumé de E sont au contraire le seul écrit authentique d'Aristote sur ce sujet, tandis que le livre E serait entièrement inauthen-tique et aurait été ajouté à la *Métaphysique* par un éditeur postérieur, probablement Andronicos de Rhodes, afin de relier le groupe A-Δ au groupe Z-I et avec M et N.

Pour ce qui concerne en particulier la conception de la métaphysique comme science théologique, qui est présente aussi bien en E 1 qu'en K 7, le livre E exposerait, selon Martineau, une « théologie ontique », qui conçoit le divin comme une partie de l'être, tandis que le livre K développerait une « théologie ontologique », selon laquelle le divin n'est pas une partie de l'être, mais « la *cime* », la pure éminence ou « existence », son « excéden-tarité eidétique ». La théologie ontique de E serait une *metaphysica specialis*, tandis que la théologie ontologique de K serait une *metaphysica*

---

1. Natorp, « Thema und Disposition », *op. cit.*, p. 39, note 5, et p. 58.
2. E. Martineau, « De l'inauthenticité du livre E de la *Métaphysique* d'Aristote », *Conférence*, n. 5, automne 1997, p. 445-509.

generalis. Le livre K contiendrait, toujours selon Martineau, la découverte de la notion d'être en tant qu'être, reprise ensuite au livre Γ, tandis que le livre E serait une « interprétation théologisante de l'être en tant qu'être, souvent crypto-chrétienne », et constituerait « le premier surgissement de l'objet thématique de l'ontothéologie ». Au livre K, au contraire, on aurait une « aimantation de l'ontologique par le théologique ».

Dans le cas de Martineau, comme dans celui de Natorp, la décision de considérer le livre E comme inauthentique semble être inspirée par des considérations d'ordre philosophique, en particulier, chez Martineau, par une reprise du point de vue et du langage de Heidegger, qui est explicite-ment cité par l'auteur. En outre, ce qui frappe n'est pas la revendication de l'authenticité du livre K, qui peut être soutenue et est en effet soutenue par plusieurs interprètes, mais la limitation de cette revendication au seuls chapitres 7 et 8, ceux qui correspondent au livre E, tandis que tout le reste du livre K est considéré comme inauthentique et est attribué par Martineau à Eudème de Rhodes. Cette limitation semble être une hypothèse *ad hoc* pour soutenir l'inauthenticité de E, parce que, sans cette limitation, Martineau devrait soutenir aussi l'inauthenticité des autres livres correspondants à K, c'est-à-dire B et Γ, ce qui serait inconcevable. Pour toutes ces raisons, la thèse de Martineau n'a été reprise par aucun autre interprète[1].

Il faut d'ailleurs signaler qu'un spécialiste du style littéraire d'Aristote tel que Blass a relevé, au livre E, l'absence de souci d'éviter l'hiatus, souci qui se fait sentir au contraire dans la rédaction parallèle du livre K[2], et qu'un spécialiste des études aristotéliciennes tel que Mansion a jugé la rédaction du chapitre 1 « passablement négligée, davantage que dans la moyenne des exposés didactiques d'Aristote », sans cependant douter de l'authenticité du livre tout entier[3]. Il faut dire enfin qu'un pionnier de l'étude stylométrique des écrits d'Aristote tel que Kenny a conclu que le livre E, du point de vue du style, ne serait pas authentique, tandis que le

---

1. Son article n'est cité que dans la bibliographie du livre d'A. Stevens, *L'Ontologie d'Aristote au carrefour du logique et du réel*, Paris, Vrin, 2000, et il est ignoré même dans les études françaises les plus récentes sur le sujet, c'est-à-dire la monographie de M. Crubellier et P. Pellegrin, *Aristote : le philosophe et les savoirs*, Paris, Éditions du Seuil, 2002, et la traduction de la *Métaphysique* de M.-P. Duminil, A. Jaulin (Aristote, *Métaphysique*, introduction, traduction, notes, bibliographie et index par M.-P. Duminil, A. Jaulin, Paris, Flammarion, 2008).

2. F. Blass, « Aristotelisches », *Rheinisches Museum*, N. F., 30, 1875, p. 481-505, p. 496.

3. A. Mansion, « L'objet de la science philosophique suprême d'après Aristote, *Métaphysique*, E, 1 », dans *Mélanges de philosophie grecque offerts à Mgr. Diès*, Paris, Vrin, 1956, p. 151-168 (réimpr. dans P. Aubenque *et al.*, *Études aristotéliciennes : métaphysique et théologie*, Paris, Vrin, 1985, p. 35-52).

livre K le serait, bien que Kenny lui-même ait avancé des doutes sur la valeur de l'usage de cette méthode[1].

LA DIFFÉRENCE ENTRE LA SCIENCE DE L'ÊTRE EN TANT QU'ÊTRE ET LES AUTRES SCIENCES (CHAP. 1)

Le livre E s'ouvre par une reprise presque littérale de la conclusion de Γ 1, c'est-à-dire par l'affirmation que la recherche porte sur les principes, au sens de causes premières, de l'être en tant qu'être, mais avec une petite différence, qui est décisive pour éclaircir la signification de cette expression : le livre E, en effet, parle des « êtres en tant qu'êtres » au pluriel. Cela signifie que les êtres sur lesquels la recherche porte sont tous les êtres, c'est-à-dire toutes les choses qui sont. La langue française, comme le remarque Gilson dans son livre consacré à l'histoire de la notion d'être, permet d'employer le mot « être » non seulement comme un verbe à l'infinitif, qui indique le fait, ou l'acte, d'être, mais aussi comme un nom, qui indique ce qui est. Dans ce dernier sens, il correspond au participe grec ὄν et au latin *ens*, et, pour cette raison, on lui substitue parfois « étant », qui, selon Gilson, est un néologisme introduit au XVIIe siècle qui n'a pas prévalu, même dans l'usage philosophique[2]. À vrai dire, comme l'a remarqué Pierre Aubenque, Gilson lui-même, dans ses derniers écrits, a employé le mot « étant », qui est devenu, entretemps, commun dans la littérature philosophique de langue française, ce qui est dû, à mon avis, à l'influence de Heidegger, c'est-à-dire de ce que Heidegger appelle la « différence ontologique » entre l'être (*Sein*) et l'étant (*Seiende*)[3].

Aristote, tout en employant tantôt l'infinitif εἶναι (« être ») et tantôt le participe ὄν (« ce qui est »), comme la langue grecque lui permet, n'admet aucune différence de signification entre ces deux emplois du même verbe, comme il résulte du fait que, pour formuler sa célèbre doctrine, selon laquelle « l'être se dit en plusieurs manières » ou « l'être a plusieurs significations », il emploie tantôt le participe ὄν (« ce qui est »)[4], tantôt

---

1. A. Kenny, « The Sylometric Study of the Aristotelian Writings », *in* A. Kenny, *Essays on the Aristotelian Tradition*, Oxford, Clarendon Press, 2001, p. 127-149 (l'étude citée date de 1976).

2. Ét. Gilson, *L'Etre et l'essence*, 2e édition revue et augmentée, Paris, Vrin, 1962, p. 13-14.

3. P. Aubenque, *Faut-il déconstruire la métaphysique ?*, Paris, P.U.F., 2009, p. 8-9, qui renvoie à Ét. Gilson, *Constantes philosophiques de l'être*, Avant-propos de J.-F. Courtine, Paris, Vrin, 1983.

4. *Metaph.* Γ 2, 1003a33 ; E 2, 1026a33-34 ; Z 1, 1028a10 ; N 2, 1089a7.

l'infinitif εἶναι («être»)[1], et parfois enfin la troisième personne de l'indicatif présent ἔστιν («est»)[2]. C'est pour cette raison que j'ai décidé d'employer toujours, dans ma traduction, le mot français «être», aussi bien pour traduire l'infinitif que pour traduire le participe, profitant du fait, dans ce cas heureux, qu'en français, ce mot est aussi bien un verbe qu'un nom. Lorsqu'Aristote parle de «l'être en tant qu'être», par le premier mot, il entend tout ce qui est, donc l'être, ou les êtres, employé comme sujet d'un énoncé, et, par le second mot, l'aspect sous lequel cet objet est considéré, c'est-à-dire non en ce qu'il est en tant qu'être particulier, par exemple en tant qu'animal, homme ou nombre, mais en ce qu'il est en tant qu'être, où le mot «être» est employé comme prédicat d'un énoncé.

C'est à propos de ce prédicat que la doctrine d'Aristote montre toute sa spécificité. En effet, l'être, comme Aristote le dit au livre Iota, est, comme l'un, le prédicat le plus universel, au sens où il se prédique de tout ce qui est[3]; mais il n'est pas seulement l'aspect commun à toutes les choses, ce que la Scolastique appellera l'*ens commune* (être commun), c'est-à-dire un genre, parce qu'il se prédique aussi des différences qui existent dans les choses, au sens où même les différences sont, et donc sont des êtres[4]. Par conséquent l'être est aussi bien l'aspect commun à tous les êtres, que l'ensemble de leurs différences, c'est-à-dire l'ensemble des aspects qui distinguent chaque être de tous les autres. Cela signifie que l'interprétation remontant aux commentateurs néoplatoniciens (Asclépius) et partagée par quelques interprètes modernes (Muskens, Merlan), selon laquelle l'être en tant qu'être s'identifierait avec un être particulier, l'être suprême, ou Dieu, est erronée. Mais tout aussi erronée est l'interprétation opposée, soutenue par des interprètes médiévaux (Jean Duns Scot) et modernes (Suárez, Wolff, Hegel), selon laquelle l'être en tant qu'être est seulement l'*ens commune*, c'est-à-dire l'aspect le plus commun, et par conséquent le plus indéterminé, le plus abstrait, des êtres. Pour Aristote, l'être en tant qu'être est tout l'être de tous les êtres, aussi bien ce qu'ils ont en commun que ce qu'ils ont de différent. C'est pour cette raison que l'être, selon Aristote, a plusieurs significations, qui ne sont pas réductibles à une, parce qu'il signifie des genres de choses qui sont différents entre eux, ou qui expriment différentes manières d'être, telles que les substances, les qualités, les relations, etc. Une excellente expression de cette multiplicité est constituée par la célèbre affirmation d'Aristote, selon laquelle «pour les vivants,

---

1. *Metaph.* Δ 11, 1019a4; M 2, 1077b17.
2. *Metaph.* Z 4, 1030a21; H 2, 1042b25.
3. *Metaph.* I 2, 1053b20-21.
4. *Metaph.* B 3, 998b22-27; I 2, 1053b23-24.

l'être est le vivre »[1], de sorte qu'on peut dire « Socrate est » seulement s'il vit, tandis que pour une couleur, par exemple « blanc », son être consiste simplement dans le fait de qualifier une substance, par exemple Socrate.

L'être en tant qu'être est identique à ce qu'Aristote appelle parfois « l'être par soi » (τὸ ὂν καθ᾽ αὑτό) et qui comprend aussi bien l'être des catégories que l'être en puissance et en acte, parce que ces derniers se disent de toutes les catégories[2]. Mais il ne coïncide pas avec ce qu'Aristote appelle souvent « l'être simplement » (τὸ ὂν ἁπλῶς), c'est-à-dire l'être sans aucune qualification, parce que ce dernier comprend aussi l'être par accident et l'être comme vrai, qui, selon Aristote, ne sont pas l'objet de la science de l'être en tant qu'être[3]. De l'être en tant qu'être, on doit chercher, nous dit Aristote, les principes, c'est-à-dire les causes premières, qui, pour Aristote, comprennent chaque type d'explication. Il est donc l'objet de la science de l'être en tant qu'être comme ce qui doit être expliqué (en latin l'*explanandum*), c'est-à-dire comme le « sujet » (en grec το ὑποκείμενον), sur lequel la science porte, tandis que les causes premières sont, elles aussi, l'objet de cette science, mais comme ce qui explique son sujet (en latin l'*explanans*), c'est-à-dire ce qui doit être cherché. C'est une autre raison qui empêche d'identifier l'être en tant qu'être avec l'être suprême (Dieu) ou avec l'être le plus abstrait (l'*ens commune*), parce qu'aucun de ces deux derniers n'a besoin d'être expliqué (au moins pour Aristote).

La différence entre la science de l'être en tant qu'être et les autres sciences, telle qu'elle est illustrée par Aristote au livre E, consiste en ceci que les autres sciences ont comme sujet, c'est-à-dire comme *explanandum*, un objet particulier, c'est-à-dire un genre déterminé d'êtres, par exemple les nombres, les figures géométriques, les animaux, etc. Les autres sciences sont donc toujours des sciences particulières, tandis que la science de l'être en tant qu'être est une science universelle. Si le sujet d'une science particulière dépend de l'homme, comme une action qui peut être accomplie, par exemple les actions bonnes ou mauvaises, ou comme un objet qui peut être produit, par exemple une maison ou la santé, les sciences qui s'en occupent sont respectivement les sciences « pratiques » (l'éthique, la politique) et les sciences « poïétiques » ou productrices (l'architecture, la médecine). Si, au contraire, ce sujet ne dépend pas de l'homme, comme par exemple les plantes, les animaux, les nombres ou les figures géométriques, les sciences qui s'en occupent sont appelées par Aristote sciences théorétiques, parce qu'elles ont comme fin la pure connaissance

---

1. *DA* II 4, 415b13 (trad. Barbotin).
2. *Metaph.* Γ 1, 1003a21-22 ; Δ 7, 1017a22-23, 1017b1-2.
3. *Metaph.* E 2, 1026a33-35.

(« théorie »). Toutes ces sciences recherchent les principes et les causes, c'est-à-dire l'*explanans*, de leur sujet.

Parmi les sciences théorétiques, il y a la science physique. Aristote est le premier à reconnaître son statut de science authentique – pour les présocratiques, elle se confondait avec la philosophie toute entière et, pour Platon, elle n'était pas une véritable science, mais simplement un discours vraisemblable. Elle a comme sujet les substances sensibles (corps terrestres et célestes), lesquelles sont toutes matérielles (non séparées de la matière) et mobiles. Mais il y a aussi les sciences mathématiques (arithmétique, géométrie et mathématiques appliquées comme l'astronomie, l'optique, l'harmonique), dont le statut de sciences, au moins pour les principales (arithmétique et géométrie), avait déjà été reconnu par les présocratiques et par les Académiciens. Pour ces derniers, les sciences mathématiques avaient comme sujet des substances immatérielles (séparées de la matière) et immobiles, tandis que, pour Aristote, elles ont comme sujet les aspects quantitatifs des corps matériels et mobiles, même si elles les considèrent en faisant abstraction, c'est-à-dire en les séparant par la pensée, de la matière et du mouvement[1]. Aristote illustre cette différence entre la physique et les mathématiques en disant que la physique se sert de notions comme le « camus », qui ne peut pas être défini sans référence à la matière (le nez, la chair), tandis que les mathématiques se servent de notions comme le « concave », qui peut être défini sans référence à la matière, même si la concavité ne peut exister dans la réalité que comme aspect d'un corps matériel.

La différence de sujet entre la physique et les mathématiques entraîne une différence au niveau des principes de leur sujet, qui, pour les mathématiques, sont plus exacts (unités, points, lignes, surfaces) et, pour la physique, moins exacts (éléments matériels). Mais elle produit aussi une différence de méthode. C'est toujours la démonstration, qui, pour Aristote, doit être la méthode de chaque science, mais, dans le cas des mathématiques, la conclusion des démonstrations vaut toujours, c'est-à-dire dans tous les cas (par exemple la propriété des triangles d'avoir les angles égaux à deux droits); elle est donc une vérité nécessaire, tandis que, dans le cas de la physique, la conclusion des démonstrations vaut « dans la plupart des cas », c'est-à-dire qu'elle est plus souple, plus élastique, admettant des exceptions à la règle (par exemple la règle selon laquelle tout vivant engendre un vivant de la même espèce admet des exceptions, parce qu'un cheval peut engendrer parfois un mulet).

---

1. Cela est surtout expliqué par Aristote au livre M de la *Métaphysique*.

La différence la plus importante entre les sciences particulières et la science de l'être en tant qu'être, telle qu'elle est exposée au livre E, consiste dans l'attitude qu'elles assument par rapport à leurs principes propres, principes qui, dans le cas des premières, ne sont pas les causes qu'on recherche mais les prémisses des démonstrations qu'une science doit faire. À ce propos Aristote est fidèle à la théorie de la science qu'il a exposée dans les *Analytiques postérieurs*, selon laquelle chaque science consiste dans les trois éléments suivants : 1) le sujet dont elle s'occupe, appelé par Aristote « genre sous-jacent » ou « genre sujet » (γένος ὑποκείμενον), parce qu'il comprend comme genre une pluralité d'espèces rigoureusement homogènes ; 2) les principes qui forment les prémisses des démonstrations, qui peuvent être communs à plusieurs sciences ou propres à une seule science ; et 3) les propriétés du sujet, qui doivent être démontrées à partir de ses principes[1]. Les principes communs sont appelés, par un terme mathématique, « axiomes » ; ce sont par exemple : « si l'on retranche des choses égales de choses égales, les restes sont égaux ». Les principes propres sont la définition du sujet, c'est-à-dire l'expression de son essence, par exemple la définition de l'unité, ou du droit, ou du triangle, et la position de son existence, qu'Aristote appelle « hypothèse », terme qui ne doit pas être entendu dans le sens moderne de conjecture, mais dans le sens littéral de « présup (hypo) – position (thèse) ». Tous ces principes, aussi bien communs que propres, sont vrais, parce qu'évidents, mais indémontrables[2].

Or, ni la physique ni les mathématiques ne démontrent ni l'essence ni l'existence de leurs sujets, c'est-à-dire leurs principes propres, mais la physique les assume au moyen de la sensation, c'est-à-dire de l'expérience, et les mathématiques les assument comme des hypothèses, c'est-à-dire comme des présuppositions évidentes. En effet, nous dit Aristote, il n'y a pas de démonstration de l'essence, « mais il doit y avoir quelque autre mode de clarification », et ni la physique ni la mathématique ne discutent même de l'existence de leur sujet, « parce qu'il appartient au même type de pensée rationnelle de rendre claire aussi bien l'essence que l'existence »[3]. Cela est parfaitement conforme à la théorie de la science exposée dans les *Analytiques postérieurs*, mais Aristote ne nous dit rien ni à propos de ce en quoi cet « autre mode de clarification » consiste, ni à propos de ce que fait la science de l'être en tant qu'être.

L'« autre mode de clarification » me parait être la discussion dialectique, qui, dans les *Topiques*, est présentée comme la voie qui

---

1. *An. Post.* I 7.
2. *An. Post.* I 10.
3. *Metaph.* E 1, 1025b14-18.

conduit aux principes des sciences particulières[1], ou le procès d'induction (ἐπαγωγή) partant de la sensation et arrivant à l'intellection (νοῦς) des principes, qui, dans le dernier chapitre des *Analytiques postérieurs*, est présenté comme la connaissance des principes des sciences[2]. Il s'agit probablement de deux procédés complémentaires l'un à l'autre, au sens où l'un prépare l'autre ou introduit à l'autre. Mais ni l'un ni l'autre de ces deux procédés n'appartient de manière exclusive à la science de l'être, de sorte que l'interprétation de la plupart des commentateurs anciens, médiévaux et modernes, selon laquelle la science de l'être établirait les principes des sciences particulières, se révélant une sorte de reine des sciences, ne semble avoir aucun fondement dans le texte d'Aristote. Celui-ci, en effet, dans les *Analytiques postérieurs* affirme la parfaite autonomie de chaque science et, dans la *Métaphysique*, il la respecte complètement.

Cependant rien n'empêche la science de l'être d'appliquer à ses propres principes les mêmes procédés, c'est-à-dire la discussion dialectique et l'induction qui conduit à l'intellection. Au livre Γ, comme on sait, Aristote affirme qu'il appartient à la science de l'être en tant qu'être d'établir si les principes de toutes les démonstrations, c'est-à-dire le principe de non-contradiction et celui du tiers exclu, sont vrais ou faux, et il le fait au moyen d'une « démonstration par réfutation » qui est un procédé dialectique[3]. Au livre Z, il affirme qu'il faut substituer à la question toujours recherchée et toujours discutée, aussi bien dans le passé (par les présocratiques) que dans le présent (par les Académiciens), « qu'est-ce que l'être? », la question « qu'est-ce que la substance? »[4], parce que l'être a plusieurs significations, parmi lesquelles la substance est la première, et il cherche à répondre à cette question au cours du même livre. Cette réponse n'est pas une définition de l'essence de l'être, parce que l'être n'a pas d'essence (il en a plusieurs), mais c'est un procédé analogue à celui par lequel les sciences particulières établissent l'essence de leur sujet. Quant à l'existence, il n'y a probablement pas de sens à établir celle de l'être, mais on peut chercher à établir quel est le type d'être, et donc d'existence, possédé par les différentes catégories, et même par les objets des autres sciences, par exemple par les objets des mathématiques, considérés en tant qu'êtres, ce qu'Aristote fait aux livres M et N de la *Métaphysique*, et cela aussi appartient à la science de l'être.

1. *Top.* I 2.
2. *An. Post.* II 19.
3. *Metaph.* Γ 3, 1005a30; 4, 1006a11-12.
4. *Metaph.* Z 1, 1028b2-4.

La mention des sujets de la physique (les substances matérielles et mobiles) et des mathématiques (les aspects quantitatifs des mêmes substances, considérés indépendamment de la matière et du mouvement) conduit Aristote à envisager l'hypothèse de l'existence de substances réellement immatérielles et immobiles : si elles existaient, elles seraient les premières parmi les substances et donc la science qui s'en occuperait, la première parmi les sciences, c'est-à-dire la science première, ou la « philosophie première » (les deux mots, science et philosophie, ayant pour Aristote la même signification). Le fait qu'Aristote ait établi la différence entre la physique et les mathématiques en attribuant à ces dernières une abstraction, c'est-à-dire une séparation, accomplie par la pensée, de leur objet par rapport à la matière et au mouvement, a conduit certains interprètes, surtout médiévaux, à penser que même la différence entre les objets des mathématiques et ceux de la science, ou philosophie, première était une différence de degré d'abstraction, et donc à formuler la théorie des trois degrés d'abstraction. La conséquence de cette théorie est que le sujet de la philosophie première serait le plus abstrait de tous les objets, c'est-à-dire l'*ens commune*, ce qui, comme nous l'avons déjà vu, ne correspond pas à la pensée d'Aristote ; et la théorie des degrés d'abstraction n'a pas de fondement non plus dans ses œuvres.

La raison pour laquelle Aristote pense que les substances réellement immatérielles et immobiles, si elles existent, sont les premières parmi les substances, est qu'il sait que la seule raison pour les admettre est de les considérer comme les causes des mouvements éternels des astres, selon la démonstration qu'il développe au livre Λ (et que probablement il connaissait déjà du temps de son dialogue de jeunesse *Sur la philosophie*). En effet, même au livre E, il les présente comme les causes de « ceux qui sont manifestes parmi les êtres divins », c'est-à-dire les astres, et il observe que, en tant que telles, elles doivent être encore plus divines qu'eux, ce qui a comme conséquence que la science qui s'en occupe doit être considérée comme une science « théologique », c'est-à-dire ayant à faire avec le divin.

Face à cette expression, beaucoup d'interprètes n'ont pas hésité ou bien à conclure que la science de l'être est une « théologie », parce qu'elle a comme sujet Dieu, réduisant de cette manière l'être en tant qu'être à l'être suprême (thèse des néoplatoniciens), ou bien à se scandaliser du fait qu'Aristote attribuerait à la même science deux sujets différents et irréductibles l'un à l'autre, c'est-à-dire l'être en tant qu'être et l'être suprême (Natorp, Heidegger et d'autres interprètes plus récents). Mais ils n'ont pas tenu compte du fait que l'être en tant qu'être et les substances immatérielles et immobiles sont considérés par la même science en deux sens complètement différents : l'être en tant qu'être est l'objet de cette science au sens de «genre sujet», c'est-à-dire comme ce qui doit être expliqué (*explanandum*), tandis que les substances immatérielles et immobiles sont l'objet de cette science au sens où elles font partie des causes premières, c'est-à-dire de ce qui explique (*explanans*). Puisque l'être en tant qu'être embrasse tous les êtres, y compris les astres, la science qui recherche les causes premières de l'être en tant qu'être doit rechercher aussi les causes des astres, causes qui sont les moteurs immobiles, et donc doit porter aussi sur des substances divines, se révélant être ainsi une science qui est aussi, mais pas seulement, théologique. Elle est aussi, mais pas seulement, théologique, parce que les causes premières de l'être en tant qu'être ne se réduisent pas aux moteurs immobiles (ni même à Dieu, comme le croient les interprètes créationnistes), mais elles les comprennent à côté d'autres types de causes, tels que la matière (les éléments), la forme (les âmes) et la cause finale (le bien).

Aristote lui-même perçoit cependant le problème qui surgit de la position d'une philosophie première qui a comme objet les substances immatérielles et immobiles. Il se demande donc si cette science est universelle, comme doit l'être la science de l'être en tant qu'être, ou bien si elle porte sur un seul genre d'êtres, c'est-à-dire les substances immatérielles et immobiles. Il y a des cas, en effet, où une même science, pour ainsi dire, se dédouble en une science universelle et une science particulière : c'est le cas des mathématiques, où il y a des mathématiques particulières, comme la géométrie et l'astronomie, et une mathématique universelle, qui est commune à toutes les mathématiques particulières, parce qu'elle formule les principes communs à toutes (par exemple « si l'on retranche des choses égales de choses égales, les restes sont égaux »). Mais le cas de la philosophie première est différent de celui des mathématiques, parce qu'il n'y a pas une philosophie commune à toutes les autres philosophies, différente de chacune des philosophies particulières, sinon au sens où le mot « philosophie » signifie simplement « science » en général ou « science des substances »[1]. Dans le cas de la philosophie, la science première, qui s'occupe des substances immatérielles et immobiles, non au sens où elle en cherche les causes, mais où elle les considère comme les causes des astres, coïncide avec la science universelle, c'est-à-dire avec la science de l'être en tant qu'être, parce qu'elle est « universelle dans ce sens-ci, c'est-à-dire parce que première »[2].

---

1. C'est, à mon avis, le cas mentionné par Aristote dans *Metaph.* Γ 2, 1004a2-9, où la « philosophie » est analogue à la mathématique.
2. *Metaph.* E 1, 1026a30-31.

Cette expression a fait l'objet d'innombrables controverses, parce qu'elle a été interprétée comme une réduction de l'universel, c'est-à-dire de l'être en tant qu'être, au premier être, c'est-à-dire à Dieu (par les néoplatoniciens, qui approuvent cette réduction, mais aussi par Heidegger, qui la condamne), ou bien comme une contradiction intolérable (par Natorp et tous ceux qui le suivent), ou finalement comme une tentative tardive et mal réussie de réconcilier deux conceptions différentes de la même science, c'est-à-dire la métaphysique comme ontologie et la métaphysique comme théologie (par Jaeger, mais aussi par d'autres). Mais la précision d'Aristote, « universelle dans ce sens-ci, c'est-à-dire parce que première », révèle qu'il y a au moins deux sens du mot « universel » : 1) ce qui est universel parce qu'il embrasse toutes les choses, et c'est le cas de l'être en tant qu'être, qui est prédiqué de tout, et 2) ce qui est universel parce qu'il est la cause de toutes les choses, et c'est le cas des causes premières, qui sont les causes de l'être en tant qu'être. Cette distinction est présente au livre A de la *Métaphysique*, où Aristote affirme que celui qui possède la « science universelle » connaît « de quelque façon » (πῶς) toutes les choses, parce qu'il connaît les choses les plus universelles (τὰ μάλιστα καθόλου), qui sont les choses premières (τὰ πρῶτα), c'est-à-dire les causes premières ou les principes[1]. Dans ce même livre, Aristote affirme que la science des causes premières est « la plus divine et la plus honorable » des sciences, non seulement parce qu'elle est possédée surtout par les dieux (« dieu », θεός, en grec signifie l'espèce des dieux, comme « homme » signifie l'espèce des hommes), mais aussi parce que les dieux semblent être parmi les causes de toutes les choses et semblent être des principes[2].

Or, il n'y a pas de doute que les moteurs immobiles des astres sont, directement ou indirectement, les causes motrices de toutes les choses, parce qu'ils meuvent les cieux et parce que les mouvements des cieux, selon Aristote, déterminent l'alternance des saisons, c'est-à-dire l'alternance du froid et du chaud sur la terre, qui est la cause de la génération et de la corruption des êtres vivants et de tous les autres changements (altération, croissance et diminution, translation) qui se rencontrent sur la terre. Pour cette raison, il appelle le premier moteur « ce qui, comme premier de toutes les choses, meut toutes les choses »[3]. Mais il ne faut pas croire que les substances immatérielles et immobiles, objet de la philosophie première, comprennent toutes les causes premières de l'être en tant qu'être et que, par

---

1. *Metaph.* A 2, 982a21-26.
2. *Ibid.*, 983a5-10.
3. *Metaph.* Λ 4, 1070b34-35.

conséquent, comme elles sont divines, la philosophie première soit entièrement « théologique ». Cela a été soutenu dans l'antiquité par les néoplatoniciens, qui font dériver toutes les choses d'un seul principe, l'Un, ou au Moyen Âge, par les créationnistes, musulmans et chrétiens, qui considèrent toutes les choses comme créées par Dieu. Pour Aristote, les causes premières comprennent aussi, comme nous l'avons déjà vu, les premières causes matérielles, les premières causes formelles et les premières causes finales.

Par conséquent, la philosophie première d'Aristote, qui est exposée dans l'œuvre intitulée *Métaphysique* et qui pour cela a été appelée, elle aussi, « métaphysique », n'est ni une « ontologie », terme moderne qui désigne une *metaphysica generalis* concernant seulement les propriétés universelles de l'être en tant qu'être (appelées au Moyen Âge les « transcendantaux »), ni une « théologie », c'est-à-dire une *metaphysica specialis* qui est dite aussi *theologia naturalis* ou *rationalis*, qui concerne seulement l'existence et les propriétés de « Dieu », ni par conséquent une « onto-théologie », comme le prétendent Heidegger et tous ceux qui le suivent. Elle est une « philosophie première », comme l'appelle Aristote, qui a, comme sujet à expliquer, l'être en tant qu'être, c'est-à-dire tout l'être de tous les êtres, et, comme objet à rechercher pour expliquer l'être en tant qu'être, les causes premières, c'est-à-dire tout genre d'explication possible, qui ne demande pas en plus une autre explication [1].

L'ÊTRE PAR ACCIDENT ET SA CAUSE (CHAP. 2-3)

Après avoir exposé le sujet de la science de l'être en tant qu'être et les différences de son sujet par rapport à ceux des autres sciences, le livre E délimite ensuite le domaine de cette science, que nous pouvons dorénavant appeler « philosophie première », en indiquant ce qui n'est pas compris dans son sujet. Pour ce faire, Aristote introduit une distinction des sens de l'être, en affirmant que deux de ces sens, l'être par accident (chap. 2-3) et l'être comme vrai (chap. 4), ne font pas partie de ce sujet et ne seront donc pas étudiés par la science de l'être en tant qu'être. L'appel à la distinction des sens de l'être semble être justifié par le fait que le sujet de la

---

1. Pour une illustration de cette thèse, je me permets de renvoyer à mes articles : « La *Métaphysique* d'Aristote : "onto-théologie" ou "philosophie première"? », *Revue de philosophie ancienne*, 14, 1996, p. 61-85 ; « La métaphysique d'Aristote », dans Y. Ch. Zarka et B. Pinchard (éd.), *Y a-t-il une histoire de la métaphysique ?*, Paris, P.U.F., 2005, p. 45-56 (réimprimés dans E. Berti, *Dialectique, physique et métaphysique. Études sur Aristote*, Louvain-la-Neuve, Peeters, 2008).

philosophie première a été déterminé au chapitre 1 comme « l'être en tant qu'être », sous-entendant que ceci est l'un des sens de l'être, ce qui pouvait signifier qu'il y en a aussi d'autres. Plus exactement, au chapitre 1, Aristote (que nous pouvons désormais considérer comme l'auteur du livre) a dit que la philosophie première recherche les principes et les causes des êtres en tant qu'êtres, tandis que les autres sciences ne s'occupent pas « de l'être simplement (ἁπλῶς) ni <de l'être> en tant qu'être »[1]. Cette expression peut signifier que « l'être simplement » et l'être en tant qu'être sont le même, mais aussi qu'il sont différents, c'est-à-dire que « l'être simple-ment » est l'être sans aucune autre qualification, tandis que « l'être en tant qu'être » est l'un des sens de « l'être simplement ». Cette dernière interpré-tation me semble confirmée par le début du chapitre 2 : Aristote y dit que « l'être, celui qui est simplement (τὸ ἁπλῶς λεγόμενον), se dit de plusieurs manières », dans lesquelles il inclut « les figures de la prédica-tion », c'est-à-dire les catégories, qui, selon les livres précédents, sont les significations de l'être en tant qu'être[2], ou de « l'être par soi », lequel doit par conséquent être considéré comme équivalent à l'être en tant qu'être[3].

Puisque, parmi les significations de « l'être simplement », Aristote mentionne l'être par accident et l'être comme vrai, en employant l'im-parfait (« l'une *était* l'être par accident, etc. »)[4], la plupart des interprètes ont crû qu'il se référait au livre précédent, c'est-à-dire au livre Δ, qui, au chapitre 7, distingue effectivement quatre significations du mot « être » (τὸ ὄν) : 1) l'être par accident, 2) l'être par soi, 3) l'être comme vrai et 4) l'être en puissance et en acte. Si cela était vrai, on devrait supposer que le livre E, dès son origine, présupposait le livre Δ, et donc que celui-ci appartenait au noyau le plus ancien de la *Métaphysique*, ce qui, comme nous l'avons vu, ne semble pas être le cas et ce qui est en tout cas démenti par le livre K, quelle que soit son origine, où le livre E est résumé (ou ébauché) immé-diatement après le livre Γ, en ignorant donc Δ. Contre cette interprétation, on peut observer que l'ordre des significations de l'être adopté en E 2 (être par accident, être comme vrai, être des catégories et être en puissance et en acte) est différent de l'ordre de Δ 7 ; quant à l'imparfait employé au chapitre 2 du livre E, il peut s'expliquer comme une allusion à « l'être simplement » mentionné au chapitre 1 du même livre ou bien à des déclarations antérieures d'Aristote, sans admettre donc aucune référence au livre Δ.

1. *Metaph*. E 1, 1025b9-10.
2. *Metaph*. Γ 2, 1003b6-10. Dans ce passage Aristote dit que la substance et ses affections, c'est-à-dire les catégories, sont les significations de l'être dont on vient de parler, qui est l'être en tant qu'être (Γ 1, 1003a21 et 31).
3. *Metaph*. Δ 7, 1017a22-23.
4. *Metaph*. E 2, 1026b33-34.

J'ai traduit par « l'être par accident » l'expression grecque τὸ ὄν κατὰ συμβεβηκός ; elle signifie littéralement « ce qui est selon un concomitant » et indique l'être nouveau qui se produit lorsqu'un être quelconque est « accompagné » (συμβεβηκός est le participe parfait du verbe συμβαίνω, qui signifie aussi bien « marcher ensemble » que « s'ensuivre ») par une affection quelconque. La meilleure traduction dans une langue moderne serait « l'être par coïncidence », adoptée par M.-P. Duminil et A. Jaulin, mais je préfère garder « être par accident » qui, à travers le latin *ens per accidens*, est devenue traditionnelle et a été employée pendant plusieurs siècles. En tout cas, il ne faut pas confondre « l'être par accident », qui est une des significations de l'être, c'est-à-dire une manière d'être, avec le simple « accident » (τὸ συμβεβηκός), qui, comme Aristote nous l'explique au livre Δ, est « ce qui appartient à quelque chose » ou bien « ni nécessaire-ment ni dans la plupart des cas », ou bien « par soi sans être dans son essence »[1]. Comme on voit, le simple « accident » est un être dans le sens propre du mot, qui peut rentrer dans l'une ou l'autre catégorie (qualité, quantité, relation, etc.); il est donc un être « par soi », tandis que « l'être par accident » n'est pas, pour ainsi dire, un être de par soi, mais il est le résultat de l'union, ou de la connexion, de deux êtres, qui correspondent au sujet et au prédicat d'un énoncé, connexion qui n'est, comme Aristote le dira dans la suite, ni nécessaire ni vraie dans la plupart des cas, et donc qui constitue un être très précaire. Pour cette raison, Aristote dira que cet être « n'est que comme un nom » et qu'il est « quelque chose de proche du non-être »[2]. Mais, puisque « l'être par accident » résulte de la présence dans autre chose d'un simple « accident », entendu comme ce qui n'appartient à une chose ni nécessairement ni dans la plupart des cas, on ne doit pas s'étonner si parfois Aristote appelle l'être par accident simplement « l'accident »[3].

La thèse du chapitre 2 est qu'il ne peut y avoir aucune science de « l'être par accident », parce que, pour Aristote, la science est connaissance par démonstration, donc connaissance de ce qui existe, ou arrive, ou bien nécessairement ou bien dans la plupart des cas[4]. Par conséquent, l'être par accident, n'étant l'objet d'aucune science, ne fait pas partie non plus du domaine de la science de l'être en tant qu'être, c'est-à-dire de la philo-sophie première. Les exemples dont Aristote se sert pour établir cette thèse sont plus ou moins clairs : une science productrice, ou bien un art, comme l'architecture, est responsable, au sens où elle en est la cause, de la

---

1. *Metaph.* Δ 30, 1025a4-5, 31-32.
2. *Metaph.* E 2, 1026b13, 21.
3. C'est le cas des deux passages cités à la note précédente.
4. *An. Post.* I 30.

construction d'une maison, mais elle n'est pas responsable du fait que cette maison, au cours de la vie de ses habitants, se révèle douce pour l'un et funeste pour un autre ; l'architecture n'est pas responsable de « l'être par accident » constitué par la « maison douce » ou la « maison funeste ». Aristote ajoute que l'architecture n'est pas responsable du fait que la maison soit différente de tous les autres êtres. Cet exemple n'est pas aussi clair que le précédent, mais il peut signifier que « l'être différent » de tous les autres êtres, par exemple d'une plante ou d'un animal, est lui aussi un « être par accident » et donc qu'il n'est l'objet d'aucune science, comme cela résulte du fait que l'architecture ne s'en occupe pas. L'autre exemple, tiré d'une science théorétique comme la géométrie, semble aller dans le même sens, parce qu'Aristote dit que la géométrie n'étudie pas les choses qui accompagnent les figures comme la différence entre le triangle et le triangle qui a les angles égaux à deux droits. La géométrie, en effet, établit la définition du triangle et en démontre les propriétés nécessaires, comme le fait d'avoir les angles égaux à deux droits, mais elle ne se demande pas si le triangle considéré tout seul est différent ou pas du triangle considéré avec cette propriété, c'est-à-dire qu'elle n'étudie pas cet « être par accident » qu'est « l'être différent ».

Les questions de ce dernier type concernent de simples expressions ; elles sont des questions purement verbales ; par conséquent « l'être par accident », nous dit Aristote, « n'est que comme un nom ». Ce sont les mêmes questions que posaient les sophistes, par exemple : Coriscos est-il identique à Coriscos musicien ou en est-il différent ? ou bien : le musicien et le grammairien sont-ils identiques ou différents entre eux ?, comme on le voit dans les *Réfutations sophistiques* [1]. À ce propos, Aristote donne raison à Platon, qui, dans le *Sophiste*, range la sophistique du côté du non-être [2] : l'être par accident étant parfois l'expression d'une connexion purement verbale, comme dans le cas de l'identique et du différent, est un être si faible et si précaire qu'on peut dire qu'il est proche du non-être. Cependant, poursuit Aristote, bien qu'une science de l'être par accident soit impossible, il est possible de dire quelque chose de l'être par accident, par exemple quelle est sa nature et quelle est sa cause. Cela lui donne l'occasion de rappeler sa conception générale de l'univers et des sciences qui l'étudient, conception à l'intérieur de laquelle l'être par accident joue un rôle fondamental ; il constitue finalement l'un des caractères les plus typiques de la conception aristotélicienne de la réalité.

1. *Soph. El.* 13, 173a34 *sq.*
2. Plat. *Soph.* 254 a.

Dans l'univers, nous dit Aristote, il y a des êtres qui se comportent toujours de la même manière et par nécessité (une nécessité qui n'est pas une contrainte, mais une régularité) et d'autres qui ne se comportent de la même manière que dans la plupart des cas (ὡς ἐπὶ τὸ πολύ). Par les premiers, il fait allusion probablement aux êtres éternels comme les astres, mais aussi aux comportements des objets des mathématiques, qui possèdent leurs propriétés de manière nécessaire. Par les seconds, il fait allusion aux corps terrestres, et, parmi ceux-là, surtout aux corps animés, plantes et animaux, qui sont les objets de la physique : les lois physiques en effet – terme qui n'est pas d'Aristote, mais qui exprime la régularité des phénomènes physiques – sont valides dans la plupart des cas, mais elles admettent des exceptions. Cela fait la différence, selon Aristote, entre le ciel et la terre, ou entre les mathématiques (y comprise l'astronomie, ou physique céleste) et la physique terrestre. Or c'est précisément cette différence, c'est-à-dire l'existence d'exceptions aux lois physiques, qui explique l'être par accident. Celui-ci, en effet, est précisément ce qui n'arrive ni nécessairement ni dans la plupart des cas, donc ce qui fait exception aux règles. Qu'il fasse une chaleur étouffante en période de canicule, c'est une règle, tandis que le déchaînement d'une tempête dans la même période est une exception, donc un être par accident. De même, qu'un architecte ou un cuisinier fasse quelque chose qui contribue à la santé est possible, si l'architecte ou le cuisinier est par accident aussi médecin.

Aristote nous a donné ainsi la définition de l'être par accident. Il nous en indique aussi la cause : c'est la matière, parce qu'« elle peut être autrement qu'elle n'est dans la plupart des cas »[1]. La matière, en effet, de par soi n'a pas de forme, mais elle peut accueillir plusieurs formes, même contraires l'une à l'autre, parce qu'elle est en puissance. Pour Aristote, matière et puissance sont la même chose. Dans les processus naturels, comme la génération et la corruption d'une plante ou d'un animal, normalement, c'est-à-dire en règle générale, la matière assume une forme déterminée, par exemple la forme propre à l'espèce à laquelle la plante ou l'animal appartient, de sorte que l'homme normalement engendre l'homme[2] et le cheval normalement, le cheval. Mais il peut y avoir des exceptions, comme la génération d'un hybride ou d'un monstre. Le résultat de ces exceptions, qui sont dues à la possibilité que la matière assume une

1. *Metaph.* E 2, 1027a13-15.

2. H. Bonitz, *Index aristotelicus*, *Secunda editio*, Graz, Akademische Druck-u. Verlagsanstalt, 1955, p. 59b40 *sq.*, appelle ce cas « exemple habituel de génération naturelle », indiquant tous les passages où il est mentionné.

forme différente de sa forme habituelle, est un être par accident. Le fait d'avoir reconnu cette possibilité, l'existence de l'être par accident, est un des grands mérites d'Aristote, qui révèle ainsi l'attention et le soin qui le caractérisent dans l'observation de la nature.

Aristote exprime aussi l'être par accident par une expression difficile à traduire parce qu'elle est caractéristique de la langue grecque, qui rattache la notion d'être par accident à la notion de hasard : « ce qui est arrivé d'une manière ou d'une autre » (τὸ ὁπότερ' ἔτυχε), ou « ce qui peut arriver à être l'une ou l'autre de deux choses », c'est-à-dire ce qui est arrivé d'une manière, ou est devenu une chose déterminée, mais pouvait arriver de la manière opposée, ou pouvait devenir autre chose. De la racine du verbe τυγχάνω, employé dans cette expression (ἔτυχε), dérive le substantif τύχη, « hasard », par conséquent on peut traduire cette expression par « ce qui arrive par hasard » (Tricot) ou « quelque chose qui arrive au hasard » (Duminil-Jaulin). Au « hasard », Aristote a consacré un célèbre traité dans sa *Physique*, où il soutient, contre ceux qui le nient, que le hasard existe, et contre ceux qui le considèrent comme la cause de tout ce qui arrive dans l'univers, qu'il est la cause seulement des choses qui n'arrivent ni toujours, c'est-à-dire par nécessité, ni dans la plupart des cas[1]. C'est donc la même théorie que celle développée en *Metaph*. E 2 à propos de l'être par accident. On peut dire, par conséquent, que la cause de l'être par accident est, d'un côté, la matière, en tant que susceptible d'accueillir des formes opposées, et, de l'autre, le hasard, qui est l'expression de cette susceptibilité propre à la matière.

La relation établie entre l'être par accident et le hasard conduit Aristote à approfondir son examen de l'être par accident dans un développement qui constitue le chapitre 3 du livre E qui a été jugé par les spécialistes comme l'un des chapitres les plus difficiles de toute son œuvre, ce qui est prouvé aussi par le vaste débat qu'il a suscité. Dans ce chapitre, Aristote, après avoir donné la définition de l'être par accident et en avoir indiqué la cause dans la matière ou le hasard, veut montrer que l'être par accident peut être lui aussi une cause, c'est-à-dire la cause des événements imprévus et imprévisibles qui se rencontrent dans la nature et dans la vie humaine. Il le fait en introduisant la thèse selon laquelle « il y a des principes et des causes générables et corruptibles, sans qu'ils soient engendrés et corrompus »[2]. Ces principes et ces causes sont précisément les êtres par accident, dont il avait déjà dit au chapitre 2 que, de ces êtres, il n'y a ni génération ni

---

1. *Phys*. II 4-5.
2. *Metaph*. E 3, 1027a29-30.

corruption[1]. Ces êtres, en effet, sont générables et corruptibles, au sens où ils ne sont pas éternels, c'est-à-dire qu'ils viennent à l'être et cessent d'être, mais leur venir à l'être n'est pas une véritable génération et leur cesser d'être n'est pas une véritable corruption.

Cela se comprend si l'on pense à la génération et à la corruption comme à des processus naturels, qui normalement ont une cause efficiente, laquelle provoque le gain ou la perte d'une forme déterminée par une matière déterminée, et qui normalement sont orientés vers une fin, qui est justement le gain ou la perte de la forme déterminée, c'est-à-dire qu'ils sont, selon Aristote, des processus finalisés ou téléologiques. Or, les êtres par accident ne sont ni engendrés ni détruits par ce genre de processus, parce que, comme nous l'avons vu, ils sont produits de manière exception-nelle par le gain ou la perte d'une forme par une matière qui normalement se comporte d'une autre manière ; ils ne sont donc pas produits par une cause orientée vers eux et ils ne sont pas le but d'un processus naturel, ni dans leur venir à l'être ni dans leur cesser d'être.

La preuve qu'il y a des causes qui sont des êtres par accident se rencontre, selon Aristote, dans le fait, pour lui tout à fait évident, que, dans la réalité, toutes les choses ne sont pas nécessaires, c'est-à-dire, en termes modernes, que l'univers n'est pas dominé par un déterminisme de type mécaniste ou par une sorte de fatalisme du type qui sera admis par les Stoïciens, mais qu'il y a des événements contingents, c'est-à-dire qui peuvent se produire ou ne pas se produire, selon les circonstances. Ces dernières correspondent en effet à ce qu'Aristote appelle l'être par accident. Il emploie cette preuve au cours d'une argumentation par l'absurde : s'il n'y avait pas de causes accidentelles, c'est-à-dire d'êtres par accident qui tiennent lieu de causes, toutes les choses arriveraient par nécessité, mais, puisque cela est absurde, c'est-à-dire contraire à toute évidence, il doit y avoir des causes accidentelles.

Les exemples qu'Aristote utilise au cours de cette argumentation sont suggestifs, parce qu'ils consistent dans des processus causaux ou des séries d'événements enchaînés l'un à l'autre comme un effet à sa cause, qui permettent de reconduire un événement futur à un événement présent, ou un événement présent à un événement passé. L'événement final de chaque processus, par exemple la mort d'un homme, peut se produire de deux manières différentes, par maladie ou par violence. Elle se produit par maladie, si des éléments contraires sont présents dans le corps de cet homme, comme, par exemple, s'il contracte une infection ; mais elle peut aussi se produire par violence, si cet homme est tué par quelqu'un, et il est

---

1. *Metaph.* E 2, 1026b23-24.

tué, s'il sort de sa maison, et il sort de sa maison, s'il a soif et qu'il va chercher de l'eau, et il a soif, s'il a mangé des choses aigres. Dans les deux cas, l'événement qui produit la série toute entière, par exemple la présence d'éléments contraires dans le corps, ou le fait d'avoir mangé des choses aigres, peut se produire ou ne pas se produire, donc il est un être par accident, et, par conséquent, le résultat du processus aussi peut être d'un type, comme la mort par maladie, ou de l'autre, comme la mort violente, c'est-à-dire qu'il est un être par accident lui aussi.

Lorsque l'être par accident fonctionne comme cause d'une série d'événements, c'est-à-dire comme principe auquel on peut reconduire le résultat final, accidentel lui aussi en soi même, bien que nécessairement produit par la série des événements qui le précédent, le principe lui-même, nous dit Aristote, ne peut être reconduit à rien d'autre, c'est-à-dire qu'il n'a pas de cause d'où il dérive nécessairement. Cela ne veut pas dire qu'il n'ait pas de cause absolument, mais que, en tant qu'être par accident, le principe n'est pas le résultat d'un processus de génération naturelle, orienté vers un but, mais qu'il est l'expression d'un concours fortuit de circonstances, comme avoir contracté une infection ou avoir mangé des choses aigres. Ce qui peut ne pas être clair, nous dit Aristote en conclusion du chapitre, c'est le type de cause dans lequel l'être par accident consiste lorsqu'il fonctionne comme une cause, c'est-à-dire s'il est une cause matérielle, efficiente, ou finale. Cela reste essentiellement un objet de recherche, qui n'est pas déterminé par le traité sur l'être par accident, ni par aucune science, mais qui probablement peut être déterminé seulement par une recherche de type empirique, comme par exemple par une enquête de police dans le cas d'un homicide.

Le débat que ce chapitre a suscité dans la deuxième moitié du XXᵉ siècle, avec les interventions des spécialistes d'Aristote les plus connus (notamment J. Hintikka, R. Sorabji, G. Fine, H. Weidemann, Ch. Kirwan, D. Frede, P. Donini, L. Judson, C. Natali, S. Kelsey, y compris, de manière posthume, M. Frede), a porté en grande partie sur le problème du rapport entre l'éventuel déterminisme d'Aristote et la liberté de l'action humaine, c'est-à-dire sur la question de savoir si la conception aristotélicienne de la causalité naturelle ou accidentelle est compatible ou non avec la liberté de l'homme, question qui ne concerne pas directement les chapitres 2 et 3 du livre E, mais plutôt le *De interpretatione*, la *Physique* et l'*Éthique à Nicomaque*, et que par conséquent j'ai laissée de côté, tout en reconnaissant son importance pour la philosophie générale d'Aristote.

L'ÊTRE COMME VRAI (CHAP. 4)

L'être comme vrai et le non-être comme faux sont aussi une des significations de l'être (et du non-être) mentionnées au début du chapitre 2 du livre E et au chapitre 7 du livre Δ. Bien que, selon certains interprètes, ces deux passages ne traitent pas exactement de la même signification, j'avoue ne voir entre les deux traités aucune différence importante. Ce qui me semble important, en revanche, est que, dans les deux passages, l'être comme vrai n'est pas simplement la copule des énoncés, comme une tradition répandue surtout au Moyen Âge l'a affirmé, mais qu'il exprime un jugement sur un énoncé tout entier, signifiant que cet énoncé est vrai, dans le cas où l'on emploie la forme « est », ou qu'il est faux, dans le cas où l'on emploie la forme « n'est pas ». La question est discutée de savoir si cet usage du verbe être – qui remonte à Homère et qui, à mon avis, est présent aussi dans le célèbre fragment 2 de Parménide chez Diels-Kranz, où il sert à indiquer les deux « voies » présentées par la déesse –, était ou non le plus répandu dans la langue grecque. Quelle que soit la réponse à cette question, il n'y a pas de doute qu'Aristote le considère comme un usage légitime, qui mérite une mention, même si l'être comme vrai, comme nous le verrons tout de suite, crée chez Aristote un problème lui aussi, parce que, d'un côté, c'est-à-dire au chapitre 4 du livre E, il est explicitement exclu du domaine de la science de l'être en tant qu'être, tandis que, de l'autre côté, c'est-à-dire au chapitre 10 du livre Θ, il fait l'objet d'un traité parmi les plus intéressants qu'Aristote nous ait laissés.

Avant d'affronter ce problème, précisons que, de même qu'il ne faut pas confondre l'être par accident avec le simple accident, il ne faut pas confondre non plus l'être comme vrai avec le simple « vrai », ni le non-être comme faux avec le simple « faux ». Le vrai et le faux, en effet, sont des énoncés, ou des propriétés des énoncés – selon d'autres interprètes, ils sont des choses, c'est-à-dire des êtres, ou des propriétés des choses –, tandis que l'être comme vrai et le non-être comme faux sont, pour ainsi dire, des significations respectivement de l'être et du non-être, qui expriment une propriété d'autres énoncés – ou d'autres choses. Ils sont, en somme, l'expression rétrécie d'un énoncé concernant un autre énoncé, une sorte de « méta-énoncé ». L'être comme vrai, en effet, n'est que l'emploi du verbe « est » pour signifier qu'un énoncé est vrai, tandis que le vrai est la propriété d'un énoncé qui unit, s'il est une affirmation, ou sépare, s'il est une négation, deux termes, sujet et prédicat, indiquant des choses, ou des êtres, qui sont respectivement unis ou séparés dans la réalité. Le non-être comme faux, de son côté, n'est que l'emploi de l'expression « n'est pas » pour signifier qu'un énoncé est faux, tandis que le faux est la propriété d'un énoncé qui unit deux termes indiquant des choses qui sont séparées dans la réalité, ou qui sépare deux termes indiquant des choses qui sont unies dans la réalité.

La thèse selon laquelle le vrai et le faux sont eux aussi des choses, et que, par conséquent, l'être comme vrai est principalement une manière d'être, a été principalement soutenue au temps modernes par Martin Heidegger, qui, de son côté, a considéré cette manière d'être comme la plus importante, la plus fondamentale parmi les significations de l'être distinguées par Aristote, même s'il pense que cette importance ne se manifeste que dans le traité de l'être comme vrai que constitue *Metaph.* Θ 10[1]. Cette interprétation dépend, à mon avis, de raisons d'ordre philosophique, parce qu'elle a été proposée par Heidegger précisément à la période du développement de sa pensée où lui-même était convaincu que l'être comme vrai était la signification la plus importante de l'être, c'est-à-dire le véritable « sens de l'être ». Mais une thèse semblable a été proposée plus récemment par un spécialiste de la logique d'Aristote, Paolo Crivelli, qui pense lui aussi que la vérité et la fausseté appartiennent principalement aux choses, et qu'elles appartiennent seulement d'une manière dérivée aux énoncés ou à la pensée, même si Crivelli ne considère pas l'être comme vrai comme la signification principale de l'être et ne voit pas de différence, ou de changement de doctrine, entre *Metaph.* E 4 et *Metaph.* Θ 10[2].

Cette dernière interprétation se fonde surtout sur un passage de *Metaph.* Θ 10, dont le texte est cependant controversé. Selon les manuscrits les plus anciens, Aristote dit dans ce passage que l'être comme vrai et le non-être comme faux « sont l'être composé et l'être séparé dans les choses », tandis que, selon les éditeurs modernes, il dit que l'être comme vrai et le non-être comme faux « sont *à cause de* l'être composé et de l'être séparé dans les choses »[3]. Quelle que soit la version exacte de ce passage (problème qui concerne l'édition et la traduction du livre Θ), au livre E, Aristote déclare explicitement par deux fois que « le faux et le vrai ne sont pas dans les choses », comme le sont au contraire le bien et le mal, « mais dans la pensée rationnelle (ἐν διανοίᾳ) »[4], et que, pour cette raison, ils doivent être mis de

1. M. Heidegger, *Logik : Die Frage nach der Wahrheit*, W. Biemel (hrsg.), (*GA* II 21), Frankfurt a. M., Klostermann, 1976 (2ᵉ éd., 1995) ; *Vom Wesen der menschlichen Freiheit. Einleitung in die Philosophie*, H. Tietjen (hrsg.), (*GA* II 31), Frankfurt a. M., Klostermann, 1982 (2ᵉ éd. 1994).

2. P. Crivelli, *Aristotle on Truth*, Cambridge, Cambridge University Press, 2004.

3. *Metaph.* Θ 10, 1051b1-3. À la ligne 1051b2, les manuscrits anciens (E et J) font précéder « être composé » par l'article neutre au nominatif (τὸ), qui signifie « le », tandis que les éditeurs modernes (Ross, Jaeger) le font précéder par l'article au datif (τῷ), qui signifie « à cause du ».

4. *Metaph.* E 4, 1027b25-27 ; 29-31.

côté[1], c'est-à-dire qu'ils ne sont pas compris, pas plus que l'être par accident, dans le sujet de la science de l'être en tant qu'être. Par conséquent, je garde l'interprétation traditionnelle, selon laquelle, au moins au livre E, l'être comme vrai et le non-être comme faux sont dans la pensée, c'est-à-dire qu'ils sont des propriétés des énoncés, même si je reconnais que Θ 10 pose un problème aussi pour l'interprétation de E 4 et que je me réserve de revenir sur le rapport entre ces deux chapitres. Je reconnais aussi que l'interprétation selon laquelle le vrai et le faux sont des propriétés des êtres se rattache d'ailleurs à une tradition illustre, la doctrine médiévale des « transcendantaux », qui considérait le vrai (*verum*), de même que le bien (*bonum*), comme coextensifs de l'être lui même (*ens et verum convert-untur*, « l'être et le vrai sont convertibles »), mais je pense que cette doctrine n'appartient pas à Aristote[2].

Ce qui, cependant, doit être souligné même à propos du livre E, est que, dans ce livre aussi, l'être comme vrai et le non-être comme faux, tout en n'étant pas des propriétés des choses, mais de la pensée, dépendent clairement de la composition et de la séparation, ou mieux de « l'union » et de la « division », des choses. Il n'y a pas de doute, en effet, que pour Aristote la vérité et la fausseté des énoncés dépendent de l'union et de la division des choses, de sorte qu'un énoncé est vrai non seulement *s'il unit*, mais aussi *parce qu'il unit* au niveau de la pensée des termes indiquant des choses réellement unies, et non seulement *s'il divise*, mais aussi *parce qu'il divise* au niveau de le pensée des termes indiquant des choses réellement séparées. Cela est confirmé, cette fois sans ambiguités, par un passage de Θ 10, où Aristote dit : « tu n'est pas blanc parce que nous pensons vraiment que tu es blanc, mais nous, qui affirmons cela, nous disons vrai parce que tu es blanc »[3]. En somme, le réalisme d'Aristote, que d'ailleurs personne n'a jamais mis en doute, ne consiste pas à affirmer une « correspondance » entre la pensée et l'être, mais une « dépendance » de la pensée à l'être, un rapport de causalité, où l'être est la cause de la pensée.

La nature de cette causalité n'est pas indiquée par Aristote au livre E de la *Métaphysique*, mais je pense qu'il s'agit d'une causalité formelle, comme il résulte du passage du *De anima*, où l'âme est dite assumer les formes, sensibles ou intelligibles, des objets sans leur matière[4]. Au livre E, Aristote se limite à renvoyer au *De anima*, où il dit : « quant à la manière

1. *Metaph.* E 4, 1027b34, 1028a3.
2. Voir K. Bärthlein, *Die Transzendentalienlehre der alten Ontologie*, I. Teil : *Die Transzendentalienlehre im Corpus Aristotelicum*, Berlin, W. de Gruyter, 1972.
3. *Metaph.* Θ 10, 1051b6-9 (trad. Duminil-Jaulin).
4. *DA* II 12 ; III 4 et 8.

dont le penser simultanément et le penser séparément arrivent, c'est l'objet d'un autre discours – je dis le penser simultanément et le penser séparément comme un penser tel que se produise non une succession, mais quelque chose d'un »[1]. Dans ce passage, Aristote fait clairement allusion au jugement par lequel la pensée unit ou divise les termes indiquant les choses d'une manière à établir une unité, qu'elle soit une affirmation ou une négation, entre le sujet et le prédicat, qui est produite par l'union ou la séparation des choses. La manière dont cette unité se produit est un problème de psychologie, ou de théorie de la connaissance, non de logique, de même que la manière (ou la raison) par laquelle la pensée formule un jugement qui ne correspond pas aux rapports existants parmi les choses, c'est-à-dire un jugement faux.

Jusqu'à ce point, l'interprétation du chapitre 4 du livre E ne me parait pas poser de difficultés. Les problèmes surgissent par la suite, quand Aristote affirme que le vrai et le faux, « à propos des choses simples et des essences ne sont pas même dans la pensée rationnelle »[2]. La plupart des commentateurs ont rapporté ce passage à la phrase qui le suit immédiatement : « Ce qu'on doit donc soutenir exactement à propos de l'être et du non-être conçus en ce sens-ci, il faut l'examiner ensuite »[3]. Cette phrase semble renvoyer au traité sur le vrai et le faux dans les « incomposés » et, en particulier, dans les « substances non composées », qu'on trouve au chapitre 10 du livre Θ, où Aristote dit que, à propos de ces objets, il est possible d'être dans le vrai, lorsque la pensée les pense tels qu'ils sont, tandis qu'il n'est pas possible d'être dans le faux, c'est-à-dire de se tromper à leur propos (sauf par accident), parce qu'au lieu du faux, dans ce cas, il y a simplement ignorance[4]. À partir de cette référence à Θ 10, les commentateurs ont conclu qu'à propos des objets simples, le vrai n'est pas dans la pensé rationnelle (διάνοια), parce qu'il est dans l'intellect (νοῦς), c'est-à-dire dans une pensée intuitive.

Les deux passages ne me semblent pas si étroitement liés : en effet, le premier, en disant que le vrai et le faux « à propos des choses simples et des essences ne sont *pas même* dans la pensée rationnelle (οὐδ' ἐν διανοίᾳ) », semble dire que, dans ce cas, le vrai et le faux ne sont nulle part, tandis que le chapitre 10 du livre Θ dit qu'au moins le vrai, sinon le faux, est possible même à propos des objets incomposés, et donc qu'il est quelque part, dans les choses ou dans la pensée, dans une pensée rationnelle, comme je le

---

1. *Metaph.* E 4, 1027b23-25.
2. *Ibidem*, 27-28.
3. *Ibidem*, 28-29.
4. *Metaph.* Θ 10, 1051b17-33.

crois, ou dans une pensée intuitive, comme le veulent les commentateurs. Il me semble qu'en disant cela, Aristote n'est pas en train de penser à ce qu'il dira en Θ 10. Si c'est bien le cas, on doit admettre qu'en *Metaph.* Θ 10, Aristote parle d'autre chose, ou bien qu'il parle de la même chose, mais après avoir changé d'opinion. Dans ce cas, le renvoi à ce chapitre doit avoir été ajouté au texte de E 4 après l'insertion de Θ 10, qui d'ailleurs ne se rattache pas très bien aux chapitres précédents du même livre Θ. Mais on reviendra sur ce point en parlant du rapport avec Θ 10.

Un autre problème surgit quand Aristote affirme que l'être comme vrai, étant une affection de la pensée rationnelle, est différent des êtres conçus dans les sens principaux, c'est-à-dire de l'être des catégories (ou être par soi, ou être en tant qu'être), et peut-être de l'être en puissance et en acte, qui se réfère à toutes les catégories. L'être comme vrai, poursuit Aristote, de même que l'être par accident considéré dans les chapitres précédents, concernent « le genre restant de l'être », et, pour cette raison, ils doivent être laissés de côté et ne rentrent pas dans le domaine de la science de l'être en tant qu'être[1]. Le problème surgit, encore une fois, en rapport avec le chapitre 10 du livre Θ, où Aristote semble dire que l'être comme vrai est « le plus important » (κυριώτατα), ou le plus propre, des sens de l'être[2]. Les éditeurs modernes (Ross et Jaeger) ont cherché ou bien à déplacer ou bien à éliminer ce passage. Heidegger, au contraire, l'a considéré comme la meilleure preuve de son interprétation, tandis que d'autres spécialistes (Crivelli) l'ont compris comme faisant allusion non au sens le plus important de l'être, mais au sens le plus propre, ou au sens le plus étroit, dans lequel on doit concevoir l'être comme vrai lui-même, c'est-à-dire au vrai comme propriété des choses.

Encore une fois, ce problème concerne l'édition et la traduction du livre Θ et le rapport du livre E avec celui-ci, rapport sur lequel nous reviendrons. Pour ce qui concerne le livre E, il n'y a pas de doute que les sens les plus importants de l'être sont l'être des catégories, ou être par soi, et l'être en puissance ou en acte, tandis que l'être par accident et l'être comme vrai, ne sont pas l'objet de la science de l'être en tant qu'être. Aristote ajoute que l'être comme vrai et l'être par accident « ne manifestent aucune nature déterminée existant en dehors », phrase que certains traducteurs interprètent comme signifiant « aucune nature existant en dehors de la

---

1. *Metaph.* E 4, 1027b29-1028a3. Comme je le dirai dans mon commentaire, l'expression « le genre restant de l'être » peut être interprétée de deux manières : comme indiquant l'être au sens propre, ou être par soi, dont dépendent les sens impropres, ou bien comme indiquant les sens impropres. Dans les deux cas, ces sens impropres sont exclus du domaine de la science de l'être en tant qu'être.

2. *Metaph.* Θ 10, 1051b1-2.

pensée », ce qui vaudrait seulement pour l'être comme vrai, non pour l'être par accident. Pour cette raison, je l'interprète comme signifiant « aucune nature existant en dehors *de l'être par soi* ».

Un dernier problème, qui n'a pas encore attiré l'attention des commentateurs, concerne l'expression qu'Aristote emploie pour indiquer l'objet dont il faut s'occuper après avoir mis de côté (au sens d'avoir terminé de parler de) l'être par accident et l'être comme vrai : « en revanche de l'être lui-même, on doit rechercher les causes et les principes en tant qu'être »[1]. À ce propos, il faut éviter d'interpréter l'expression « de l'être lui-même » comme indiquant un être dont l'essence consiste uniquement dans l'être, parce qu'Aristote dit ailleurs que les Pythagoriciens et Platon ont admis un Être dont l'essence est l'être lui-même et un Un dont l'essence est l'un lui-même (allusion probable à la doctrine, attribuée par Aristote à Platon, des principes des Idées et des nombres idéaux). Mais cette thèse de Platon et des Pythagoriciens est critiquée par Aristote, en tant qu'impliquant comme sa conséquence le monisme de Parménide, c'est-à-dire la doctrine selon laquelle tous les êtres se réduisent à un seul, précisément l'être lui-même[2]. Malgré cette critique d'Aristote, la conception d'un Être ayant comme essence l'être lui-même a été reprise par le platonisme ancien et médiéval (Philon d'Alexandrie, Plutarque, Porphyre, Augustin notamment), qui a identifié cet Être avec le Dieu de la Bible, y voyant une allusion dans le passage de l'*Exode* où Dieu dit a Moïse : « je suis celui qui suis » (*Ex.* 3, 14). En *Metaph.* E 4, 1028a3, « l'être lui-même », dont on doit rechercher les causes et les principes, est « l'être par soi », constitué par les catégories, qui a été mentionné à la ligne précédente.

À propos de la distinction des significations de l'être, la conclusion du chapitre 4 semble renvoyer au livre Δ, auquel renvoie l'expression « en combien de sens chaque chose est dite », qui reprend un des titres compris dans les listes anciennes des œuvres d'Aristote normalement identifié avec le livre Δ de la *Métaphysique*; il peut s'agir aussi d'une addition faite par un éditeur, comme il arrive souvent au début et à la fin des livres qui nous ont été transmis. Le même renvoi se retrouve au début du livre Z, avec en plus le mot « précédemment » (πρότερον), mais ni dans un cas ni dans l'autre, à mon avis, il ne justifie la position du livre Δ qui est maintenant la sienne. Même s'il s'agit, en effet, d'une expression d'Aristote, elle peut renvoyer ou bien à une œuvre précédente, qui ne faisait pas nécessairement partie de la *Métaphysique*, ou même à une exposé oral, voire à un cours, chronologiquement antérieur à celui présenté dans la *Métaphysique*.

---

1. *Metaph.* E 4, 1028a3-4.
2. *Metaph.* B 4, 1001a22, 27, 30.

LE RAPPORT AVEC *METAPH.* K 7-8 ET Θ 10

Le parallélisme plusieurs fois souligné entre *Metaph.* E et *Metaph.* K 7-8 (jusqu'à 1065a26), deux traités qui nous présentent à peu près les mêmes doctrines dans une version respectivement plus longue et plus brève, oblige à dire quelque chose de leur rapport. Ce parallélisme a été l'objet des interprétations les plus diverses. Les plus connues sont celle de Natorp, qui a considéré la première moitié du livre K comme un résumé des livres ΒΓΕ, fait par un péripatéticien postérieur à Aristote, de tendance platonisante [1]; celle de Jaeger, qui, précisément à cause de cette tendance platonisante, a considéré la première moitié de K comme une première ébauche des doctrines présentées successivement par Aristote dans les livres ΒΓΕ [2]; celle de Mansion, qui a repris la thèse de Natorp en attirant l'attention sur l'identification entre être en tant qu'être et être séparé (χωριστόν), établie par K 7, 1064a29, identification considérée par Mansion comme un signe de son inauthenticité [3]; celle de Merlan, qui, précisément à cause de cette identification, qui correspond à son interprétation de l'être en tant qu'être comme l'être suprême, a considéré K comme authentique [4]; celle de Décarie, qui, tout en considérant K 1-8 comme authentique, a nié la présence de cette identification dans le passage cité, soutenant que la philosophie première est science aussi bien de l'être en tant qu'être que de l'être séparé [5]; et celle d'Aubenque, qui a repris la thèse de Natorp et de Mansion, en apportant d'autres arguments contre l'authenticité de K [6].

Pour ce qui concerne l'expression de la ligne 1064a29, « il y a une science de l'être en tant qu'être et <en tant que> séparé » (τοῦ ὄντος ᾗ ὂν

1. Natorp, « Über Aristoteles' *Metaphysik* K 1-8 », *op. cit.*

2. W. Jaeger, *Studien, op. cit.*, p. 63-89 et *Aristoteles, op. cit.*

3. A. Mansion, « Philosophie première, philosophie seconde et métaphysique chez Aristote », *Revue philosophique de Louvain*, 56, 1958, p. 165-221 (réimpr. dans P. Aubenque *et al.*, *Études aristotéliciennes : métaphysique et théologie*, Paris, Vrin, 1985, p. 53-109), voir en particulier l'Appendice sur le livre K.

4. Ph. Merlan, « Metaphysik : Name und Gegenstand », *Journal of Hellenic Studies*, 77, 1957, p. 87-92.

5. V. Décarie, « L'authenticité du livre K de la *Métaphysique* », in P. Moraux, J. Wiesner (eds), *Zweifelhaftes im Corpus aristotelicum. Studien zu einigen Dubia*, Berlin-New York, W. de Gruyter, 1983, p. 295-317.

6. P. Aubenque, « Sur l'inauthenticité du livre K de la *Métaphysique* », in P. Moraux, J. Wiesner (eds), *Zweifelhaftes im Corpus aristotelicum. Studien zu einigen Dubia*, Berlin-New York, W. de Gruyter, 1983, p. 318-344; reimpr. dans P. Aubenque, *Problèmes aristotéliciens*, Philosophie théorique, Paris, Vrin, 2009, p. 171-195. En faveur de l'authenticité des seuls chapitres 7-8 de K, voir Martineau, art. cit.

καὶ χωριστόν)[1], elle n'implique pas nécessairement l'identification entre
l'être en tant qu'être et l'être séparé au sens de séparé de la matière, c'est-à-
dire immatériel, parce que χωριστόν peut signifier existant séparément
d'autre chose, à la manière de la substance. Cette interprétation pourrait
être suggérée par l'identification, présente en K 3, 1061a8-9, c'est-à-dire
dans ce même livre K, entre l'être en tant qu'être et la substance. Mais c'est
précisément cette dernière identification, admise par tous les interprètes,
qui soulève des difficultés, car elle donne l'impression que le livre K
conçoit l'être en tant qu'être non comme la totalité de l'être, mais comme
un être particulier, ce qui contredit E 1, 1025b3-10, où Aristote parle des
« êtres en tant qu'êtres ». Cette impression est renforcée par K 7, 1064a2-3,
où les sciences particulières sont dites traiter leur genre sujet « comme
existant et être, mais non en tant qu'être » (ὡς ὑπάρχον καὶ ὄν, οὐχ ᾗ δὲ
ὄν) : ce passage semble, en effet, considérer l'être en tant qu'être comme
différent de l'existant en général et de l'être en général, donc comme un
être particulier.

Mais, en K 7, il y a un autre passage qui fait difficulté : en 1064a35-b1,
le texte dit que, « s'il existe quelque substance de telle sorte, c'est-à-dire
séparée et immobile, comme nous chercherons à le montrer, et s'il existe
une nature de telle sorte dans les êtres, ici se trouverait le lieu du divin aussi,
et celle-ci sera le principe premier et le plus propre (πρώτη καὶ κυριωτάτη
ἀρχή) ». À part le renvoi très clair au livre Λ, qui justifie de mettre ce
dernier à la place qui est maintenant la sienne, c'est-à-dire immédiatement
après K, comme si celui qui a introduit Λ dans la *Métaphysique* avait
introduit aussi K, la réduction des principes des êtres à un seul principe,
c'est-à-dire à la substance immobile, considérée non seulement comme le
principe premier, mais aussi comme le plus propre, donne l'impression
d'une réduction complète de la science de l'être en tant qu'être à la
théologie, réduction qui n'est pas si claire au livre E, où l'on parle toujours
des principes et des causes au pluriel. D'ailleurs, que pour Aristote « le
dieu » (comme espèce, non individu) soit un principe, on l'apprend de
Metaph. A 2 aussi, où cependant il n'est que l'une « des causes »
(τῶν αἰτίων) et « une sorte de principe » (ἀρχή τις) ; il n'est donc pas « le
principe le plus propre »[2].

---

1. Je suis d'accord avec la traduction proposée par Décarie, parce que χωριστόν
(« séparé »), n'étant pas au génitif, doit se rattacher à « en tant que ». Même interprétation chez
Menn et Sefrin-Weis (inédits).

2. *Metaph.* A 2, 983a8-9. On a trouvé un caractère anti-platonicien à ce passage,
voir récemment Th. Auffret, « Aristote, *Métaphysique* A 1-2 : un texte "éminemment
platonicien" ? », *Elenchos*, 32, 2011, p. 263-286.

C'est précisément cette réduction complète de la science de l'être en tant qu'être à la théologie qui donne un sens à la question formulée à la fin de K 7, correspondant à celle formulée à la fin de E 1, mais avec une signification différente : « on pourrait se poser le problème de savoir s'il faut considérer la science de l'être en tant qu'être comme universelle ou non » [1]. Cette formulation suppose, en effet, que l'être en tant qu'être soit un être particulier, tandis que la formulation de E 1, « on pourrait se poser le problème de savoir si la philosophie première est universelle ou si elle traite d'un certain genre et d'une seule nature », suppose que le fait de traiter d'un être particulier concerne la substance immobile. La réponse à la question est la même dans les deux livres : cette science est universelle en tant que première, parce que son objet est le principe de tout, mais avec cette différence que, en E 1, la science qui, grâce à ce principe, est dite universelle est la science de la substance immobile – donc ce principe est la substance immobile, considérée comme principe de l'être en tant qu'être et pour cette raison non identique à celui-ci –, tandis que, en K 7, ce principe est l'être en tant qu'être lui-même.

L'impression que, au livre K, l'être en tant qu'être est conçu comme un être particulier est confirmée par le passage de K 3, 1061b8-10 : « la dialectique et la sophistique sont sciences des accidents des êtres, non <des êtres> en tant qu'êtres ni de l'être lui-même (τὸ ὂν αὐτό) ». Comme nous l'avons déjà remarqué, Aristote attribue un « être lui-même », c'est-à-dire un être par essence, un être par définition, à Platon, et il le critique comme conduisant au monisme de Parménide [2]. Le passage de K 3, au contraire, semble identifier l'être en tant qu'être avec l'être lui-même, c'est-à-dire avec l'être pur. On a l'impression, en somme, que le livre K considère l'étude de l'être en tant qu'être, attribué à la philosophie première, comme une étude des êtres en tant qu'ils dépendent de la substance ou même de la substance immobile, c'est-à-dire de Dieu. De cette manière, l'expression « être en tant qu'être » est interprétée comme signifiant la substance, en tant que séparée des accidents, et même la substance immobile, en tant que séparée de la matière, en somme l'être pur.

Quelle que soit la solution du problème de l'authenticité du livre K, solution qui ne concerne pas en elle-même l'interprétation du livre E, il ne

---

1. *Metaph.* K 7, 1064b6-8.
2. *Metaph.* B 4, 1001a19-b1. On notera que cette expression est évitée dans la formulation de la même aporie présentée en K 2, 1060a36-b6. L'authenticité de l'exposition des apories de *Metaph.* K 1-2 a été d'ailleurs récemment revendiquée par J. Aguirre, *La aporía en Aristóteles. Libros B y K 1-2 de la* Metafísica, Madrid, Dykinson, 2007, et « La redacción de las aporías en K 1-2 y la autenticidad del libro *Kappa* de la *Metafísica* », *Méthexis*, 23, 2010, p. 113-136.

faut pas oublier que le livre K a été considéré comme authentique par tous les commentateurs anciens, médiévaux et modernes de la *Métaphysique* d'Aristote, et que c'est seulement au XIXe siècle qu'on a commencé à douter de son authenticité. Par conséquent, les commentateurs ont dû tenir compte de l'expression «être en tant qu'être et séparé» (ὂν ᾗ ὂν καὶ χωριστόν) comme si elle était d'Aristote et ils s'en sont servis pour interpréter la notion d'être en tant qu'être exposée aux livres Γ et E. Cela les a conduits, comme nous le verrons, ou bien à interpréter l'être en tant qu'être comme l'être immatériel, c'est-à-dire immobile, l'Être suprême, Dieu (c'est le cas des néoplatoniciens), ou bien à l'interpréter comme l'être indifférent à la matière, qui peut être aussi bien matériel qu'immatériel, l'être le plus abstrait, la notion d'être commune à tous les êtres, l'*ens commune* (c'est le cas des médiévaux, aussi bien chrétiens que musulmans, et des modernes).

L'autre cas de parallélisme qui concerne *Metaph.* E est celui qui subsiste entre *Metaph.* E 4 et *Metaph.* Θ 10. Il s'agit d'un parallélisme différent de celui qui concerne le livre K : d'une part, en effet, il est partiel, au sens où c'est seulement la première moitié de Θ 10, concernant l'être comme vrai dans les composés, qui est parallèle à E 4, tandis que l'autre moitié, concernant l'être comme vrai dans les non composés, n'a aucun parallèle en E 4 ; d'autre part, personne n'a douté de l'authenticité de Θ 10. Cependant on a noté que Θ 10 pose quelques problèmes, parce qu'il vient conclure un livre, Θ, entièrement consacré à l'être en puissance et en acte, qui, sur la base de E 2, semblait être la dernière signification de l'être à étudier dans la *Métaphysique*, et parce que E 4, comme nous l'avons vu, semble exclure l'étude de l'être comme vrai de la science de l'être en tant qu'être. Pour ces raisons Θ 10 a été considéré comme une addition postérieure à la composition des livres ZHΘ, faite par Aristote lui-même [1].

Un autre problème concernant le rapport entre E 4 et Θ 10 vient du fait qu'en Θ 10, l'être comme vrai semble présenté comme la signification « la plus propre » (κυριώτατα) ou la principale de l'être [2], tandis qu'en E 4, l'être comme vrai est seulement « le genre restant » de l'être, après l'être par soi, ou bien dépend de l'être restant, si celui-ci est l'être par soi, c'est-à-dire l'être des catégories et l'être en puissance et en acte, qui sont considérés, eux, comme les significations « propres » (κυρίων) de l'être [3]. Les commentateurs ont cherché à expliquer cette contradiction apparente de plusieurs façons : (i) en interprétant le κυριώτατα de Θ 10 comme

---

1. W. Jaeger, *Studien, op. cit.*, p. 49-53.
2. *Metaph.* Θ 10, 1051b1.
3. *Metaph.* E 4, 1027b31-1028a2.

indiquant la signification la plus répandue dans l'usage de la langue,
«dominante du point de vue linguistique», ce qui impliquerait l'identification de l'être comme vrai à l'être de la copule[1]; (ii) en l'interprétant
comme s'il indiquait un dépassement de E 4 en direction d'une compréhension authentique de l'être[2]; (iii) en proposant de le déplacer; (iv) de
l'éliminer[3]; (v) ou bien finalement comme si κυριώτατα se référait non
aux significations de l'être en général, mais aux significations de l'être
comme vrai, comme s'il indiquait l'être comme vrai dans le sens le plus
étroit, qui serait la vérité des choses[4]. L'adverbe κυριώτατα me semble
pouvoir être interprété de la même manière qu'en *De caelo* I 11, 281a3, où
il indique la définition exacte de l'incorruptible. Il ne s'agit pas d'une
signification plus propre ou plus étroite que les autres, mais de la seule
signification exacte d'un terme. Dans le cas de l'être comme vrai et du non-
être comme faux, leur signification exacte est celle selon laquelle ils se
réfèrent au vrai et au faux comme affections de la pensée ou du discours;
par cet adverbe, Aristote ne fait donc allusion ni à une hiérarchie des
significations de l'être en général, comme le prétend Heidegger, ni à une
hiérarchie des significations du vrai et du faux, comme le sous-entend
les traducteurs les plus récents.

Quant à l'affirmation de Θ 10, 1051b2, selon laquelle l'être comme
vrai, «dans les choses consiste dans leur composition et division» (où je
maintiens, comme Crivelli le texte des manuscrits[5]), je ne crois pas qu'elle
contredise l'affirmation de E 4, selon laquelle l'être comme vrai n'est que
dans la pensée. En effet, immédiatement après, Aristote ajoute: « de sorte
que celui qui pense (ὁ [...] οἰόμενος) » comme il arrive dans les choses est
dans le vrai, tandis que celui qui pense différemment des choses est dans le
faux, confirmant de cette façon que le vrai et le faux dépendent des choses,
mais qu'ils sont proprement dans la pensée.

Le fait que la deuxième moitié de Θ 10 traite du vrai dans les non
composés est effectivement une nouveauté par rapport à E 4, parce que E 4
semble, comme je l'ai déjà dit, exclure l'existence même du vrai dans les
simples mots (noms et verbes), selon la thèse des *Catégories* et du *De
interpretatione*, tandis que Θ 10 admet l'existence au moins du vrai dans

---

1. W. Jaeger, *Studien, op. cit.*, p. 52.

2. M. Heidegger, *Vom Wesen der menschlichen Freiheit, op. cit.*, p. 83-85.

3. W. D. Ross, dans Aristotle's *Metaphysics, op. cit.*, II, p. 275; W. Jaeger, *Aristotelis Metaphysica*, Oxonii, Clarendon, 1957, p. 192.

4. Tricot: «au sens le plus propre de ces termes»; Duminil-Jaulin: «comme vrai ou faux au sens le plus propre»; P. Crivelli, *Aristotle on Truth, op. cit.*, p. 234-237: «being in the strictest sense true or false».

5. P. Crivelli, *Aristotle on Truth, op. cit.*, p. 238.

les non composés, un vrai qui a lieu dans la pensée lorsque celle-ci saisit l'essence des choses non composées[1]. Je me contente de noter à ce sujet que, même dans ce cas, il ne s'agit pas d'une pensée anté-prédicative, ou précatégoriale, c'est-à-dire avec intuition immédiate, telle que le prétend Heidegger, parce que l'acte d'atteindre l'essence s'exprime dans une définition, par un énoncé, même si c'est un énoncé d'identité, comme il résulte de l'affirmation d'Aristote à ce propos, qu'« on recherche le qu'est-ce que (τὸ τί ἐστι), c'est-à-dire si <les choses> sont telles ou non »[2]. Il s'agit donc d'un acte de pensée qui a lieu en conclusion d'une recherche et au terme d'un processus, qui ne peut pas être réduit à une intuition immédiate.

En conclusion, il me semble que E 4, dans sa version initiale, excluant de la science de l'être en tant qu'être l'être comme vrai et excluant la vérité et la fausseté des « simples », c'est-à-dire des non composés, ne prévoyait pas Θ 10. Aristote doit avoir approfondi après E 4 la question de la vérité dans les non composés, en ajoutant au livre Θ le chapitre 10 et en introduisant en E 4 un renvoi à ce chapitre[3], ce qui montre qu'entre les deux traités, il y a une différence, mais non une incompatibilité, et que, somme toute, Θ 10 n'est qu'un approfondissement de E 4 ou un complètement à ce chapitre. Ce qui reste sans réponse, à mon avis, est la question de savoir si l'étude de l'être comme vrai appartient ou non à la science de l'être en tant qu'être. E 4 semble l'exclure, Θ 10 n'en dit rien. Sur la base de E 4, je dirais que cette étude n'appartient pas à la science de l'être en tant qu'être, qui recherche les principes, c'est-à-dire les causes premières, de tous les êtres, mais qu'elle appartient au discours sur l'être en général, dont l'objet n'est pas l'être en tant qu'être, mais l'être « dit simplement » dont Aristote parle au début du chapitre 2. Cependant on peut affirmer, sur la base de *Metaph.* α 1, que la science des causes premières est aussi science de la vérité, parce que « nous n'avons pas la science du vrai sans connaître la cause »[4].

NOTE SUR LA FORTUNE DU LIVRE E

La fortune du livre E est évidemment une partie de la fortune de la *Métaphysique* toute entière, laquelle ne peut être ici reconstruite dans son ensemble (j'ai indiqué quelques pistes dans la Bibliographie). Cependant le livre E, surtout à cause du chapitre 1 qui contient la classification des

---

1. *Metaph.* Θ 10, 1051b17-26.
2. *Metaph.* Θ 10, 1051b32-33.
3. *Metaph.* E 4, 1027b28-29.
4. *Metaph.* α 1, 993b23-24.

sciences théorétiques et pose le problème du rapport entre la science de l'être en tant qu'être et la science « théologique », a connu une fortune qui a souvent dépassé celle de la *Métaphysique* et qui parcourt toute l'histoire de la philosophie, de l'Antiquité au Moyen Âge, aussi bien musulman que chrétien, et jusqu'aux temps modernes.

La classification des sciences théorétiques est mentionnée, par exemple, dans une œuvre qui ne dépend pas de la *Métaphysique* d'Aristote, telle que le *Didaskalikos* (*Enseignement des doctrines de Platon*), attribué autrefois au platonicien Albinus, mais restitué aujourd'hui à l'Alcinoos dont parlent les manuscrits. Dans cette œuvre, qui remonte probablement au IIᵉ siècle après J.-C., la connaissance théorétique est divisée en trois parties : 1) la partie « théologique », qui s'occupe des causes immobiles et premières et de tout ce qui est divin, 2) la partie « physique », qui étudie les mouvements des astres et l'organisation de notre monde, et 3) la partie « mathématique », qui utilise la géométrie et les sciences analogues[1]. Cette classification, bien qu'appartenant à un contexte doctrinal qui est plus platonicien qu'aristotélicien, reflète l'ordre des sciences théorétiques admis par Aristote en *Metaph.* E 1, où la physique est immédiatement inférieure à la science théologique et supérieure à la mathématique.

On ne peut pas dire la même chose d'une autre œuvre, qui se rattache au contraire explicitement à la *Métaphysique* d'Aristote, l'opuscule *Sur la philosophie d'Aristote* de Nicolas de Damas, auteur longtemps identifié avec l'ami et panégyriste de l'empereur Auguste, mais qui est plus proba-blement un chrétien de Syrie qui vécut au IVᵉ siècle. Le deuxième livre de cette œuvre se présente comme un résumé de la *Métaphysique* d'Aristote ; il en mentionne le titre et fut pour cela considéré, par ceux qui le dataient du Iᵉʳ siècle, comme le témoignage le plus ancien de l'existence de ce titre ; il s'ouvre par la déclaration suivante : « Le discours théorétique de la philo-sophie est divisé en trois parties : 1) une partie physique, où il <Aristote> considère les choses mobiles, 2) une partie concernant la théologie, qu'il dit porter sur les choses immobiles, et 3) une partie mathématique, qu'il déclare être intermédiaire entre celles-là »[2]. Or, Aristote ne dit jamais que

---

1. Alcinoos, *Enseignement des doctrines de Platon*, texte introduit, établi et commenté par J. Whittaker, traduit par P. Louis, Paris, Les Belles Lettres, 2002, III, 153,25-154,9 ; voir aussi VII, 160,43-161,1.

2. Nicolaus Damascenus, *On the Philosophy of Aristotle*, Fragments of the first five books translated from the Syriac with an introduction and commentary by H. J. Drossaart Lulofs, Leiden, Brill, 1965, fr. 18 ; S. Fazzo, « Nicolas, l'auteur du *Sommaire de la Philo-sophie d'Aristote*. Doutes sur son identité, sa datation, son origine », *Revue des Études Grecques*, 121, 2008, p. 99-126 ; S. Fazzo et M. Zonta (« Aristotle's Theory of Causes and the Holy Trinity. New Evidence about the Chronology and Religion of Nicolaus "of

la mathématique est intermédiaire entre la physique et la science théologique : cela correspond, comme l'a bien montré Merlan, à la vision de la réalité attribuée par Aristote à Platon, où les objets des mathématiques sont des êtres intermédiaires entre les choses sensibles et les Idées intelligibles[1].

L'œuvre la plus ancienne qui témoigne de la connaissance du contenu de la *Métaphysique* est, somme toute, le commentaire d'Alexandre d'Aphrodise (II-IIIe siècle), puisqu'une œuvre du platonicien Eudore concernant des écrits d'Aristote et un commentaire à la *Métaphysique* de l'aristotélicien Aspasius, tous les deux mentionnés par Alexandre, ne nous sont pas parvenus. Malheureusement, le commentaire d'Alexandre que nous avons s'arrête au Ve livre, parce que la suite, du VIe au XIVe livre, est l'œuvre du byzantin Michel d'Éphèse (XI-XIIe siècle)[2], par conséquent nous n'avons pas le commentaire d'Alexandre au livre E. Cependant nous pouvons connaître quelque chose de ce qu'Alexandre pensait de l'objet de la métaphysique et comment il interprétait le chapitre 1 du livre E où Aristote en parle.

Il y a eu à ce propos un débat parmi les interprètes. Merlan a soutenu qu'Alexandre identifiait l'être en tant qu'être à l'être suprême et que, par conséquent, il réduisait complètement la science de l'être en tant qu'être à la théologie[3]. Genequand a montré, au contraire, qu'Alexandre concevait l'être en tant qu'être comme la totalité de l'être et que, par conséquent, il considérait la théologie seulement comme une partie de la science de l'être en tant qu'être, inaugurant de cette façon ce qui serait devenu aux temps modernes la distinction entre la *metaphysica generalis* et la *metaphysica specialis*[4]. Bonelli, sur la base du commentaire au livre Γ, a montré que, chez Alexandre, il y a une oscillation entre une conception de la métaphysique comme science générale, qui comprend la théologie comme une de ses espèces, et une conception de la métaphysique comme science première, qui établit les causes de l'être en tant qu'être et donc s'identifie

---

Damascus" », *Laval Théologique et Philosophique*, 64, 2008, p. 681-690) ont découvert un nouveau fragment de l'œuvre en hébreu, où l'on explique, à la lumière de la théorie des causes d'Aristote, le mystère chrétien de la trinité de Dieu.

1. Ph. Merlan, *From Platonism to Neoplatonism*, Second Edition, The Hague, M. Nijhoff, 1960, p. 59-87.

2. Voir C. Luna, *Trois études sur la tradition des commentaires anciens à la Métaphysique d'Aristote*, Leiden-Boston-Köln, Brill, 2001.

3. Ph. Merlan, « Metaphysik. Name und Gegenstand », *Journal of Hellenic Studies*, 77, 1957, p. 87-92.

4. Ch. Genequand, « L'objet de la métaphysique selon Alexandre d'Aphrodise », *Museum Helveticum*, 36, 1979, p. 48-57.

avec la théologie[1]. Donini, à partir du commentaire d'Alexandre aux cinq premiers livres de la *Métaphysique*, a confirmé la présence chez le commentateur d'une oscillation entre deux conceptions de la philosophie première, tout en soutenant que sa véritable opinion serait la réconciliation entre la science de l'être en tant qu'être et la science théologique sur la base de ce qu'Aristote dit en E 1[2]. Finalement Bonelli, répondant à Donini, a soutenu que la position d'Alexandre ne coïncide pas parfaitement avec celle de *Metaph.* E 1, parce que le commentateur admet deux philosophies premières (la théologie et la science de la substance), mais qu'il n'est pas évident qu'il admette aussi deux sciences universelles[3].

C'est en effet Aristote lui-même qui détermine cette oscillation en parlant en Γ de la philosophie comme d'une science qui est une par le genre et qui, en tant que telle, comprend une pluralité d'espèces, ou de parties, dont l'une est la première, les autres lui faisant suite[4]. Au contraire, en E 1, comme nous l'avons vu, il affirme que la science théologique est aussi universelle et qu'elle est donc identique à la science de l'être en tant qu'être, parce qu'elle est première, c'est-à-dire parce qu'elle porte sur les substances qui sont les causes premières de l'être en tant qu'être[5]. Je crois que, en Γ, Aristote emploie le mot « philosophie » pour désigner en général l'ensemble des sciences qui portent sur les substances, c'est-à-dire la métaphysique et la physique, tandis qu'en E, il ne parle que de la philosophie première, qui porte sur l'être en tant qu'être conçu comme *explanandum* et sur ses causes premières, y compris les substances immobiles, conçues comme *explanans*. Alexandre, en rapprochant les passages de Γ avec le passage de E (qu'il cite explicitement), appelle ces deux philosophies du nom de « philosophie universelle et première », provoquant ainsi l'hésitation que les interprètes ont soulignée[6].

Mais, chez Alexandre, il y a, à mon avis, une autre ambigüité : elle est due au fait que la causalité exercée par la substance immobile vers l'être en tant qu'être, attribuée à E 1, est exprimée par le commentateur à la fois comme une dépendance « par rapport à quelque chose d'un » (ἀφ' ἑνός) et

---

1. M. Bonelli, *Alessandro di Afrodisia e la metafisica come scienza dimostrativa*, Napoli, Bibliopolis, 2001, p. 199-235.

2. P. Donini, « Unità e oggetto della metafisica secondo Alessandro di Afrodisia », *in* G. Movia (ed.), *Alessandro di Afrodisia e la 'Metafisica' di Aristotele*, Milano, Vita e pensiero, 2003, p. 15-52.

3. M. Bonelli, « Alexandre d'Aphrodise et la philosophie première », *in* M. Bonelli (ed.), *Physique et métaphysique chez Aristote*, Paris, Vrin, 2012, p. 259-275.

4. *Metaph.* Γ 2, 1003b19-22 ; 1004a2-9.

5. *Metaph.* E 1, 1026 a 23-32.

6. Alex. *In Metaph.* 245,36-246,13.

une relation « vers quelque chose d'un » (πρὸς ἕν), où la deuxième relation semble être celle qui relie les autres catégories à la substance, tandis que la première semble être la dépendance des substances mobiles à la substance immobile [1]. Cela implique que la cause première et totale des substances mobiles soit unique, c'est-à-dire qu'elle soit Dieu, conçu comme cause de l'être. De cette manière, la métaphysique culmine dans une « théologie » conçue à la manière des philosophies monothéistes, révélant de la part d'Alexandre le début d'une tendance qui caractérisera toute la philosophie de l'Antiquité tardive et qui sera renforcée par le néoplatonisme [2].

Les commentateurs néoplatoniciens, en effet, n'hésitent pas à identifier la métaphysique avec la théologie, comme on le voit dans les commentaires de Syrianus à la *Métaphysique*, d'Ammonius au *De interpretatione*, d'Elias à l'*Isagogè* de Porphyre, d'Asclépius à la *Métaphysique*, de Simplicius à la *Physique*, de Philopon aux *Analytiques Postérieurs* [3]. Le seul commentaire ancien qui concerne directement le livre E est celui d'Asclépius, probable transcription d'un cours d'Ammonius, qui explique le passage de E 1 sur la philosophie universelle en tant que première en interprétant l'être en tant qu'être comme « Dieu qui pourvoit à toutes les choses » [4]. Même le byzantin Michel d'Éphèse (XI-XIIe siècle), qui commente la *Métaphysique* sous le nom d'Alexandre, explique le passage de E 1 en interprétant l'universalité de la philosophie première comme une primauté de rang, ou d'honneur, ce qui convient parfaitement à la « science théologique » [5].

Ammonius (V-VIe siècle) en particulier, dans son commentaire à l'*Isagogè* de Porphyre, expose la classification aristotélicienne des sciences théorétiques, en l'interprétant comme fondée sur trois dégrés de séparation des objets de chacune des sciences par rapport à la matière et au

1. Voir M. Casu, « Presentazione del Commento al libro Γ », *in* Alessandro di Afrodisia, *Commentario alla Metafisica di Aristotele*, a cura di G. Movia, Milano, Bompiani, 2007, p. 563.

2. Voir M. Frede, « Monotheism and Pagan Philosophy in Late Antiquity », *in* P. Athanassiadi, M. Frede (eds), *Pagan Monotheism in Late Antiquity*, Oxford, Clarendon Press, 1999, p. 41-69.

3. Voir K. Kremer, *Der Metaphysikbegriff in den Aristoteles-Kommentaren der Ammonius-Schule*, Münster, Aschendorff, 1961 (*Beiträge zur Geschichte der Philosophie und Theologie des Mittelaters*, 39/1); C. Steel, « Theology as First Philosophy. The Neoplatonic Concept of Metaphysics », *in* P. Porro (ed.), *Metafisica – sapientia – scientia divina. Soggetto e statuto della filosofia prima nel Medioevo, Quaestio. Annuario di storia della metafisica*, 5, 2005, p. 3-22.

4. *Asclepii in Aristotelis Metaphysicorum libros A-Z commentaria* (*CAG* VI, 2), éd. M. Hayduck, Berlin, Reimer, 1888, p. 364,26-27.

5. *Alexandri Aphrodisiensis in Aristotelis Metaphysica commentaria* (*CAG* I), éd. M. Hayduck, Berlin, Reimer, 1891, p. 447, 30-35.

mouvement : 1) les objets de la physique ne sont séparés de la matière ni dans l'être ni dans la pensée, 2) les objets de la mathématique, qui sont intermédiaires, ne sont séparés que dans la pensée, et 3) les objets de la théologie sont séparés aussi bien dans l'être que dans la pensée [1]. Ce texte est probablement la source de la distinction faite, presque à la même époque, dans le monde latin par Boèce (V-VIᵉ siècle), qui a introduit, à côté de la notion de séparation, celle d'abstraction, en désignant les objets des trois sciences théorétiques de la manière suivante : 1) la physique porte sur des formes non séparées de la matière et du mouvement, qui sont des objets « non-abstraits » (*inabstracta*); 2) la mathématique porte sur des formes non séparées, qui sont elles aussi des objets « non-abstraits » (*inabstracta*), mais en les considérant comme séparés; 3) la théologie porte sur des objets séparés et « abstraits » (*abstracta*), c'est-à-dire sur la substance de Dieu (*Dei substantia*) [2]. Le Moyen Âge a ainsi reçu l'idée que les objets de la métaphysique sont non seulement séparés de la matière et du mouvement, mais aussi « abstraits ».

Dans les premiers siècles du Moyen Âge, lorsque l'Europe latine n'avait pas encore découvert la *Métaphysique* d'Aristote, cette œuvre a été traduite du grec à l'arabe à Bagdad par Ustat, sur requête du philosophe Al-Kindi (IXᵉ siècle). Celui-ci, à son tour, a écrit un *Livre de la philosophie première*, qui s'inspire de la *Métaphysique* et conçoit la philosophie première comme science du « Vrai premier », « cause de tout vrai », doué de la « souveraineté » et de l'« unicité » [3]. La métaphysique est donc entièrement réduite à la théologie, probablement pour l'influence des remaniements arabes des écrits de Plotin (*Theologie d'Aristote*) et de Proclus (*Livre du Bien pur*, en latin *Liber de causis*) attribués à Aristote.

Contre cette tendance néoplatonicienne à théologiser Aristote, Al-Farabi (Xᵉ siècle), dans son petit *Traité sur les buts de la* Métaphysique *d'Aristote*, refuse la réduction de la métaphysique à la théologie, affirmant que la métaphysique est une science universelle, qui étudie les aspects communs à tous les êtres, c'est-à-dire l'existence et l'unité, ses espèces et ses propriétés. La théologie, ou science divine, selon Al-Farabi, n'est qu'une partie de la métaphysique, qui vient après la physique et qui étudie Dieu, principe d'être en général. Résumant les livres de la *Métaphysique*

1. Ammonius Hermeiae, *In Porphyrii Isagogen sive V voces* (*CAG* IV, 3), edd. A. Busse, Berlin, Reimer, 1891, p. 11, 23-12, 2.

2. Boethius, « De Trinitate », *in De consolatione philosophiae; Opuscula theologica*, edd. C. Moreschini, Monachii-Lipsiae, K. G. Saur, 2005, p. 168, 68-169, 80.

3. Al-Kindi, « Livre de la philosophie première », dans R. Rashed, J. Jolivet (éd.), *Œuvres philosophiques et scientifiques d'Al-Kindi*, vol. II, *Métaphysique et cosmologie*, Leiden-Boston-Köln, Brill, 1998, p. 10-17.

d'Aristote, Al-Farabi dit que le cinquième (qui correspond à E, parce qu'il n'avait pas le livre A) « détermine que la science divine fait partie de cette science [*i.e.* de la métaphysique], mais n'est cette science que sous un certain rapport ». Quant aux objets de la métaphysique, précise Al-Farabi, « certains n'ont aucune existence, qu'elle soit conceptuelle ou réelle, dans les choses naturelles. Ce n'est pas seulement l'esprit qui les a abstraits des choses naturelles, mais c'est leur existence et leur nature même qui est abstraite »[1]. On remarquera que, de cette manière, l'objet de la métaphysique est conçu comme abstrait, tant du point de vue conceptuel que du point de vue réel. Cette conception aura une influence immense, à travers Avicenne, sur le Moyen Âge latin et sur la philosophie moderne.

Avicenne (XIe siècle) s'inspire directement du *Traité* d'Al-Farabi, déclarant que celui-ci lui a fait comprendre la *Métaphysique* d'Aristote après plus de quarante lectures inutiles de cette œuvre. Selon Avicenne, en effet, la métaphysique porte sur l'être, qui est son sujet déjà donné, conformément à la théorie de la science des *Analytiques postérieurs*, tandis que Dieu est ce dont la métaphysique doit démontrer l'existence. Par conséquent la théologie n'est qu'une partie de la métaphysique, même si elle en est la partie la plus noble. La mathématique, selon Avicenne, porte sur des objets abstraits du point de vue conceptuel, tandis que la métaphysique porte sur un objet, l'être, qui est le plus abstrait et le premier pour sa généralité, comprenant aussi bien Dieu, être nécessaire, dont l'essence inclut l'existence, que les créatures, êtres contingents, dont l'essence n'inclut pas l'existence[2]. Nous sommes clairement en présence de la distinction entre ce qu'on appellera la *metaphysica generalis*, ayant comme objet, ou mieux comme « sujet », l'être en général, commun à tous les êtres, et ce qu'on appellera la *metaphysica specialis*, ayant comme objet, c'est-à-dire comme but, la démonstration de l'existence de Dieu.

La position d'Averroès (XIIe siècle), le plus grand commentateur arabe d'Aristote, est plus complexe. Dans son *Epitomè* de la *Métaphysique*

---

1. Al-Farabi, « Traité sur les buts d'Aristote dans chacun des livres de l'œuvre nommée au moyen des lettres », dans Th.-A. Druart, « Le traité d'Al-Farabi sur les buts de la *Métaphysique* d'Aristote », *Bulletin de philosophie médiévale*, 24, 1982, p. 38-43.

2. La *Métaphysique* d'Avicenne a été éditée dans sa traduction latine sous le titre *Liber de Philosophia prima sive Scientia divina*, éd. S. van Riet, Louvain-Leiden, Peeters-Brill, 1977 ; et en arabe sous le titre *Metafisica. La scienza delle cose divine*, testo arabo, testo latino, traduzione a cura di O. Lizzini, prefazione e cura di P. Porro, Milano, Bompiani, 2002. Sur sa conception de la métaphysique voir A. Bertolacci, « Ammonius and Al-Farabi : The Sources of Avicenna's Concept of Metaphysics », *in* P. Porro (ed.), *Metafisica – sapienza – scientia divina. Soggetto e statuto della filosofia prima nel Medioevo, Quaestio. Annuario di storia della metafisica*, 5, 2005, p. 287-306 ; *The Reception of Aristotle's Metaphysics in Avicenna's Kitab-al Sifa : A Milestone of Western Metaphysical Thought*, Leiden, Brill, 2006.

d'Aristote, en effet, Averroès semble être d'accord avec Avicenne, en considérant lui aussi comme objet de la métaphysique l'être en général. Dans cette œuvre, il résume avant tout le livre E, qui forme une sorte d'introduction à la métaphysique toute entière, en reprenant la classification aristotélicienne des sciences théorétiques et en affirmant que la métaphysique est la science universelle, parce qu'elle étudie l'être en tant qu'être, ses attributs essentiels et la série graduelle des êtres jusqu'aux causes premières[1]. Dans le *Grand Commentaire à la Physique*, au contraire, Averroès, d'un côté, soutient l'opinion opposée à celle d'Avicenne, en affirmant que, selon Aristote, l'existence doit être démontrée par la physique, de telle sorte que la métaphysique puisse avoir Dieu comme son objet déjà donné (c'est-à-dire comme son « sujet » selon les *Analytiques postérieurs*), dont elle doit démontrer les attributs ; mais, de l'autre côté, il expose aussi la conception d'Avicenne[2]. Même position ambiguë dans le *Grand Commentaire à la Métaphysique*, où, à propos du passage final de *Metaph.* E 1, Averroès se limite à paraphraser le texte d'Aristote[3].

La découverte d'Aristote dans le monde latin, grâce aux traductions de l'arabe faites à Tolède et à Palerme aux XIIᵉ et XIIIᵉ siècles, et aux traductions du grec faites dans le même temps par Jacques de Venise, qui venait de Byzance, a posé aux philosophes chrétiens le même problème qui avait occupé les philosophes musulmans, celui de la détermination de l'objet de la métaphysique. La classification des sciences théorétiques exposée par Aristote au livre E était déjà connue, comme nous l'avons vu, grâce à Boèce, qui l'avait fondée sur l'abstraction. Elle a été reprise au XIIᵉ siècle par Dominicus Gundissalinus, auteur d'un *De divisione philosophiae*, œuvre écrite à l'imitation du *De ortu scientiarum* d'Al-Farabi, où il caractérise la physique comme science non abstraite et avec mouvement, la mathématique comme science abstraite avec mouvement et la théologie,

1. S. van den Berg, *Die Epitome der Metaphysik des Averroes*, übersetzt und mit eine Einleitung und Erläuterungen versehen, Leiden, Brill, 1924 (réimpr. Frankfurt a. M., Institute for the History of Arabic-Islamic Science, 1999), p. 1-4.

2. Voir à ce propos P. Roccaro, « Soggetto e statuto della filosofia prima in Averroè », in P. Porro (ed.), *Metafisica – sapienza – scientia divina. Soggetto e statuto della filosofia prima nel Medioevo, Quaestio. Annuario di storia della metafisica*, 5, 2005, p. 345-362 ; A. Bertolacci, « Avicenna and Averroes on the Proof of God's Existence and the Subject-matter of Metaphysics », *Medioevo*, 32, 2007, p. 61-97 ; R. Arnzen, « Ibn Rushd on the Structure of Aristotle's *Metaphysics* », *Documenti e studi sulla tradizione filosofica medievale*, 21, 2010, p. 375-410.

3. Aristotelis *Opera cum Averrois Commentariis*, vol. VIII, Venetiis, apud Junctas, 1562-1574 (réimpr. Frankfurt a. M., Minerva G.m.b. H., 1962), p. 146-147.

ou philosophie première, ou métaphysique, comme science abstraite et sans mouvement[1].

Dans un premier temps, en Europe comme à Bagdad au IXe siècle, la métaphysique d'Aristote a été interprétée comme une théologie. Cela se voit clairement dans le *Guide de l'étudiant*, anonyme qui remonte aux années 1230-1240, où nous retrouvons la classification des sciences théorétiques de *Metaph*. E 1, fondée par Boèce sur les trois degrés d'abstraction ; la métaphysique y est présentée comme une théologie naturelle qui porte directement sur Dieu. Comme l'a montré Alain de Libera, la métaphysique de l'anonyme est constituée par les deux premières traductions latines de la *Métaphysique d'Aristote*, c'est-à-dire la *Metaphysica vetus* (livres α et A 5-8) et la *Metaphysica nova* (livres B à Λ, sans K), et par le *Liber de causis*, attribué à Aristote mais composé d'extraits des *Éléments de théologie* de Proclus[2].

La situation a changé suite à la diffusion de la traduction latine de la *Métaphysique* d'Avicenne et à la nouvelle traduction de la *Métaphysique* d'Aristote, faite par Guillaume de Moerbeke, comprenant le livre K. Le monde latin a dû, par conséquent, se poser le problème de réconcilier la conception de la métaphysique comme science théologique avec la conception de la métaphysique comme science de l'être en tant qu'être. Dans la multiplicité des positions qu'on peut enregistrer à ce propos, on se limitera aux deux plus significatives, celles de Thomas d'Aquin et de Duns Scot.

Thomas d'Aquin, dans son commentaire à la classification aristotélicienne des sciences rapportée par Boèce, introduit une distinction importante entre les deux manières dont un objet peut être séparé de la matière et du mouvement non seulement du point de vue conceptuel, comme c'est le cas des objets des mathématiques, mais aussi du point de vue de l'être : 1) la manière selon laquelle un objet, grâce à sa nature, ne peut jamais être dans la matière et le mouvement, comme c'est le cas de Dieu et des anges, et 2) la manière selon laquelle un objet, tout en pouvant être dans la matière et le mouvement, n'a pas cette condition comme propre de sa nature et peut donc être aussi sans matière ni mouvement. Ce dernier

---

1. Dominicus Gundissalinus, *De divisione philosophiae*, éd. L. Baur, Münster, Aschendorff, 1903 (*Beiträge zur Geschichte der Philosophie und Theologie des Mittelaters*, 4), p. 11-12, 14-17.

2. [Anon.], *Guide de l'étudiant*, dans C. Lafleur (éd. avec J. Carrier), *L'enseignement de la philosophie au XIIIe siècle. Autour du "Guide de l'étudiant" du ms. Ripoll 109*, Turnhout, Brepols, 1997, § 10-14 ; A. de Libera, « Structure du corpus scolaire de la métaphysique dans la première moitié du XIIIe siècle », dans C. Lafleur (éd. avec J. Carrier), *L'enseignement de la philosophie au XIIIe siècle, op. cit.*, p. 61-88.

cas est, selon Thomas, celui de l'être, de la substance et de la puissance et
de l'acte, qui, par leur nature, ne dépendent pas de la matière et du
mouvement, comme au contraire en dépendent les objets des mathématiques. La théologie philosophique, poursuit Thomas, considère les objets
séparés de la deuxième manière comme ses « sujets » (*sicut de subiectis*) et
les objets séparés de la première manière comme « les principes de ses
sujets » (*sicut de principiis subiecti*); la théologie de la Sainte Écriture, au
contraire, considère les objets de la première manière comme ses
« sujets »[1]. De cette façon Thomas peut unifier la science de l'être en tant
qu'être, qui a cet être comme sujet, avec la science théologique dont parle
Aristote dans *Metaph.* E 1, qui considère les substances séparées et immobiles comme principes de son sujet.

Cela découle aussi de son commentaire à la *Métaphysique*, où Thomas
dit que le sujet (*subiectum*) de la métaphysique est l'*ens commune*
(expression au moyen de laquelle il interprète l'être en tant qu'être dont
parle Aristote) et que Dieu et les substances intellectuelles sont les causes
de ce sujet. Il ajoute qu'Aristote peut dire que tous ces objets sont séparés
du point de vue conceptuel et du point de vue de l'être, parce que l'*ens
commune* aussi peut être sans matière, et donc ne dépend pas de la matière[2].
Cela lui permet de justifier non seulement l'affirmation de *Metaph.* E 1,
selon laquelle la philosophie première est universelle aussi « en tant que
première », mais aussi l'affirmation de *Metaph.* K 7, selon laquelle la
philosophie première a comme objet « l'être en tant qu'être et en tant que
séparé »[3]. Thomas peut ainsi unifier la métaphysique sans lui attribuer
comme seul objet les substances séparées, c'est-à-dire sans la réduire
uniquement à la théologie, mais en lui attribuant aussi comme objet, ou
mieux comme sujet, l'être en tant qu'être, considéré comme séparé de la

1. Thomas de Aquino, *Super Boetium de Trinitate* II, q. 5, a. 4, Resp., éd. P. M. Gils,
L.-J. Bataillon, C. A. Grassi, Commission Léonine, Rome-Paris, Éditions du Cerf, 1992,
p. 154 b.
2. S. Thomae Aquinatis *in duodecim libros Metaphysicorum Aristotelis expositio*, éd.
M.-R. Cathala, R. M. Spiazzi, Torino-Roma, Marietti, 1964 (1 re éd. Torino-Roma, 1950),
Proemium.
3. Sur la position de Thomas, voir J.-F. Courtine, « Philosophie et théologie. Remarque
sur la situation aristotélicienne de la détermination thomiste de la "theologia" (S. Th., I.a,
qu. 1, a. 1 et 5) », *Revue philosophique de Louvain*, 84, 1986, p. 315-344 ; *Suárez et le système
de la métaphysique*, Paris, P.U.F., 1990, I re partie ; O. Boulnois, « La métaphysique au Moyen
Âge : onto-théologie ou diversité rebelle ? », dans P. Porro (ed.), *Metafisica – sapientia –
scientia divina. Soggetto e statuto della filosofia prima nel Medioevo, Quaestio. Annuario di
storia della metafisica*, 5, 2005, p. 37-66 ; M. Forlivesi, « Approaching the Debate on the
Subject of Metaphysics from the Later Middle Ages to the Early Modern Age : the Ancient
and modern Antecedents », *Medioevo*, 34, 2009, p. 9-59.

matière parce qu'il comprend aussi bien les êtres matériels que les êtres immatériels. Évidemment Thomas, en tant que créationniste, unifie toutes les causes premières de l'être dans un seul être, Dieu, être par essence.

Duns Scot aussi unifie, à sa manière, la science de l'être en tant qu'être et la science théologique, mais sans avoir recours à la distinction thomiste entre l'être en tant qu'être comme sujet et Dieu comme principe. Il se rallie clairement à la position d'Avicenne, en considérant l'être comme l'objet premier de la métaphysique, premier à cause de son universalité, et concevant cette dernière comme « science transcendantale » (*scientia transcendens*). C'est au moyen de l'étude de l'être en général et de ses propriétés transcendantales que la métaphysique arrive à comprendre aussi les caractères spécifiques de Dieu[1]. Comme il est bien connu, l'être en tant qu'être est conçu par Scot comme le concept le plus général, commun aussi bien à l'être infini qu'aux êtres finis, et par conséquent comme univoque. Scot ne parle pas encore de la métaphysique comme ontologie, ni d'une distinction entre *metaphysica generalis* et *metaphysica specialis*, mais il n'y a pas de doute qu'il prépare ces notions, en concevant Dieu comme une partie de l'être en général et donc la science de Dieu comme une partie de la science de l'être en général. Aux XIVe, XVe et XVIe siècles, la solution de Thomas a été suivie par les thomistes (Thomas de Vio ou Cajétan, Jean de Saint Thomas et d'autres)[2] et celle de Scot par les scotistes (Antonius Andrea, Antonio Trombetta, Bartolomeo Mastri, Filippo Fabri)[3].

La discussion sur l'objet de la métaphysique, avec référence au livre E de la *Métaphysique*, a continué pendant la Renaissance et durant les premiers siècles des temps modernes, d'abord à travers les commentateurs issus de la péninsule ibérique (Pereira, Fonseca, Suárez), ensuite grâce aux positions de la Scholastique allemande (Timpler, Göckel, Clauberg, Alsted, Calov, Wolff, Baumgarten et d'autres). L'espagnol Benito Pereira (1535-1610), au livre I de son *De communibus rerum naturalium Principiis et Affectionibus* (1585), qui est entièrement consacré à la notion de philosophie (*De philosophia*), a soutenu une distinction très claire entre une science universelle (*scientia universalis*), appelée par lui « philosophie

1. Ioannes Duns Scotus, *Quaestiones in Metaphysicam*, ed. G. Etzkorn, Saint Bonaventure-New York, The Franciscan Institute, 1997, q. 1, § [43], 142, 651. Voir aussi les études citées dans la note précédente, et A. Zimmermann, *Ontologie oder Metaphysik? Die Diskussion über den Gegenstand der Metaphysik im 13. Und 14. Jahrhundert. Texte und Untersuchungen*, Louvain-la-Neuve, Peeters, 2e éd. 1998.

2. P. P. Ruffinengo, « L'oggetto della metafisica nella scuola tomista tra tardo medioevo ed età moderna », *Medioevo*, 34, 2009, p. 141-219.

3. I. Mandrella, « Le sujet de la métaphysique et sa relation au *conceptus entis transcendentissimi* aux 16e et 17e siècles », *Medioevo*, 34, 2009, p. 123-140.

première », ayant comme objet l'être et ses propriétés transcendantales, et une science particulière (*scientia particularis*), appelée par lui « métaphysique », « théologie », « sagesse », « science divine », ayant comme objet les Esprits (*Intelligentiae*). Il n'a pas hésité par conséquent à dire que les sciences théorétiques sont au nombre de quatre : physique, mathématique, métaphysique ou théologie, et philosophie première; de plus, puisque la théologie porte sur les Esprits et sur Dieu, on peut la diviser en deux sciences, en admettant de cette manière cinq sciences théorétiques[1]. On doit reconnaître que l'unification entre science de l'être et science théologique, proposée par Aristote en *Metaph*. E 1, est de cette manière complètement abandonnée. Le portugais Pedro de Fonseca (1528-1599) dans son *Commentaire à la Métaphysique d'Aristote*, publié plusieurs fois entre 1577 et 1612, refusa très nettement la multiplication des sciences théorétiques soutenue par Pereira (sans le nommer), en affirmant que la métaphysique ne peut être qu'une, parce que tous ses objets (l'âme humaine séparée, les intelligences séparées, les genres suprêmes, Dieu et les propriétés transcendantales de l'être) sont caractérisés par une abstraction complète de la matière[2]. Donc l'unité de la métaphysique, selon Fonseca, repose essentiellement sur le caractère abstrait de son objet.

Le plus important des Jésuites espagnols, Francisco Suárez (1548-1617), auteur des *Disputationes metaphysicae* (1597), qui ne sont plus un commentaire, mais un véritable traité de métaphysique, quoique inspiré de la *Métaphysique* d'Aristote, a réagi lui aussi contre la multiplication des sciences théorétiques proposée par Pereira, affirmant que la métaphysique est une science unique, ayant pour « objet adéquat » l'être en général, ou « être réel « (*ens reale*), conçu comme tout ce qui peut être, dont Dieu et les esprits sont la réalisation la plus haute, mais qui trouve son explication dans la notion d'être (*ratio entis*), essence universelle, transcendantale et univoque[3]. De cette manière, Dieu devient une partie de l'être, quoique la

1. Benedicti Pererii S.J. *De communibus omnium rerum naturalium Principiis et Affectionibus libri XV*, Paris, apud Thomam Brumennium, 1585, Lib. I, cap. 7, p. 23-26.

2. Petri Fonsecae *Commentariorum in Metaphysicorum Aristotelis Stagiritae libros tomus primus, tomus secundus*, Francofurti, Saur, 1599; *tomus tertius, tomus quartus*, Coloniae, Zetzner, 1604 (réimpr. Hildesheim, Olms, 1964), vol. II, p. 55-60.

3. F. Suarez, *Disputationes metaphysicae*, éd. C. Berton, in *Opera omnia*, XXV-XXVI, Paris, Vivès, 1861 (réimpr. 2 vol., Hildesheim, Olms, 1965 et 1998, traduction française sous le titre *Disputes métaphysiques : I, II, III*, texte intégral présenté, traduit et annoté par J.-P. Coujou, Paris, Vrin, 1998), I, 1, 26; I, 2, 13; I, 3, 9. Sur cet auteur, voir J.-F. Courtine, *Suárez et le système de la métaphysique, op. cit.*; M. Forlivesi, « Impure Ontology. The Nature of Metaphysics and Its object in Francisco Suárez's Texts », *Quaestio. Annuario di storia della metafisica*, 5, 2005, p. 559-586; M. De Carvalho, « Tra Fonseca e Suárez : una metafisica incompiuta a Coimbra », *in* C. Esposito (ed.), *Origini e sviluppi dell'ontologia*

plus haute, et par conséquent la science de Dieu, ou théologie, devient une partie de la science de l'être. La primauté attribuée par Aristote à la philosophie première en *Metaph.* E 1 est interprétée non pas comme dérivant de la primauté de la cause première de l'être, mais comme issue de l'universalité de l'être, conçu comme le premier de tous les concepts en tant qu'il est présupposé par tous les autres.

La notion de métaphysique proposée par Suárez a influencé d'une manière profonde la philosophie du XVIIᵉ siècle, surtout en Allemagne, où elle a déterminé la naissance de l'« ontologie ». Il semble que ce terme est apparu pour la première fois dans l'œuvre de Jakob Lorhard, *Ogdoas scholastica* (1606), qui fut inspiré par la conception de la métaphysique comme science de l'intelligible pur du calviniste Clemens Timpler, lui-même influencé par Suárez[1]. Il a été repris par Rudolf Göckel dans son *Lexicon Philosophicum* (1613), qui l'a reproduit en caractères grecques (ὀντολογία) et a conçu la métaphysique comme la science la plus abstraite, c'est-à-dire comme une sorte de logique générale[2]. Quelques années après, l'« ontosophie », synonyme d'« ontologie », est devenue le titre de l'œuvre de Johannes Clauberg, qui, sous l'influence de Descartes, a appelé de ce nom la *mathesis universalis* du philosophe français, puisqu'il ne pouvait plus utiliser pour cela le terme de « métaphysique » qui avait été employé par Descartes pour désigner la recherche philosophique sur Dieu et sur l'âme[3].

L'ontologie, comme on le sait, est devenue le nom officiel de la philosophie première dans la *Schulmetaphysik*, c'est-à-dire dans la métaphysique des écoles, ou des universités, ou de la scolastique moderne, qui a trouvé sa formulation définitive grâce à Christian Wolff, auteur de la *Philosophia prima, sive Ontologia*, et de la distinction entre la *metaphysica*

(secoli XVI-XXI), Quaestio. Annuario di storia della metafisica, 9, 2009, p. 41-60; M. Sgarbi (ed.), *Francisco Suárez and His Legacy. The Impact of Suárezian Metaphysics and Epistemology on Modern Philosophy,* Milano, Vita e pensiero, 2010.

1. J. Lorhard, *Ogdoas scholastica continens diagraphen typicam artium Grammatices, Logices, Rhetorices, Astronomices, Ethices, Physices, Metaphysices, seu Ontologiae,* Sangalli, Straub, 1606. Sur Lorhard, voir M. Lamanna, « Sulla prima occorrenza del termine "ontologia" », *Quaestio. Annuario di storia della metafisica,* 6, 2006, p. 557-570.

2. R. Göckel, *Lexicon philosophicum quo tanquam clave philosophiae fores aperiuntur,* Francofurti, Becker, 1613 (réimpr. Hildesheim, Olms, 1980). Sur Göckel, voir M. Lamanna, « 'De eo enim metaphysicus agit logice'. Un confronto tra Pererius e Goclenius », *Medioevo,* 34, 2009, p. 315-360.

3. J. Clauberg, *Elementa philosophiae sive Ontosophia, Scientia prima, de iis quae Deo creaturisque suo modo communiter attribuuntur,* Groningae 1647. Sur Clauberg, voir M. Savini, « Johannes Clauberg e l'esito cartesiano dell'ontologia », dans C. Esposito (éd.), *Origini e sviluppi dell'ontologia (secoli XVI-XXI), Quaestio. Annuario di storia della metafisica,* 9, 2009, p. 153-172.

generalis, ou ontologie, et la *metaphysica specialis*, articulée en *Cosmologia generalis, Psychologia rationalis* et *Theologia naturalis*[1]. C'est la métaphysique qui est enseignée par Kant, qui garde sa partie générale, mais en lui refusant le nom d'ontologie, parce qu'au lieu de l'être, Kant pose un nouveau transcendantal, le sujet connaissant, et critique ses parties spéciales. C'est la même métaphysique générale qui chez Hegel prend le nom de Logique, en ayant toujours comme objet l'être, conçu comme le premier et le plus général de tous les concepts. Au XIXe siècle, la *Métaphysique* d'Aristote a été de nouveau exposée dans sa forme originaire par Brentano, qui l'a cependant interprétée à la manière de Thomas d'Aquin, c'est-à-dire comme une ontologie qui culmine dans une théologie[2]; elle a été critiquée dans son aspect théologique par Natorp, qui a interprété sa primauté en termes de généralité comme Duns Scot, Suárez et la *Schulmetaphysik*[3]; et, finalement, elle a été, dans un premier moment, acceptée et, dans un second temps, refusée par Heidegger sous le nom de « onto-théologie », toujours sous l'influence des interprétations du livre E données par Thomas d'Aquin, Duns Scot, Suárez, Brentano et Natorp[4].

NOTE SUR LE TEXTE, LA TRADUCTION ET LE COMMENTAIRE

Le texte grec utilisé est celui de l'édition de Jaeger[5], non que je considère son édition comme la meilleure, mais parce que, étant la plus récente, son apparat critique tient compte de toutes les éditions précédentes. Tout le monde sait que cette édition est désormais très vieillie et qu'on attend une nouvelle édition. Oliver Primavesi et Marwan Rashed

---

1. C. Wolff, *Philosophia prima, sive Ontologia, methodo scientifica pertractata*, Frankfurt-Leipzig, Renger, 1729; *Cosmologia generalis, ibidem*, 1731; *Psychologia rationalis, ibidem*, 1734; *Theologia naturalis*, 2 vol., *ibidem*, 1739-1741 (réimpr. dans *Gesammelte Werke*, hrsg. u. bearb. v. J. École u. H. W. Arndt, Hildesheim, Olms, 1962-).

2. F. Brentano, *Von der mannigfachen Bedeutung des Seienden nach Aristoteles*, Freiburg i. B., Herder, 1862 (réimpr. Hildesheim, Olms, 1984; trad. fr. *Aristote, Les significations de l'être*, Paris, Vrin, 1992).

3. P. Natorp, « Thema und Disposition der aristotelischen *Metaphysik* », *Philosophische Monatshefte*, 24, 1888, p. 37-65 et 540-574 (traduction italienne en un volume : *Tema e disposizione della « Metafisica » di Aristotele*, a cura di G. Reale, Milano, Vita e pensiero, 1995).

4. M. Heidegger, *Die Grundbegriffe der antiken Philosophie*, éd. V. K. Blust (*GA* II 22), Frankfurt a. M., Klostermann, 1995 (2e éd., 2004); *Identität und Differenz*, Pfullingen, Neske, 1957 (*GA* I 11). Sur l'influence des auteurs cités sur Heidegger, voir O. Boulnois, « Heidegger, l'ontothéologie et les structures médiévales de la métaphysique », *Quaestio. Annuario di storia della metafisica*, 1, 2001, p. 379-406; C. Esposito, « Heidegger, Suárez e la storia dell'ontologia », *ibidem*, p. 407-430.

5. Aristotelis *Metaphysica*, recognovit brevique adnotatione critica instruxit W. Jaeger, Oxford, Clarendon, 1963 (1re éd. 1957).

préparent pour Oxford une nouvelle édition destinée à remplacer celle de Jaeger. Souvent, je ne suis pas d'accord avec les choix de Jaeger, qui à mon avis privilègie excessivement le manuscrit *Laurentianus graecus* 87.12 (A[b]), du XII[e] siècle, en présumant qu'il remonte à une tradition antérieure au commentaire d'Alexandre, alors qu'il pourrait être une version savante tenant compte du commentaire d'Alexandre, et en corrigeant, sur la base de ce dernier, une version remontant à une période antérieure. Pour cette raison, je préfère garder, autant que possible, le texte transmis par les deux manuscrits les plus anciens : le *Vindobonensis phil. gr.* 100 (J), du IXe siècle, et le *Parisinus graecus* 1853 (E), du Xe siècle, qui sont presque toujours d'accord entre eux et semblent remonter tous les deux à une tradition antérieure à Alexandre. J'ai indiqué dans les notes de ma traduction à chaque fois que je m'éloigne du texte édité par Jaeger.

Évidemment j'ai dû tenir compte aussi, dans ces cas, des autres éditions (Bekker, Schwegler, Bonitz, Christ, Ross)[1], de la traduction latine médiévale de Guillaume de Moerbeke, qui semble remonter à la même tradition que le manuscrit J[2], et de la traduction arabe de Astat (ou Ustat), reproduite dans le *Grand Commentaire* d'Averroès[3]. J'ai pris en compte aussi les observations de Dieter Harlfinger sur l'histoire de la transmission de la *Métaphysique*[4], celles de Barbara Cassin et Michel Narcy dans leur

1. Aristotelis *Opera*, ex recensione I. Bekker edidit Academia Regia Borussica, editio altera quam curavit O. Gigon, Berlin, W. de Gruyter, 1960 (1re éd. 1831) ; A. Schwegler, *Die Metaphysik des Aristoteles*, Grundtext, Übersetzung und Commentar, Frankfurt a. M., Minerva, 1960 (1re éd. Tübingen, Fues, 1847-1848) ; Aristotelis *Metaphysica*, éd. H. Bonitz, 2 volumes, Bonn, Narcus, 1848-1849 (réimpr. Hildesheim, Olms, 1960) ; Aristotelis *Metaphysica*, recognovit W. Christ, Leipzig, Teubner, 1886 (nouv. éd. 1895) ; Aristotle's *Metaphysics*, A Revised Text with Introduction and Commentary by W. D. Ross, Oxford, Clarendon Press, 1953 (1re éd. 1924).

2. Aristoteles, *Metaphysica*, Lib. I-XIV, Recensio et Translatio Guillelmi de Moerbeka, ed. G. Vuillemin-Diem, I, Editio textus (*Aristoteles Latinus*, XXV, 3, 2), Leiden-New York-Köln, Brill, 1995.

3. Averroès, *Tafsir ma ba'd at-tabi'at* ou « Grand Commentaire de la *Métaphysique* d'Aristote », Texte arabe inédit, établi par le p. M. Bouyges, S.J., Beyrouth, Imprimerie Catholique, 1952, 4 vol., 1938-1952. Dans ce cas, ignorant l'arabe, je me suis servi de la liste des « lectures problématiques », c'est-à-dire absentes dans les éditions du texte grec, mais suggérées par la traduction arabe, faite par le père Bouyges dans la Notice (vol. IV, p. CLXI-CLXXV), qui d'ailleurs pour le livre E ne donne aucune indication importante. Voir, à ce propos, L. Bauloye, « La traduction arabe de la *Métaphysique* et l'établissement du texte grec », dans A. Motte, J. Denooz (dir.), *Aristotelica secunda. Mélanges offerts à Christian Rutten*, Liège, C.I.P.L., 1996, p. 281-290.

4. D. Harlfinger, « Zur Überlieferungsgeschichte der Metaphysik », dans P. Aubenque (éd.), *Études sur la* Métaphysique *d'Aristote. Actes du Ve Symposium Aristotelicum*, Paris, Vrin, 1979, p. 7-36.

édition du livre Gamma[1], l'introduction de Myriam Hecquet-Devienne à son édition du même livre[2], l'introduction d'Oliver Primavesi à son édition de *Metaph.* A[3] et l'introduction de Silvia Fazzo à son édition de *Metaph.* Λ[4], en acceptant la tendance de ces auteurs à préférer les versions des manuscrits J et E, qui présentent souvent la *lectio difficilior*, c'est-à-dire une version non corrigée selon les indications d'Alexandre. J'ai enfin tenu compte d'une édition inédite du livre E, préparée par Silvia Fazzo à l'occasion d'un colloque sur ce livre, qui s'est tenu à Verone le 16 décembre 2009[5].

La traduction que je présente est très traditionnelle, au sens où elle garde les traductions traditionnelles des expressions techniques d'Aristote, même là où pourraient leur être substituées des traductions nouvelles et plus claires. J'ai pris cette décision pour permettre à tout le monde de reconnaître dans ma traduction les concepts qui remontent à Aristote et que la tradition philosophique a transmis et discutés. Pour cette raison, j'ai traduit, par exemple, αἰτία, αἴτιος (*aitia, aitios*) par « cause », terme traditionnel auquel se substitue aujourd'hui souvent, surtout chez les anglophones, « *explanation* »; l'adverbe ἁπλῶς (*haplôs*), par « simplement », qui imite le latin *simpliciter*, évitant « absolument » ou « au sens absolu », qui a des implications modernes; διάνοια (*dianoia*), par « pensée rationnelle », pour indiquer qu'il ne s'agit pas de n'importe quel type de pensée; ἐπιστήμη (*epistêmê*), par « science », qui en français est clair et rend superflu le recours à des périphrases, comme en anglais *scientific knowledge*. J'ai préféré pour κατὰ συμβεβηκός (*kata sumbebêkos*) la traduction « par accident », qui est plus traditionnelle que la traduction plus claire « par coïncidence ». J'ai traduit ὄν (*on*) par « être », pour les raisons déjà expliquées plus haut; οὐσία (*ousia*), par « substance », pour des raisons historiques, au lieu du plus littéral « essence » ou du néologisme « étance »; τί ἐστιν (*ti estin*), par « essence » et τί ἦν εἶναι (*ti ên einai*), par « être

1. B. Cassin et M. Narcy, *La décision du sens. Le livre* Gamma *de la* Métaphysique *d'Aristote*, introduction, texte, traduction et commentaire, Paris, Vrin, 1989, p. 111.

2. M. Hecquet-Devienne, « Introduction », dans Aristote, *Métaphysique* Gamma, Introduction, texte grec et traduction par M. Hecquet-Devienne, Onze études réunies par A. Stevens, Louvain-la-Neuve, Peeters, 2008.

3. O. Primavesi, « Introduction. The Transmission of the Text and the Riddle of the Two Versions », *in* C. Steel (ed.), *Aristotle's* Metaphysics Alpha. *Symposium Aristotelicum*, Oxford, Oxford University Press, 2012, p. 387-399.

4. S. Fazzo, *Il libro* Lambda *della* Metafisica *di Aristotele*, Napoli, Bibliopolis, 2012, p. 110-126.

5. Le colloque a été organisé par M. Sgarbi avec la participation de E. Berti (Introduction), S. Fazzo (édition), A. Laks (chap. 1), C. Rapp (chap. 2), T. Calvo (chap. 3) et D. Charles (chap. 4). Les actes n'ont jamais été publiés.

essentiel », en substituant à ces deux questions, pour des raisons de clarté, leur réponse respective.

J'ai dû tenir compte évidemment des deux traductions françaises les plus répandues, celle de Tricot[1], plus traditionnelle mais souvent, et, à mon avis, trop, librement fondée sur l'interprétation thomiste, et celle de Duminil et Jaulin[2], plus fidèle à la lettre, mais moins traditionnelle. Mais j'ai eu aussi sous les yeux les traductions anglaises (Ross, Kirwan, Barnes), allemandes (Schwegler, Bonitz, Szlezák), espagnole (Calvo) et italiennes (Bonghi, Carlini, Reale, Viano, Zanatta)[3].

Dans mon commentaire, j'ai tenu compte, en le reportant là où il était intéressant de le faire, du commentaire ancien d'Asclépius, qui semble avoir reproduit un cours de son maître Ammonius d'Alexandrie[4] (VIe siècle), du commentaire byzantin de Michel d'Éphèse (XI-XIIe siècle), transmis sous le nome d'Alexandre[5], du commentaire médiéval de Thomas d'Aquin[6], le plus intéressant parmi les nombreux commentaires latins, enfin des plus connus parmi les commentaires modernes: Schwegler, Bonitz, Ross, Tricot, Kirwan, Reale[7]. J'ai discuté aussi, là où il était nécessaire, les interprétations contenues dans les monographies et les articles les plus connus, tels que ceux de Natorp, Jaeger, Owens, Merlan,

1. Aristote, *La Métaphysique*, introduction, traduction, notes et index, nouvelle éd. par J. Tricot, Paris, Vrin, 1986 (1re éd. 1933).

2. Aristote, *Métaphysique*, présentation et traduction par M.-P. Duminil et A. Jaulin, Paris, Flammarion, 2008.

3. Pour les références bibliographiques voir la Bibliographie à la fin du volume.

4. *Asclepii in Aristotelis Metaphysicorum libros A-Z commentaria* (*CAG* VI, 2), edd. M. Hayduck, Berlin, Reimer, 1888.

5. *Alexandri Aphrodisiensis in Aristotelis Metaphysica commentaria* (*CAG* I), edd. M. Hayduck, Berlin, Reimer, 1891, traduction italienne dans G. Movia (a cura), Alessandro di Afrodisia, *Commentario alla Metafisica di Aristotele*, Milano, Bompiani, 2007. J'ai tenu compte aussi d'un autre commentaire byzantin, attribué à Jean Philopon, qui nous est parvenu dans la traduction latine de Francesco Patrizzi : Pseudo-Johannis Philoponi *In Omnes XIV Aristotelis Libros Metaphysicos*, übersetzt von Franciscus Patritius, Neudruck der ersten Ausgabe Ferrara 1583 mit einer Einleitung von Ch. Lohr, Stuttgart-Bad Cannstadt, Frommann Verlag, 1991 (*Commentaria in Aristotelem Graeca : versiones Latinae temporis resuscitatarum litterarum*, hrsg v. C. Lohr, Bd. 2), mais il suit presque toujours le commentaire d'Alexandre et celui de Michel d'Éphèse, qu'il cite par son nom. Un autre commentaire byzantin a été fait par Georgios Pachymeres, *Kommentar zur Metaphysik des Aristoteles*, Einleitung, Text, Indices von E. Pappa, Athenai, Akademia Athenon, 2002 (*Corpus Philosophorum Medii Aevi, Commentaria in Aristotelem Byzantina*, vol. 2).

6. S. Thomae Aquinatis *in duodecim libros Metaphysicorum Aristotelis expositio*, éd. M.-R. Cathala, R. M. Spiazzi, Torino-Roma, Marietti, 1964 (1re éd. Torino-Roma, 1950); voir aussi Sancti Thomae de Aquino *Sententia libri Metaphysicae*, Textum Taurini 1950 editum ac automato translatum a R. Busa S. J. in tenias magneticas denuo recognovit E. Alarcón atque instruxit, http://www.corpusthomisticum.org.

7. Voir la Bibliographie à la fin du volume.

Mansion, Owen, Décarie, Aubenque, Barnes pour le chapitre 1, Brentano, Hintikka, Sorabji, Frede, Donini, Natali notamment, pour les chapitres 2 et 3, Brentano, Heidegger, Wilpert, Wolff, Crivelli en particulier, pour le chapitre 4. J'ai tiré également un grand profit d'œuvres encore inédites telles que les écrits de Menn et Sefrin-Weis[1].

Après avoir exposé l'interprétation des autres spécialistes sur les différents passages, j'ai en général exposé la mienne, en essayant de donner au texte d'Aristote le sens le plus acceptable, non par un acte de foi dans l'intelligence ou la cohérence du Philosophe, mais pour une raison qui est aujourd'hui appelée improprement « principe de charité », mais qui est d'ordre méthodologique et consiste dans la position préliminaire du bon sens du texte qu'on est en train d'expliquer et, par conséquent, dans la prise en considération de toutes les interprétations possibles qui gardent ce sens, sans exclure la possibilité que le texte n'aie pas de sens ou aie un sens bizarre. Ce n'est que dans ce dernier cas, dont le caractère doit être démontré par l'exclusion de toutes les autres interprétations possibles, qu'on peut conclure que le texte est interpolé, ou corrompu, ou inauthentique, ou que l'auteur se trompe ou parle à tort. Je dois avouer qu'il y a des cas où je n'ai pas su trouver une explication satisfaisante du texte, et alors la chose la plus honnête que j'ai pu faire a été de l'admettre.

Remerciements

Je remercie avant tout David Lefebvre et Marwan Rashed, qui m'ont confié la tâche de collaborer à cette collection, en me donnant l'occasion d'apprendre beaucoup non seulement sur la *Métaphysique* d'Aristote, mais aussi sur l'histoire de la philosophie toute entière. Je remercie en particulier David Lefebvre pour les suggestions d'amélioration dont il a fait bénéficier mon français. Je remercie en outre Cristina Rossitto, qui m'a invité à participer au Projet d'Excellence de la « Fondazione Cariparo (Fondazione Cassa di Risparmio di Padova e Rovigo) » de Padoue sur le livre E de la *Métaphysique* d'Aristote et sa fortune, dont elle est la responsable scientifique. En participant à ce projet, j'ai eu l'occasion d'assister aux séminaires tenus par Tomás Calvo, Olivier Boulnois, Marco Forlivesi, Ennio De Bellis, Gabriela Rossi, Jean-François Courtine, où j'ai toujours appris beaucoup. Je remercie aussi Silvia Fazzo, qui a mis à ma disposition son édition inédite du livre E et en a discuté avec moi les problèmes textuels ; Cecilia Martini Bonadeo, qui m'a donné des indications précieuses sur la tradition arabe de la *Métaphysique* ; Marco Sgarbi, qui en

---

1. Voir la Bibliographie à la fin du volume.

2009 a organisé un colloque sur *Métaphysique* E et m'a donné des indications sur sa fortune à la Renaissance. Je suis reconnaissant à Stephen Menn, qui m'a permis de lire le manuscrit de son livre inédit *The Aim and the Argument of Aristotle's* Metaphysics, et qui m'a communiqué ses informations sur la fortune du livre E au XIXe siècle et ses observations sur l'authenticité du livre K. Je suis aussi reconnaissant à Heike Sefrin-Weis, qui m'a permis de lire sa thèse de doctorat sur *Homogeneity in Aristotle's Metaphysics* et son livre inédit *Episteme tis. Aristotle on Metaphysics as a Science.* Enfin je suis reconnaissant aux autres participants du Projet d'Excellence cité ci-dessus, aux séminaires organisés dans son domaine et aux séminaires du Doctorat de recherche en Philosophie de l'Université de Padoue, dirigés par Cristina Rossitto : Lisa Bressan, Matteo Cosci, Lisa Dalla Valeria, Silvia Gullino, Francesca G. Masi, Roberto Medda, Rita Salis, Gino Sorio et Stefano Zagni, avec lesquels j'ai discuté des problèmes posés par le livre E, en apprenant toujours beaucoup.

Pour terminer, je signale que mon travail sur le chapitre 4 a été soumis à la discussion des membres du Centre Léon-Robin (CNRS et Université Paris-Sorbonne) au cours d'un séminaire qui s'est tenu le 4 mai 2012 et au cours duquel j'ai bénéficié des observations très utiles de Paolo Crivelli (principal répondant) et Cláudio William Veloso. Tous les deux m'ont écrit ensuite pour me donner des informations : qu'ils en soient ici remerciés.

Abréviations

An. Post : *Analytiques postérieurs*
DA : *De l'âme*
DC : *Du ciel*
De divinatione : *De la divination dans le sommeil*
De sensu : *De la sensation et des sensibles*
Eth. Eud. : *Éthique à Eudème*
Eth. Nic. : *Éthique à Nicomaque*
GA : *La génération des animaux*
GC : *De la génération et de la corruption*
Metaph. : *Métaphysique*
Meteor. : *Météorologiques*
PA : *Des parties des animaux*
Phys. : *Physique*
Pol. : *Politique*
Rhet. : *Rhétorique*
Soph. El. : *Réfutations sophistiques*
Top. : *Topiques*

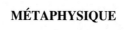

MÉTAPHYSIQUE

LIVRE E

CHAPITRE 1

<DIFFÉRENCE ENTRE LA SCIENCE DE L'ÊTRE ET LES AUTRES SCIENCES>

On cherche les principes et les causes des êtres, mais il est clair que 1025 b 3 c'est en tant qu'êtres. En effet, il y a une certaine cause de la santé et du bien-être, et il y a aussi des principes, des éléments et des causes des 5 <objets> mathématiques, et en général chaque science rationnelle ou qui participe en quelque mesure de la pensée rationnelle porte sur des causes et des principes, plus exacts ou plus simples. Mais toutes ces sciences, étant circonscrites à quelque chose d'un et à un certain genre <d'objets>1, s'occupent de celui-ci et non de l'être simplement ni <de l'être> en tant qu'être. Elles ne produisent même aucune raison de l'essence, mais à partir 10 de celle-ci, les unes ayant rendu l'essence claire par la sensation, les autres l'ayant posée comme hypothèse, elles démontrent ainsi les propriétés qui appartiennent par soi au genre dont elles s'occupent, d'une manière plus nécessaire ou plus souple. Par conséquent il est manifeste qu'il n'y a pas démonstration de la substance ni de l'essence à partir d'une telle induction, 15 mais il doit y avoir quelque autre mode de clarification. De même ces sciences ne discutent pas non plus si le genre dont elles s'occupent existe ou n'existe pas, parce qu'il appartient au même type de pensée rationnelle de rendre claire aussi bien l'essence que l'existence.

---

1. À la ligne 1025 b 8, je lis ἔν, avec les manuscrits E et J, Bekker et Schwegler, au lieu de ὄν, reporté par A b et édité par Christ, Ross et Jaeger.

1025 b 18   Puisque la science physique aussi se trouve porter sur un certain genre
20   de l'être (elle porte en effet sur une substance telle que le principe
du mouvement et du repos est présent en elle-même), il est clair qu'elle
n'est ni pratique ni productrice (en effet, le principe des <sciences>
productrices[1] est dans celui qui produit, que ce soit l'intellect, ou l'art
ou quelque capacité, et celui des <sciences> pratiques est dans celui
qui agit, c'est-à-dire qu'il est le choix, parce que l'objet de l'action et
25   l'objet du choix sont le même). Par conséquent, si toute <forme de> pensée
rationnelle est ou pratique, ou productrice, ou théorétique, la physique sera
une <forme de pensée> théorétique, mais théorétique à propos d'un être tel
qu'il est capable de se mouvoir, et seulement à propos d'une substance
conforme au discours qui vaut dans la plupart des cas en tant que non
séparée[2]. Mais il ne faut pas négliger de quelle sorte sont l'être essentiel et
le discours <qui l'exprime>, parce que chercher sans du moins <prêter
30   attention à> cela équivaut à ne rien faire. Parmi les objets de la définition et
les essences, quelques uns existent ainsi[3] comme le camus et quelques
autres, comme le concave. Ceux-ci sont différents, parce que le camus est
pris avec la matière (le camus, en effet, est un nez concave), tandis que la
concavité est sans matière sensible. Si donc tous les objets physiques se
1026 a 1   disent de la même manière que le camus, par exemple le nez, l'œil, le
visage, la chair, l'os, en somme l'animal, et la feuille, la racine, l'écorce, en
somme la plante (la définition d'aucun d'eux, en effet, n'est sans
<référence au> mouvement, mais elle contient toujours <une référence à>
la matière), la façon dont on doit chercher l'essence dans les choses
5   physiques et <les> définir est claire, et pourquoi, même à propos d'un
certain <type d'> âme, celle qui n'est pas sans matière, la recherche en
appartient au physicien.
1026 a 6   Que donc la physique soit <une science> théorétique, c'est manifeste à
partir de ce qu'on a dit. Mais la mathématique aussi est <une science>
théorétique ; mais qu'elle soit <science> d'objets immobiles et séparés,
pour le moment, ce n'est pas clair, et toutefois il est clair que certaines
sciences mathématiques étudient <leurs objets> en tant qu'immobiles et en
10   tant que séparés.

1. Aux lignes 22-23, je lis ποιητικῶν et πρακτικῶν avec les manuscrits E et J, Bekker,
Schwegler et Christ, tandis que le manuscrit A ᵇ, Ross et Jaeger ont ποιητῶν et πρακτῶν.
2. À la ligne 28, je lis ὡς οὐ χωριστὴν μόνον avec les manuscrits E et T et avec Ross.
3. À la ligne 31, je lis τὰ μὲν οὕτως ὑπάρχει avec les manuscrits E et J, Bekker,
Schwegler et Christ.

Si d'ailleurs il existe quelque chose d'immobile, éternel et séparé [1], il est **1026 a 10**
manifeste qu'il appartient à une <science> théorétique de le connaître,
cependant non à la physique (parce que la physique porte sur des objets
mobiles) [2], ni à la mathématique, mais à une <science> antérieure à toutes
les deux. La physique, en effet, porte sur des objets inséparés [3] mais non
immobiles, certaines branches de la mathématique <portent> sur des objets **15**
immobiles et, probablement, non séparés, mais comme dans la matière, et
la <science> première, de son côté, <porte> aussi sur des objets séparés et
immobiles.

Or, il est nécessaire que toutes les causes soient éternelles, mais <cela **1026 a 16**
vaut> surtout <pour> celles-ci, parce qu'elles sont causes de ceux qui sont
manifestes parmi les êtres divins. Par conséquent, les philosophies
théorétiques seraient au nombre de trois : la <science> mathématique, la
<science> physique et la <science> théologique ; il n'est pas obscur, en **20**
effet, que, si le divin existe quelque part, il existe dans une nature de telle
sorte et que <la science> la plus honorable doit porter sur le genre le plus
honorable. Donc les <sciences> théorétiques sont plus désirables que les
autres sciences, mais celle-ci l'est par rapport aux <sciences> théorétiques.

En effet, on pourrait se poser le problème de savoir si la philosophie **1026 a 23**
première est universelle ou si elle traite d'un certain genre et d'une seule **25**
nature [4] (car la manière <de traiter> n'est pas la même non plus dans les
<sciences> mathématiques, mais la géométrie et l'astronomie traitent
d'une certaine nature, tandis que celle-là [5] est universellement commune à
toutes). Si alors il n'y a pas quelque autre substance au-delà de celles qui
sont constituées par nature, la physique serait la science première ; si, au
contraire, il y a quelque substance immobile, celle-ci est antérieure et la **30**
philosophie <qui l'étudie> est la première, et <elle est> universelle dans ce
sens-ci, c'est-à-dire parce que première ; et il appartiendrait à cette
<science> d'examiner, à propos de l'être en tant qu'être, ce qu'il est aussi
bien que les propriétés lui appartenant en tant qu'être.

1. À la ligne 1026 a 10, je garde la succession des adjectifs reportée par les manuscrits E et
J, tandis que dans A [b] et dans les éditions modernes on place « éternel » avant « immobile » et
« séparé ».

2. Jaeger propose de supprimer le contenu de cette parenthèse parce qu'il n'est pas
commenté par Alexandre.

3. Tous les manuscrits ont ἀχώριστα, édité par Bekker et Bonitz, tandis que Schwegler,
suivi par Christ, Ross et Jaeger, propose de lire χωριστά.

4. À la ligne 25, je ne traduis pas τινὰ, reporté seulement par A [b].

5. À la ligne 27, je lis ἐκείνη δὲ, avec E et J, au lieu de ἡ δὲ, reporté par A [b] et accepté par
tous les éditeurs modernes.

Chapitre 2

<L'ÊTRE PAR ACCIDENT>

Mais, puisque l'être, celui qui est dit simplement, se dit de plusieurs **1026 a 33** manières, parmi lesquelles l'une était l'être par accident, l'autre l'être comme vrai, et le non-être comme faux, et, à côté de ceux-ci, il y a les 35 figures de la prédication (par exemple qu'est-ce qu'<une chose> est, quelle est sa qualité, quelle sa quantité, où est-elle, dans quel moment, et s'il y a quelque autre chose que <l'être> signifie de cette manière), et, en outre, à **1026 b 1** côté de tous ceux-ci, l'être en puissance et en acte ; puisque donc l'être se dit de plusieurs manières, premièrement il faut dire, à propos de l'être par accident, qu'il n'y a aucune recherche scientifique qui le concerne. En voici un signe : aucune science, en effet, ni pratique, ni productrice, ni théorétique ne fait attention à cet être. En effet, celui qui construit une 5 maison ne produit pas toutes les <particularités> qui arrivent à la maison en même temps qu'elle est venue à l'être, parce qu'elles sont infinies ; car rien n'empêche que la <maison> qui a été construite, pour certains soit douce, pour certains autres funeste et pour certains autres encore avantageuse, et qu'elle soit différente – pour ainsi dire – de tous les êtres : toutes choses 10 dont l'architecture n'est productrice d'aucune. De la même manière, le géomètre n'étudie pas non plus les choses qui de cette façon sont arrivées aux figures, ni si le triangle est différent du triangle qui a <les angles égaux à> deux droits. Et cela a lieu avec raison, puisque l'accident est seulement comme un nom [1].

---

1. À la ligne 1026 b 13 je lis, comme Bonitz, Schwegler, Christ, Ross et Jaeger, ὄνομά τι, parce que, malgré ce que ces éditeurs disent, c'est la version du manuscrit E, comme il résulte des traces d'accent encore visibles, qui m'ont été signalées par S. Fazzo (les autres manuscrits et Bekker ont ὀνόματι, de même que la traduction de Moerbeke, *nomine*).

C'est pour cela que Platon de quelque façon rangea non sans raison la
15 sophistique du côté du non-être, parce que les arguments des sophistes
portent surtout, pour ainsi dire, sur l'accident, <par exemple> si musicien
et grammairien sont différents ou identiques, et <de même si> Coriscos
musicien et Coriscos <sont différents ou identiques>, et si tout ce qui est,
sans être toujours, est devenu, de sorte que si, étant musicien, il est devenu
20 grammairien, aussi étant grammairien, <il est devenu> musicien, et tous
les autres arguments qui sont de ce genre; en effet, l'accident semble
<être> quelque chose de proche du non-être. <Cela> est clair même à partir
d'arguments de cette sorte. En effet, des êtres qui sont d'une autre façon, il
y a génération et corruption, tandis que, des êtres par accident, il n'y en a
pas.
25   Mais cependant il faut dire encore à propos de l'accident, dans la
mesure où cela est possible, quelle est sa nature et par quelle cause il existe :
en même temps, en effet, il sera probablement clair aussi pourquoi il
n'y en a pas de science. Puisque donc, parmi les êtres, certains se
comportent toujours de la même manière et par nécessité – non par la
30 <nécessité> dite selon la contrainte, mais par celle que nous disons au sens
de l'impossibilité d'être autrement –, et que d'autres ne sont ni par
nécessité ni toujours, mais dans la plupart des cas[1], ceci est le principe et
ceci est la cause de l'existence de l'accident : ce qui, en effet, n'est ni
toujours ni dans la plupart des cas, nous disons que c'est l'accident. Par
exemple, si en période de canicule, une tempête se déchaîne et s'il fait
froid, nous disons que c'est arrivé <par accident>, mais non s'il fait une
35 chaleur étouffante, car une chose <arrive> toujours ou dans la plupart des
cas, l'autre non. Et il est arrivé <par accident> que l'homme soit blanc (il ne
l'est, en effet, ni toujours ni dans la plupart des cas), mais qu'il soit animal,
ce n'est pas par accident. Et que l'architecte ait produit la santé[2], c'est un
1027 a 1 accident, car il n'est pas naturel que ce soit l'architecte qui le fasse, mais le
médecin, et cependant il est arrivé <par accident> que l'architecte soit
médecin. Et le cuisinier, visant au plaisir, pourrait avoir fait quelque chose
qui contribue à la santé[3], mais non selon son art de cuisinier. Pour cette
5 raison, nous disons que <cette chose> est arrivée et qu'elle est dans le sens
où il la fait, mais non <qu'elle est> simplement. En effet, tandis que, pour

---

1. À la ligne 1026 b 30, le texte des manuscrits est unanime, tandis que Spengel d'abord et
Jaeger ensuite supposent l'existence d'une lacune qui pourrait être comblée par : « et quelques
autres encore ne sont ni toujours ni dans la plupart des cas ».
2. À la ligne 1026 b 37, je suis les manuscrits les plus anciens (E et J), tandis que les
éditeurs suivent A[b].
3. À la ligne 1027 a 3, je suis le manuscrit E, comme Ross, tandis que Jaeger change le
texte.

les autres choses, ce qui produit, ce sont parfois des capacités [1], de celles-ci n'est <cause> aucun art ni <aucune> capacité déterminée, parce que, des choses qui sont ou arrivent par accident, la cause aussi est par accident.

Par conséquent, puisqu'il n'est pas <vrai> que toutes les choses sont ou arrivent par nécessité et toujours, mais que la plupart <sont ou arrivent> **1027 a 8** dans la plupart des cas, il est nécessaire qu'il y ait de l'être par accident, par 10 exemple le blanc n'est musicien ni toujours ni dans la plupart des cas, mais, puisqu'il le devient à un certain moment, il le sera par accident (s'il n'était pas ainsi, toutes les choses seraient par nécessité). De sorte que la matière, <en tant qu'> elle peut être autrement qu'<elle n'est> dans la plupart des cas, sera la cause de l'accident. Il faut poser ce principe-ci : est-ce qu'il n'y a rien qui ne soit ni toujours ni dans la plupart des cas, ou <n'est-il pas vrai 15 que> cela est impossible ? Alors, il y a quelque chose en dehors de ces choses-là, ce qui est arrivé ou bien d'une façon ou bien de l'autre et <qui est> par accident. Mais est-ce que <l'être> dans la plupart des cas <appartient aux êtres>, tandis que l'<être> toujours n'appartient à aucun <être>, ou bien existe-t-il quelques êtres éternels ? Sur ces questions, il faut reporter nos recherches, mais qu'il n'y ait pas de science de l'accident, cela est manifeste ; toute science, en effet, porte ou sur ce qui est toujours ou sur 20 ce qui est dans la plupart des cas.

Comment, en effet, pourra-t-on apprendre ou enseigner <quelque chose> à un autre ? Car il faut que <l'objet> soit défini par son être ou bien toujours ou bien dans la plupart des cas, comme par exemple le fait que l'hydromel apporte dans la plupart des cas une amélioration à qui a de la fièvre. Par contre, en dehors de cela, il ne sera pas possible de dire quand <cela> n'arrive pas, par exemple à la nouvelle lune, parce que même ce 25 <qui est vrai> à la nouvelle lune est toujours ou dans la plupart des cas, tandis que l'accident est en dehors de ces choses-là. On a dit qu'est-ce qu'est l'accident et par quelle cause <il arrive> et que de l'accident il n'y a pas de science.

---

1. À la ligne 1027 a 5, je garde le texte du manuscrit E et des éditeurs (ἄλλων), tandis que Kirwan et Duminil-Jaulin traduisent celui des manuscrits J et A b (ἄλλαι). Je ne trouve pas nécessaire de supposer une lacune avant δυνάμεις, comme le font Bonitz et Jaeger (bien que la traduction de Moerbeke, *aliorum enim alie*, puisse la suggérer), ni d'éliminer αἱ à la ligne 6, comme le propose Jaeger.

CHAPITRE 3

<L'ÊTRE PAR ACCIDENT EN TANT QUE CAUSE>

Qu'il y ait des principes et des causes soumis à la génération et à la 1027 a 29 corruption, sans qu'ils soient engendrés et corrompus, c'est manifeste. Si, 1027 a 30 en effet, cela n'est pas, toutes les choses seront par nécessité, si, de ce qui est engendré et se corrompt, il est nécessaire qu'il y ait une certaine cause non par accident. En effet, cette chose-ci sera-t-elle ou non ? <Elle sera>, si cette <autre> chose est engendrée ; si au contraire <cette autre chose> n'<est> pas <engendrée>, non. Mais cette <autre> chose <est engendrée>, <s'il y en a> une autre <encore>. Et, ainsi, il est clair que, si l'on soustrait toujours du temps d'un temps limité, on parviendra au maintenant, de 1027 b 1 manière que cet <homme>-ci mourra par maladie [1] ou par violence, s'il est sorti ; <il fera> cela, s'il a soif ; mais cela <arrivera>, si autre chose <se produit>. Et, de cette manière, on parviendra à ce qui subsiste maintenant, ou à quelqu'une des choses passées. <Supposons>, par exemple, qu'il ait soif ; cela <arrive>, s'il mange des choses aigres ; mais cette <autre> chose ou bien elle subsiste ou bien elle ne subsiste pas ; par conséquent, il mourra 5 ou il ne mourra pas par nécessité. De la même façon, même si quelqu'un saute dans les choses passées, on peut tenir le même discours, parce qu'une certaine chose donnée déjà subsiste dans quelque chose de déterminé, je veux dire la chose passée. Alors toutes les choses futures seront par nécessité, par exemple que le vivant meure, parce que quelque chose est déjà arrivé, par exemple la présence des contraires dans le même corps [2]. 10

---

1. À la ligne 1027b2, je garde le texte des manuscrits avec la plupart des éditeurs, tandis que Ross et Jaeger suppriment νόσῳ ἢ (« par maladie ou »).
2. À la ligne 1027 b 10, je lis ἐν τῷ αὐτῷ σώματι, comme les manuscrits les plus anciens et les autres éditeurs, tandis que A ᵇ, suivi par Ross et Jaeger, omet le dernier mot.

Mais <s'il meurt> de maladie ou de mort violente, <on ne peut> pas <le dire> encore, mais <seulement> dans le cas où cette chose-ci est engendrée. Il est clair alors qu'on remonte jusqu'à un certain principe, mais celui-ci ne peut plus <être réduit> à un autre. Celui-ci sera donc le <principe> de ce qui est arrivé ou bien d'une façon ou bien de l'autre, et la cause de la génération de ce <principe> n'est rien[1]. Mais à quel principe et
15 à quelle cause une telle réduction <parvient>, si c'est à <un principe> comme matière ou à <un principe> comme fin ou à <un principe> comme ce qui a mû, voilà surtout ce qu'il faut chercher.

---

1. À la ligne 1027 b 13, je suis les manuscrits les plus anciens, qui n'ont pas le mot ἄλλο. Celui-ci se trouve dans A[b] et il est gardé par tous les éditeurs, Jaeger compris.

<L'ÊTRE COMME VRAI ET LE NON-ÊTRE COMME FAUX>

CHAPITRE 4

Pour ce qui est de l'être par accident, mettons-le donc de côté, car nous **1027 b 17** l'avons suffisamment défini ; l'être comme vrai et le non-être comme faux, puisqu'ils dépendent[1] de l'union et de la division, tandis que l'ensemble <des deux> concerne la partition de la contradiction, car le vrai comporte **1027 b 20** l'affirmation sur ce qui est uni et la négation sur ce qui est divisé, tandis que le faux <comporte> la contradiction de cette partition ; quant à la manière selon laquelle il arrive de penser simultanément ou de <penser> séparément, <cela relève d'> un autre discours – par <penser> simultanément et <penser> séparément, je veux dire <penser> de telle sorte que se produise non une succession, mais quelque chose d'un. En effet, le faux et le vrai ne **25** sont pas dans les choses, comme <si>, par exemple, le bien <était tout de suite> vrai et le mal tout de suite faux, mais il sont dans la pensée rationnelle, et à propos des choses simples et des essences, <ils ne sont> pas même dans la pensée rationnelle. Ce qu'on doit donc soutenir exactement à propos de l'être et du non-être conçus en ce sens-ci, il faut l'examiner ensuite.

Mais, puisque la composition et la division sont dans la pensée **30** rationnelle et ne sont pas dans les choses, et que l'être conçu dans ce sens-ci est différent des êtres conçus dans les sens principaux[2] (la pensée

---

1. À la ligne 1027 b 19, je lis παρὰ (« dépendent de »), avec tous les manuscrits les plus anciens, le pseudo-Alexandre et Ross, au lieu de περὶ (« consistent dans »), transmis par Asclépius et par les manuscrits plus récents, et édité par Bekker, Schwegler, Bonitz, Christ et Jaeger. Cette dernière version est traduite par Tricot, tandis que Duminil-Jaulin traduisent la première.

2. À la ligne 1027 b 31, je lis κυρίων, reporté par les manuscrits E et J, au lieu de κυρίως, reporté par A b, Asclépius, le pseudo-Alexandre et tous les éditeurs modernes.

rationnelle, en effet, ajoute ou soustrait [1] ou bien ce qu'<une chose> est, ou qu'elle a une qualité, ou qu'elle a une quantité, ou autre chose), l'être par accident et l'être comme vrai doivent être mis de côté, car la cause de l'un **1028 a 1** est indéterminée et celle de l'autre est une affection de la pensée rationnelle, et tous les deux concernent le genre restant de l'être et ne manifestent aucune nature déterminée existant en dehors de l'être. Pour cette raison, mettons ces sens-ci de côté ; on doit en revanche chercher les causes et les principes de l'être lui-même, en tant qu'être.

5   [Il est évident que, dans ce que nous avons défini <pour montrer> en combien de sens se dit chaque chose, l'être se dit en plusieurs sens].

---

1. À la ligne 1027 b 33, je lis ἀφαιρεῖ, comme tous les manuscrits, Bekker et Ross, au lieu de διαιρεῖ, suggéré par le pseudo-Alexandre et par la traduction de Moerbeke (*diuidit*) et accepté par Bonitz, Schwegler, Christ et Jaeger.

COMMENTAIRE

COMMENTAIRE AU CHAPITRE 1

Résumé du chapitre

Le chapitre 1 comprend trois parties ; la première (1025b3-18) justifie la différence entre la science qui porte sur l'être en tant qu'être et les sciences particulières, qui s'occupent d'un seul genre d'êtres. Toutes les sciences recherchent les principes et les causes de leur objet, qu'il s'agisse de l'être en tant qu'être, ou qu'il s'agisse d'un genre particulier d'êtres. Mais les sciences particulières ne disent rien ni de l'essence ni de l'existence de leur objet : elles les assument ou bien par la perception (c'est le cas de la physique), ou bien comme hypothèse (c'est le cas de la mathématique), et, à partir de l'essence, démontrent les propriétés par soi de leur objet. Cela tient au fait que, ni de l'essence ni de l'existence, il n'y a de démonstration, mais il doit y en avoir un autre type de connaissance rationnelle.

La deuxième partie (1025b18-1026a16) considère deux sciences particulières, la physique et la mathématique, pour montrer qu'elles sont, toutes les deux, des sciences théorétiques, c'est-à-dire des sciences qui n'ont comme fin que la connaissance, parce qu'elles portent sur des objets qui ne sont ni des actions humaines, comme c'est le cas des sciences pratiques, ni des productions humaines, comme c'est le cas des sciences productrices. La physique, en effet, porte sur des objets qui ont en eux-mêmes le principe du mouvement, c'est-à-dire les êtres naturels, qui sont mobiles et matériels et ne sont pas réalisés par l'homme ; et la mathématique porte sur des objets qu'elle considère comme immobiles et séparés de la matière, même s'il n'est pas clair qu'ils le soient réellement, et qui en tout cas ne dépendent pas non plus eux-mêmes de l'homme. S'il y avait des objets réellement immobiles et séparés de la matière, la science qui porterait sur ces objets serait elle aussi une science théorétique, et serait antérieure aussi bien à la physique qu'à la mathématique, en étant par conséquent la science, ou la philosophie, première.

La troisième partie du chapitre (1026a16-32) reprend la déclaration initiale, selon laquelle chaque science recherche les principes et les causes de son objet, pour dire que les réalités immobiles et immatérielles, si elles existent, sont des causes éternelles, parce qu'elles sont les causes des astres, qui sont éternels et divins. Par conséquent la science qui s'occupe de ces réalités, au sens où elle y parvient comme à des principes et à des causes premières, mérite le titre de science théologique, c'est-à-dire de science qui a à faire avec le divin. Mais Aristote se rend compte que cette science, si elle est conçue comme ayant pour objet simplement le divin, risque d'être considérée comme une science particulière; par conséquent il se demande si elle peut être encore considérée comme universelle, comme il arrive avec les mathématiques, où il y a des sciences particulières et aussi une mathématique universelle. Sa réponse est que la philosophie première est une science universelle, mais elle l'est dans le sens où le premier est universel, c'est-à-dire en tant que principe de tous les êtres qui dépendent de lui. Par conséquent, la philosophie première coïncide avec la science de l'être en tant qu'être mentionnée au début.

COMMENTAIRE

1025b3-5 : « On cherche les principes et les causes des êtres, mais il est clair que c'est en tant qu'êtres. En effet, il y a une certaine cause de la santé et du bien-être, et il y a aussi des principes, des éléments et des causes des <objets> mathématiques ».

L'affirmation selon laquelle on cherche les principes et les causes des êtres en tant qu'êtres reprend la conclusion de Γ 1, selon laquelle la science qu'Aristote se propose de réaliser, c'est-à-dire la science de l'être en tant qu'être (ὂν ἧ ὄν), consiste avant tout dans la recherche des causes premières de celui-ci. Cette reprise de Γ 1, admise par tous les commentateurs, a été niée par Dumoulin, qui considère les causes premières dont Aristote parle à la fin de Γ 1 comme des principes immanents, et les principes et les causes dont il parle au début de E 1 comme des principes transcendants[1]. Cette distinction dépend, d'un côté, de l'interprétation très discutable que cet auteur donne de Γ 1, et, de l'autre côté, de sa lecture simplificatrice des principes mentionnés en E 1, qui les réduit à Dieu. La

1. B. Dumoulin, *Analyse génétique de la* Métaphysique *d'Aristote*, Montréal, Bellarmin, Paris, Les Belles Lettres, 1986, p. 122-123.

relation avec Γ 1 a été récemment niée également par Barnes[1], qui au contraire ne voit aucun rapport de causalité entre l'être en tant qu'être et ses principes. Il me semble que les dernières lignes de Γ 1, « par conséquent nous aussi nous devons chercher les causes premières de l'être en tant qu'être » (1003a31-32), coïncident presqu'à la lettre avec les premières lignes de E 1, et que par conséquent les deux passages disent la même chose.

L'emploi du pluriel « êtres en tant qu'êtres » montre clairement que l'être dont Aristote parle n'est pas l'être divin, comme le croyait le néoplatonicien Asclépius dans son commentaire à Γ 1[2] (et non, et pour cause, dans son commentaire à E 1), et comme le croient, parmi les modernes, Muskens, Owens, Merlan et Tricot[3]. Il s'agit, comme l'a vu Alexandre, suivi, parmi les modernes, par Mansion, de tous les êtres, mais considérés sous l'aspect selon lequel ils sont des êtres[4]. À cela j'ajoute que cet aspect comprend aussi bien ce que tous les êtres ont en commun que ce qui les distingue, parce que, pour Aristote, l'être se dit de tout ce qui existe, y compris les différences (*Metaph.* B 3, 998b21-27). Comme Asclépius le dit à propos de ce passage, corrigeant l'interprétation précédente, l'être en question est dit aussi « être par soi (καθ᾽ αὐτό) » et comprend toutes les catégories[5]. Kirwan aussi, sur la base des remarques faites par Stevenson et Thorp, rejette l'interprétation restrictive de Merlan et Owens, observant que l'usage de la formule « en tant que » ('*qua*'-*phrase*) restreint le type

1. J. Barnes, « The primary sort of science », *in* C. Natali (ed.), *Aristotle : Metaphysics and Practical Philosophy. Essays in Honour of Enrico Berti*, Louvain-la-Neuve, Peeters, 2011, p. 61-76, spéc. note 6.

2. Asclepii *in Aristotelis Metaphysicorum libros A-Z commentaria* (*CAG* VI, 2), edd. M. Hayduck, Berlin, Reimer, 1888, p. 225, 15-17. Voir aussi *Metaph.* K 7, 1064 a 29.

3. G. L. Muskens, « De ente qua ens Metaphysicae Aristoteleae objecto », *Mnemosyne*, IIIe série, 13, 1947, p. 130-140; J. Owens, *The Doctrine of Being in the Aristotelian Metaphysics*, Toronto, Pontifical Institute of Mediaeval Studies, 1951 (IIIe éd. 1978); P. Merlan, *From Platonism to Neoplatonism*, Second Edition, The Hague, M. Nijhoff, 1960; J. Tricot, Aristote, *La Métaphysique*, introduction, traduction, notes et index, nouv. éd., Paris, Vrin, 1986, p. 171, note 1. L'interprétation de Owens a été réaffirmée dans son œuvre posthume *Aristotle's Gradations of Being in* Metaphysics *E-Z*, éd. L. P. Gerson, South Bend, Indiana, St. Augustine's Press, 2007.

4. Alexandri Aphrodisiensis *in Aristotelis Metaphysica commentaria* (*CAG* I), ed. M. Hayduck, Berlin, Reimer, 1891, p. 238, 13-14; 239, 23-24; A. Mansion, « L'objet de la science philosophique suprême d'après Aristote, *Métaphysique*, E, 1 », dans *Mélanges de philosophie grecque offerts à Mgr. Diès*, Paris, Vrin, 1956, p. 151-168 (réimpr. dans P. Aubenque *et al.*, *Études aristotéliciennes : métaphysique et théologie*, Paris, Vrin, 1985, p. 35-52).

5. Asclepii *in Aristotelis Metaphysicorum libros, op. cit.*, p. 358, 4-16.

d'étude, non l'objet étudié[1]. L'interprétation restrictive de l'expression
« être en tant qu'être » a été reprise récemment par Jaulin, qui considère
cette expression come signifiant « une certaine nature », c'est-à-dire la
substance, et en dernière analyse la substance première, c'est-à-dire la
forme immatérielle, qui est pour Aristote le principe de toutes choses[2].

Pierre Aubenque, qui a consacré au problème de l'être chez Aristote
une célèbre monographie[3], est revenu récemment sur le sujet, en soutenant
que l'expression grecque « être en tant qu'être » ne tolère pas une interprétation substantiviste qui lui ferait signifier : ce qui est, la chose ou l'ensemble des choses. « Dans ce sens », observe-t-il, « le grec emploierait plutôt le
pluriel : *ta onta*, les choses qui sont »[4]. Selon Aubenque, « le *hè* (en latin
qua) qui introduit le redoublement est un adverbe de lieu qui signifie le lieu
de passage, 'par où', ici ce qui conduit un étant quelconque à être étant et
seulement étant [...]; formellement parlant, la réponse est à chercher dans
l'infinitif 'être', qui donne son sens au participe "étant" [...]. Heidegger
reste donc littéralement fidèle à l'inspiration du questionnement aristotélicien lorsqu'il dit que la question métaphysique est la question du sens de
l'être de l'étant ». Je trouve que cette interprétation est excessivement
influencée par la distinction heideggérienne entre « étant » (*Seiend*) et
« être » (*Sein*), que Heidegger appelle « différence ontologique », et
j'observe à mon tour qu'au début du livre E, nous trouvons précisément le
pluriel *ta onta*, les choses qui sont. Pour Aristote il n'y a aucune différence
entre le participe et l'infinitif du verbe « être », comme le montre le fait que
sa célèbre affirmation, selon laquelle « l'être a plusieurs significations »,
est exprimée parfois avec le participe (*Metaph.* Γ 2, 1003a33; Z 1,
1028a10; N 2, 1089a7), parfois avec l'infinitif (*Metaph.* Δ 11, 1019a4; M
2, 1077b17) et parfois aussi avec la troisième personne du singulier
(*Metaph.* Z 4, 1030a21; H 2, 1042b25). Je suis par conséquent d'accord
avec Crubellier et Pellegrin qui ont repris l'interprétation plus traditionnelle, en précisant que le premier « être » contenu dans l'expression en
question signifie un étant déterminé, par exemple un homme ou une

---

1. C. Kirwan, « Further Comments (1992) », *in* Aristotle, *Metaphysics, Books Γ, Δ,
and E,* translated with notes, 2nd édition, Oxford, Clarendon Press, 1993, p. 201-203;
J. G. Stevenson, « Being *qua* Being », *Apeiron*, 9, 1975, p. 42-50; J. W. Thorp, « Does
Primacy Confer Universality : Logic and Theology in Aristotle », *Apeiron*, 22, 1989, p. 101-
125. Sur la même ligne, voir aussi P. Destrée, « "Physique" et "métaphysique" chez
Aristote », *Revue philosophique de Louvain*, 90, 1992, p. 422-444.

2. A. Jaulin, *Eidos et ousia. De l'unité théorique de la* Métaphysique *d'Aristote*, Paris,
Klincksieck, 1999, p. 83 et 186-187.

3. P. Aubenque, *Le problème de l'être chez Aristote*, Paris, P.U.F., 1966 (1re éd. 1962).

4. P. Aubenque, *Faut-il déconstruire la métaphysique ?*, Paris, P.U.F., 2009, p. 21-22.

maison, une couleur ou un nombre, tandis que le deuxième signifie « la *façon* dont une chose "est" ceci ou cela », façon qui, pour Aristote, est multiple et se distribue dans la pluralité des catégories[1].

J'ai des doutes à propos de l'identification, suggérée par Asclépius, de l'« être simplement (ἁπλῶς) », qu'Aristote introduira à la ligne 1025b9, avec l'être en tant qu'être, parce que ce dernier comprend les catégories, comme Asclépius lui-même l'affirme, tandis que l'« être simplement » sera mentionné au chapitre 2, 1025b33, comme comprenant non seulement l'être des catégories, mais aussi l'être par accident, l'être comme vrai et l'être en puissance et en acte. Je crois qu'en 1025b9 « être simplement » signifie l'être en général et qu'il n'est pas identique à l'être en tant qu'être, comme il résulte du fait qu'Aristote dans 1025b9-10 emploiera la double négation (« non pas … ni ») pour dire que les sciences particulières ne s'occupent ni de l'être simplement ni de l'être en tant qu'être.

Pour ce qui concerne les principes et les causes mentionnés dans ce passage, on doit se demander si, selon une célèbre distinction faite par Irwin[2], ils doivent être interprétés comme des choses, c'est-à-dire comme les causes de l'existence ou de la constitution des objets de la science, tels que, par exemple, le climat et la diète, qui sont causes de la santé, ou bien comme des énoncés premiers, c'est-à-dire comme les principes des démonstrations, tels que par exemple les définitions des nombres ou des grandeurs, qui sont principes respectivement de l'arithmétique et de la géométrie[3]. Dans le premier cas, les principes en question rentrent dans les quatre genres de causes distinguées en *Phys.* II 3 et *Metaph.* Δ 2 (matérielle, formelle, motrice et finale). Les deux interprétations sont, en effet, rendues possibles par les différentes significations du mot « principe » signalées en *Metaph.* Δ 1, même si les principes des démonstrations ne sont pas objet des recherches des sciences particulières mais sont présupposés par elles, comme Aristote le dira par la suite, ou par induction ou par hypothèse. Cependant, comme on le verra plus loin, la connaissance de la cause formelle rend possible la formulation de la définition et l'explication de l'existence d'un objet, de sorte que la distinction faite par Irwin peut être en quelque sorte surmontée. Par conséquent, je propose d'interpréter l'expression « les principes et les causes » de la manière la plus large possible, en incluant aussi bien les causes premières distribuées dans les quatre

1. M. Crubellier, P. Pellegrin, *Aristote. Le philosophe et les savoirs*, Paris, Seuil, 2002, p. 343-347.

2. T. H. Irwin, *Aristotle's First Principles*, Oxford, Clarendon Press, 1988, p. 3-4.

3. M. Zanatta, dans Aristotele, *Metafisica*, introduzione, traduzione e note, Milan, BUR, 2009, p. 971, pense qu'il s'agit seulement des principes propres de la connaissance, qui sont les prémisses des démonstrations.

genres de causes (première cause matérielle, première cause formelle, première cause motrice, ou efficiente, et première cause finale), que les énoncés exprimant la définition et l'existence de l'objet de la science, qui sont fournis par la connaissance de la cause formelle.

Seidl appelle l'être en tant qu'être « objet initial » (*Ausgang-Gegenstand*) de la métaphysique et les principes et les causes de l'être en tant qu'être « objet final » (*Ziel-Gegenstand*) de la même science, entendant par ces expressions respectivement l'objet dont on recherche les causes et les causes recherchées ; mais il manifeste plusieurs fois la tendance, qui lui vient de Thomas d'Aquin, à concevoir les causes premières comme si elles étaient une seule cause (*eine erste Ursache*), le premier moteur immobile [1].

1025b6-7 : « et en général chaque science rationnelle ou qui participe en quelque mesure de la pensée rationnelle porte sur des causes et des principes, plus exacts ou plus simples ».

J'ai traduit par « science rationnelle » l'expression ἐπιστήμη διανοητική, où l'adjectif couplé au substantif est effectivement un *hapax*, comme le remarque Martineau, qui l'interprète comme un signe de l'inauthenticité du livre E [2]. Mais il faut rappeler que la science (ἐπιστήμη) pour Aristote est une des cinq ἕξεις (*Eth. Nic.* VI 3, 1139b13-16), « habitudes », ou « dispositions », parmi lesquelles se trouvent les ἀρεταὶ διανοητικαί (*Eth. Nic.* I 13, 1103a5) ou « excellences de la pensée rationnelle (τῆς διανοίας) », communément appelées vertus dianoétiques (*Eth. Nic.* VI 2, 1139a1), par conséquent elle est une ἕξις διανοητική, une « disposition de la pensée rationnelle ». La distinction entre science rationnelle et science qui participe en quelque mesure de la raison est interprétée par Asclépius comme une distinction entre les sciences totalement rationnelles, comme la géométrie, d'un côté, et, de l'autre, les arts (τέχναι), tels que la médecine, suggérée par l'exemple de la santé et du bien-être, ou les mathématiques appliquées, telles que l'harmonique et l'astronomie, et par le pseudo-Alexandre et le pseudo-Philopon, qui le suit presque toujours, comme une distinction entre les sciences théoriques et les sciences pratiques [3]. Mais, comme le remarque Bonitz, Aristote dira dans la suite

---

1. Aristoteles, *Metaphysik*, in der Übersetzung von H. Bonitz, neu bearbeitet, mit Einleitung und Kommentar hrsg. von H. Seidl, Hamburg, Meiner, 1978, p. 414-415, 421-422.

2. E. Martineau, « De l'inauthenticité du livre E de la *Métaphysique* d'Aristote », *Conférence*, n. 5, automne 1997, p. 445-509, spéc. 449-450.

3. Alexandri Aphrodisiensis *in Aristotelis Metaphysica, op. cit.*, p. 441, 4-6.

que toute διάνοια, ou « pensée rationnelle », peut être aussi bien théorique que pratique et productrice (1025b25)[1] ; par conséquent la distinction doit intervenir entre les mathématiques, explicitement citées, et la physique, parce que les premières ne se servent que de la raison, tandis que la seconde se sert aussi de la sensation (αἴσθησις); donc elle ne participe de la raison qu'en partie.

Cela est d'ailleurs confirmé par la distinction entre principes plus exacts et plus simples, même si les textes indiqués par Ross pour l'illustrer sont ambigus. Ross, en effet, pour éclairer la notion d'«exact», cite *Metaph.* A 2, 982a25-28 et *An. Post.* I 27, où Aristote dit que l'arithmétique est plus exacte que la géométrie parce qu'elle admet moins de principes (par exemple pour définir le point, objet de la géométrie, on doit ajouter à l'unité, objet de l'arithmétique, la position), et pour illustrer la notion de « simple », il cite *Metaph.* A 5, 987a21, où Aristote dit que les Pythagoriciens ont traité des principes « trop simplement », c'est-à-dire moins exactement qu'ils auraient dû. Sur la base de ce dernier passage, on devrait penser que les principes plus exacts sont l'opposé des principes plus simples ; mais, d'un autre texte cité par Ross, *Metaph.* M 3, 1078a9-17, il résulte que les principes plus exacts sont aussi les plus simples[2]. En tout cas Aristote veut distinguer les sciences plus exactes des sciences moins exactes, comme l'arithmétique par rapport à la géométrie, les mathématiques pures par rapport aux mathématiques appliquées (optique, harmonique, mécanique, astronomie), et les mathématiques en général par rapport à la physique, dont les objets, comme on le verra par la suite, ont en plus le mouvement.

1025b7-9 : « Mais toutes ces sciences, étant circonscrites à quelque chose d'un et à un certain genre <d'objets>, s'occupent de celui-ci et non de l'être simplement ni <de l'être> en tant qu'être ».

La distinction entre science de l'être en tant qu'être et sciences particulières reprend Γ 1, 1003a22-26. Évidemment, en disant « toutes ces sciences », Aristote se réfère aux sciences particulières, comme

---

1. H. Bonitz, *Commentarius in Aristotelis Metaphysicam*, Hildesheim-Zürich-New York, Olms, 1992 (1ʳᵉ éd. 1849), p. 280 ; Pseudo-Johannis Philoponi *Expositiones in Omnes XIV Aristotelis Libros Metaphysicos*, übersetzt von Franciscus Patritius, Neudruck der ersten Ausgabe Ferrara 1583 mit einer Einleitung von C. Lohr, Stuttgart-Bad Cannstadt, Fromman Verlag, 1991 (*Commentaria in Aristotelem Graeca : versiones Latinae temporis resuscitatarum litterarum*, hrsg v. C. Lohr, Bd. 2), p. 24 recto.

2. Aristotle's *Metaphysics*, a Revised Text with Introduction and Commentary by W.D. Ross, Oxford, Clarendon Press, 1953 (1ʳᵉ éd. 1924), vol. I, p. 351.

l'expliquent Bonitz et Ross, *pace* Barnes[1], parce qu'il les oppose à la science qui s'occupe de l'être simplement et en tant qu'être.

L'application de chacune des sciences particulières à un seul genre d'objets correspond à la théorie de la science exposée dans les *Analytiques postérieurs*, où Aristote affirme que chaque science doit porter sur un seul genre d'objets, son γένος ὑποκείμενον («genre sujet»), dont elle doit démontrer les propriétés essentielles, c'est-à-dire universelles et nécessaires, à partir des principes qui lui sont propres (I 7, 75a38-b 2). Il insiste sur le fait que ce genre doit être toujours le même (75b9), c'est-à-dire un, et que, dans la démonstration scientifique, chaque terme doit être un, identique et non homonyme (11, 77a8-9). C'est pour cette raison aussi que la version des manuscrits E et J, qui à la ligne b 8 a ἕν, «un» (*lectio difficilior*), au lieu de ὄν, «être», me semble préférable[2]. L'opposition entre le γένος, «genre», comme objet des sciences particulières, et l'être en tant qu'être, comme objet de la science en question, suggère que l'être en tant qu'être joue, par rapport à celle-ci, le même rôle que le γένος ὑποκείμενον, c'est-à-dire le «genre sujet», joue pour les sciences particulières. Le rapport avec les *Analytiques postérieurs* a été nié par Dumoulin à cause de la signification différente qu'Aristote semble attribuer au mot «hypothèse» dans cet œuvre et dans notre passage (voir la note suivante, p. 87)[3], mais il me semble que l'allusion faite ensuite par Aristote à la manière dont les sciences particulières font leur démonstration témoigne d'une parfaite identité avec la théorie de la science exposée dans les *Analytiques postérieurs*. La relation entre la *Métaphysique* et les *Analytiques postérieurs* a été analysée d'une manière très approfondie aussi bien par Treptow que par Bell[4].

Comme je l'ai remarqué plus haut, les sciences particulières, selon Aristote, ne s'occupent ni de l'être simplement, c'est-à-dire de l'être en général, comprenant l'être par accident, l'être par soi (correspondant aux catégories), l'être comme vrai et l'être selon la puissance et l'acte, ni de l'être en tant qu'être, c'est-à-dire de l'être par soi, qui se distribue à son tour selon les catégories. L'identification de l'être en tant qu'être avec l'être par soi résulte de *Metaph.* Γ 1, 1003a22, 28, 30; celle de l'être par soi avec

---

1. J. Barnes, « The primary sort », *op. cit.*, note 4.

2. De même la traduction latine de Guillaume de Moerbeke : *unum quid* (Aristoteles, *Metaphysica*, Lib. I-XIV, recensio et translatio Guillelmi de Moerbeka, ed. G. Vuillemin-Diem, I, Editio textus (*Aristoteles Latinus*, XXV, 3, 2), Leiden-New York-Köln, Brill, 1995);

3. Dumoulin, *Analyse génétique, op. cit.*, p. 131-135.

4. E. Treptow, *Der Zusammenhang zwischen der Metaphysik und der Zweiten Analytik des Aristoteles*, München-Salzburg, Pustet, 1966; I. Bell, *Metaphysics as an Aristotelian Science*, Sankt Augustin, Academia Verlag, 2004.

l'être des catégories résulte de *Metaph.* Δ 7, 1017a22-23. Puisque l'être selon la puissance et l'acte se dit de toutes les catégories (1017b1-2), on peut dire que l'être en tant qu'être comprend aussi l'être selon la puissance et l'acte. L'être par accident, au contraire, et l'être comme vrai, nous le verrons au chapitre 2, ne s'identifient pas avec l'être en tant qu'être, tout en étant deux significations de l'«être simplement», c'est-à-dire de l'être en général, de l'être pris sans aucune qualification.

1025b10-13 : «Elles ne produisent même aucune raison de l'essence, mais à partir de celle-ci, les unes ayant rendu claire l'essence par la sensation, les autres l'ayant posée comme hypothèse, elles démontrent ainsi les propriétés qui appartiennent par soi au genre dont elles s'occupent, d'une manière plus nécessaire ou plus souple».

Comme le remarquent tous les commentateurs, aussi bien anciens que modernes, même à ce propos Aristote reprend la théorie de la science exposée dans les *Analytiques postérieurs*, selon laquelle les sciences démonstratives ne doivent pas rendre compte de l'essence de leurs objets, mais assument comme principe propre la définition de cette essence, c'est-à-dire le discours qui dit ce que ces objets sont. Par exemple l'arithmétique définit l'unité comme ce qui est indivisible selon la quantité (*An. Post.* I 2, 72a21-23). Dans ce cas, la définition de l'essence est posée «comme hypothèse», où ce terme n'a pas la signification moderne de supposition, ou de conjecture, mais indique un présupposé considéré comme vrai en tant qu'évident (les *Analytiques* à ce propos parlent de «thèse», c'est-à-dire de «position», et réservent le mot «hypothèse» à l'assomption de l'existence de l'objet, voir 72a15-21). Les sciences qui rendent claire l'essence de leurs objets par la sensation (αἰσθήσει) sont la physique ou les mathématiques appliquées, dont il avait été dit auparavant qu'elles ne participaient de la raison que dans quelque mesure. Toutes les sciences particulières, une fois assumée par une définition l'essence de leurs objets, démontrent à partir de celle-ci les propriétés par soi, c'est-à-dire universelles et nécessaires, de ces objets. L'allusion au caractère plus nécessaire ou plus souple de ces démonstrations concerne la différence entre les sciences plus exactes, comme les mathématiques pures ou les mathématiques appliquées, et la physique. Les premières démontrent de manière vraiment «nécessaire», parce que leurs conclusions sont valables toujours, c'est-à-dire dans tous les cas; la physique démontre de manière «plus souple», au sens où ses conclusions ne sont pas valables toujours, mais seulement «dans la plupart des cas» (ὡς ἐπὶ τὸ πολύ). Sur la possibilité des deux types de démonstration, voir *An. Post.* I 30, 87b20-22; sur le caractère de la démonstration physique, qui vaut précisément ὡς ἐπὶ τὸ πολύ, voir ci-dessous (1025b28), mais aussi *Phys.* II 8, 198b34-36; *GC* II 6, 333b4-6; *GA* IV 8, 777a16-21[1].

Il faut dire, cependant, que l'affirmation selon laquelle les sciences particulières « ne produisent aucune raison », ou ne donnent aucune justification, de l'essence de leur objet, si elle est appliquée à la physique, ne rend pas justice à ce qu'Aristote fait dans son traité intitulé justement *Physique*. Dans celui-ci, en effet, Aristote explique ce qu'on doit entendre par « nature », c'est-à-dire « principe de mouvement et d'arrêt » (II 1), par « mouvement », c'est-à-dire « acte de ce qui est en puissance en tant que tel » (III 1), par « infini » (III 4-8), « lieu » (IV 1-5), « vide » (IV 6-9), « temps » (IV 10-14), et d'autres notions semblables, c'est-à-dire qu'il justifie la définition des objets de la physique, montrant qu'il conçoit celle-ci comme une science capable de justifier ses propres principes. Évidemment, dans notre passage, le souci de distinguer la science de l'être en tant qu'être des sciences particulières, y compris la physique, conduit Aristote à présenter la physique d'une manière plus restrictive qu'elle n'apparaît au cours de son exposition par Aristote lui-même.

Pour ce qui concerne, au contraire, les mathématiques, la description qu'en fait Aristote semble se rattacher, comme le souligne Menn, au jugement qu'en a donné Platon dans le *République*, selon lequel les mathématiques, puisqu'elles partent d'hypothèses dont elles ne donnent aucune raison, ne s'élèvent pas au niveau de la véritable science (ἐπιστήμη), mais restent au niveau de la « pensée rationnelle » (διάνοια), c'est-à-dire d'une pensée qui est, pour Platon, intermédiaire entre la science et la simple opinion (*Resp.* VI, 511 c-d)[2].

---

1. Sur la signification de l'expression ὡς ἐπὶ τὸ πολύ, voir M. Mignucci, « Ὡς ἐπὶ τὸ πολύ et nécessaire dans la conception aristotélicienne de la science », *in* E. Berti (ed.), *Aristotle on Science. The « Posterior Analytics »*, Proceedings of the Eighth Symposium Aristotelicum held in Padua from September 7 to 15, 1978, Padova, Antenore, 1981, p. 173-203, qui tend à lui attribuer une signification temporelle, et L. Judson, « Chance and "Always or For the Most Part" in Aristotle », *in* L. Judson (ed.), *Aristotle's Physics: A Collection of Essays*, Oxford, Clarendon Press, 1991, p. 73-99, qui y voit au contraire l'expression d'une « fréquence conditionnée », c'est-à-dire liée à des conditions déterminées. Pour les applications de cette expression à l'éthique, voir M. Winter, « Aristotle, *hôs epi to polu* relations, and a demonstrative science of ethics », *Phronesis*, 42, 1997, p. 163-189, et pour sa relation à la science en général voir M. Boeri, « Es el objecto de la ἐπιστήμη aristotélica solo lo necesario ? Reflexiones sobre el valor de lo ὡς ἐπὶ τὸ πολύ en el modelo aristotélico de ciencia », *Méthexis*, 20, 2007, p. 7-28.

2. S. Menn, *The Aim and the Argument of Aristotle's* Metaphysics (forthcoming), Iγ1a.

1025b14-16: «Par conséquent il est manifeste qu'il n'y a pas démonstration de la substance ni de l'essence à partir d'une telle induction, mais il doit y avoir quelque autre mode de clarification».

Je crois que «substance» et «essence» à la ligne 14 sont des synonymes, parce qu'Aristote parlera de l'existence dans les lignes suivantes (16-18). Christ pense que les lignes 14-16 manquaient dans la première version du texte et qu'«à partir d'une telle induction» (ἐκ τῆς τοιαύτης ἐπαγωγῆς) est une interpolation[1]. Cela me semble une solution trop drastique, même si le mot ἐπαγωγή, «induction», crée quelques problèmes. Le pseudo-Alexandre l'interprète comme équivalent du αἰσθήσει, «sensation», de la ligne 11, mais cela vaudrait seulement pour la physique, non pour les mathématiques, qui posent l'essence comme hypothèse. Bonitz dans un premier moment (p. 280-281) suit le pseudo-Alexandre, mais ensuite (p. 597), influencé par K 7, 1064a8-9, où l'ordre des mots est différent («il est clair à partir d'une telle induction etc.»), interprète l'ἐπαγωγή en référence aux sciences déjà mentionnées[2]. On peut trouver une interprétation semblable chez Apostle[3]. Ross (p. 352) pense que cela est impossible et interprète le mot comme «the leading on of the mind». De même Kirwan[4]. J'ai traduit ἐπαγωγή par «induction», pour respecter la tradition, mais je pense que, dans ce passage, il faut donner à ce mot la signification très large d'action d'amener (ἐπάγειν), c'est-à-dire de procédé, de manière à y inclure aussi bien la sensation que la position d'une hypothèse.

Quant à «quelque autre mode de clarification», il est intéressant de noter que le pseudo-Alexandre et Thomas d'Aquin, suivis par plusieurs interprètes modernes, pensent que la tâche d'éclairer les principes des sciences particulières appartient à la philosophie première, c'est-à-dire à la métaphysique[5]. La même opinion avait été avancée par Simplicius et Jean

1. W. Christ, *Aristotelis Metaphysica*, Leipzig, Teubner, 1886 (nouv. éd. 1895), app. crit.

2. Il semble que le même ordre, ou un ordre semblable, se trouvait dans le texte perdu dont dépend la traduction arabe de Astat, utilisée par Averroès dans son commentaire (*cf.* Averroès, *Tafsir ma ba'd at-tabi'at* ou «Grand Commentaire de la *Métaphysique* d'Aristote», texte arabe inédit, établi par le père M. Bouyges, S.J., *Notice*, Beyrouth, Imprimerie Catholique, 1952, p. CLXVI, *ad* 698, 5 [18]).

3. Aristotle's *Metaphysics*, translated with Commentary and Glossary by H. Apostle, Bloomington-London, Indiana University Press, 1966. Apostle écrit: «The induction is this: just as these sciences do not demonstrate the whatness or the *substance* of their subject, so no other science does; but there is another way of revealing, though not demonstrating, these» (p. 318, note 7).

4. C. Kirwan, «Further Comments (1992)», in Aristotle, *Metaphysics, op. cit.*, p. 184.

5. Alexandri *in Metaph.*, *op. cit.*, p 443, 1-2; S. Thomae Aquinatis *in duodecim libros Metaphysicorum Aristotelis expositio*, éd. M.-R. Cathala, R. M. Spiazzi, Torino-Roma,

Philopon dans leurs commentaires à la *Physique*[1]. Cela va, à mon avis, contre l'autonomie des sciences particulières, affirmée par Aristote dans les *Analytiques postérieurs*, où il dit que les principes propres de chaque science sont indémontrables, c'est-à-dire ne peuvent être démontrés par quoi que ce soit (I 3, 72b18-25). Sur ce sujet, je renvoie au livre de Treptow et à un article de Gomez Lobo qui réfutent de manière très convaincante cette interprétation[2]. Par conséquent l'«autre mode de clarification» doit être ou bien la dialectique, qui en *Top.* I 2, 101b2-4, est dite ouvrir l'accès aux principes de toutes les disciplines, ou bien l'intellect (νοῦς), qui en *An. Post.* II 19, 100b6-12 et en *Eth. Nic.* VI 6, 1141a7-8 est considéré comme une ἕξις, c'est-à-dire comme une habitude, comme la possession des principes. On peut réconcilier les deux interprétations en admettant que la dialectique est une introduction à l'intellect[3].

1025b16-18 : «De même ces sciences ne discutent pas non plus si le genre dont elles s'occupent existe ou n'existe pas, parce qu'il appartient au même type de pensée rationnelle de rendre claire aussi bien l'essence que l'existence».

Marietti, 1964, c. 1149 (je garde la numérotation des commentaires de l'édition Cathala-Spiazzi, après en avoir vérifié le texte par celle électronique : Sancti Thomae de Aquino *Sententia libri Metaphysicae*, Textum Taurini 1950 editum ac automato translatum a R. Busa S.J. in tenias magneticas denuo recognovit E. Alarcón atque instruxit, http://www.corpusthomisticum.org); J. Zabarella, *In duos Aristotelis libros Posteriorum Analyticorum Commentarius*, Venetiis 1582, p. 44 ; P. Fonseca, *Commentariorum in Metaphysicorum Aristotelis Stagiritae libros tomus III*, Hildesheim, Olms, 1964 (1 re éd. 1615), p. 2 ; H. Bonitz, *Commentarius, op. cit.*, p. 281 ; V. Décarie, *L'objet de la métaphysique selon Aristote*, Montréal-Paris, Vrin, 1961, p. 213 ; J. Moreau, *Aristote et son école*, Paris, P.U.F., 1962, p. 75-76 ; J. Owens, *The Doctrine, op. cit.*, p. 287-296 : T. Calvo dans Aristóteles, *Metafísica*, introducción, traducción y notas de T. Calvo Martínez, Madrid, Editorial Gredos, 1994, p. 266, note 2, qui cependant souligne le procédé dialectique, dans le sens aristotélicien du terme, employé par la métaphysique à ce propos.

1. Simplicii *in Aristotelis Physicorum libros quattuor priore commentaria (CAG* IX), edd. H. Diels, Reimer, Berlin, 1882, p. 15, 29-16, et ; Ioannis Philoponi *in Aristotelis Physicorum libros tres priore commentaria (CAG* XVI), edd. H. Vitelli, Reimer, Berlin 1887, p. 27,28-28, 5.

2. E. Treptow, *Der Zusammenhang, op. cit.*, p. 25-36 ; A. Gomez Lobo, « Aristotle's First Philosophy and the Principles of Particular Disciplines. An Interpretation of *Metaph.* E, 1, 1025 b 10-18 », *Zeitschrift für philosophische Forschung*, 32, 1978, p. 183-194. On retrouve la même interprétation chez Seidl, dans Aristoteles, *Metaphysik, op. cit.*, p. 417.

3. Selon Zanatta, dans Aristotele, *Metafisica, op. cit.*, p. 973-974, le physicien procède à la recherche de l'essence selon la méthode de division ou d'analyse illustrée par Aristote en *Phys.* I 1. Mais Aristote vient de dire que les sciences particulières ne disent rien de l'essence de leur objet et cela vaut pour la physique aussi.

Admettre l'existence du genre qui fait l'objet d'une science, c'est-à-dire, comme le remarque Gomez Lobo, admettre que ce genre ne soit pas vide, mais contienne des objets[1], est l'autre principe, avec la définition de l'essence, qui est propre à la science en question. Les sciences particulières, nous dit Aristote, ne discutent pas (à la lettre « ne disent rien », où « dire », λέγειν, équivaut à produire un λόγος, une raison) de l'existence ou de la non existence de leurs objets, parce que celle-ci est objet du « même type de pensée rationnelle », c'est-à-dire de la même disposition de la raison, qui connaît l'essence, à savoir l'intellect (νοῦς). Je suppose que διάνοια équivaut ici à ἕξις τῆς διανοίας, « disposition de la pensée rationnelle », et, parmi les dispositions de la pensée rationnelle, comme il résulte de *Eth. Nic*, VI 3, il y a aussi le νοῦς, normalement traduit par « intellect »[2]. Puisqu'Aristote souligne le fait que les sciences particulières ne donnent aucune raison de l'existence de l'essence et de l'existence de leurs objets au cours d'une distinction entre ces sciences et la science de l'être en tant qu'être, il semble naturel de penser que cette dernière, à la différence de celles-là, donne quelque raison de l'essence et de l'existence de son objet, c'est-à-dire de l'être. En effet, au livre Z, Aristote pose la question « qu'est-ce que l'être ? » (1028b4), la résout dans la question « qu'est-ce que la substance ? » et continue de discuter cette dernière. Et au livre Γ, il affirme qu'il appartient à la science de l'être en tant qu'être de discuter aussi des principes communs à toutes les sciences, c'est-à-dire le principe de non contradiction et le principe du tiers exclu (3, 1005a19-b 2). C'est pour cette raison que la « sagesse » (σοφία), qui coïncide avec la science de l'être en tant qu'être, en *Eth. Nic*. VI 7, 1141a19-20, est dite être en même temps science et intellect (νοῦς καὶ ἐπιστήμη). Mais Aristote ne dit nulle part que la science de l'être en tant qu'être doive démontrer l'existence des objets des autres sciences. Certes, en les étudiant « en tant qu'êtres », elle établit quel type d'être leur appartient, ou dans quelle catégorie ils entrent, par exemple s'ils sont des substances ou bien des accidents. À cet égard, Treptow a dit que la science de l'être en tant qu'être établit le « caractère de réalité » (*Realitätscharakter*) de l'objet des autres sciences, leur « rang de réalité » (*Realitätesrang*), ou « qualité de réalité

---

1. *Ibid.*
2. Comme le souligne M. Narcy, « Philosophie première, héritage ou reniement du platonisme ? », dans Aristote, *Métaphysique* Gamma : *Édition, traduction, études*, introduction, texte grec et traduction par M. Hecquet-Devienne, Onze études réunies par A. Stevens, Louvain-la-Neuve, Peeters, 2008, p. 375, note 24, Aristote considère sans portée la distinction entre *dianoia* et *noesis* (ou *nous*), au moins en *Metaph*. Γ 7, 1012a2-3, où il dit : « tout le dianoétique et le noétique, la *dianoia* ou bien l'affirme ou bien le nie ».

(*Realitätesbeschaffenheit*)[1], non par une démonstration, mais par l'« autre mode de clarification » mentionnée au dessus.

En effet, comme nous l'avons déjà remarqué, dans la *Physique* Aristote donne une définition de l'objet de la physique, c'est-à-dire de la nature, en disant qu'elle est constituée par toutes les choses qui ont en elles-mêmes le principe du mouvement et de l'arrêt (*Phys.* II 1, 192b8-14), définition qui, comme il le dit ailleurs, doit être présupposée, parce qu'elle résulte de l'induction (*Phys.* I 2, 185a12-14). Pour ce qui concerne l'existence de la nature, c'est-à-dire de l'objet de la physique, Aristote affirme qu'il serait ridicule de s'employer à le montrer, parce qu'il est évident qu'il existe beaucoup d'êtres de ce genre (*Phys.* II 1, 193a3-4). Donc la physique, à la rigueur, ne discute ni l'essence ni l'existence de son objet, comme il résulte du passage en question. Elle devra, au contraire, rechercher l'essence et les propriétés des êtres particuliers qui forment la nature, c'est-à-dire les corps, les plantes, les animaux et leurs parties, comme Aristote le dira dans la suite.

À propos de l'affirmation qu'« il appartient au même type de pensée rationnelle de rendre claire aussi bien l'essence que l'existence », on peut trouver des analyses intéressantes dans l'œuvre posthume de Owens, où il signale la différence entre la position d'Aristote et celle de Thomas d'Aquin. Tandis que, pour ce dernier, l'essence est connue par une simple appréhension conceptuelle et que l'existence, au contraire, est l'objet d'un jugement, parce qu'elle est ajoutée à l'essence de l'extérieur, ou bien par l'acte créateur de Dieu, pour Aristote la connaissance de l'essence d'une chose implique aussi la connaissance de son existence, parce que l'existence n'est pas ajoutée de l'extérieur, mais elle appartient à l'essence comme la manière d'être qui lui est propre. Aristote connaît la distinction entre essence et existence, qu'il exprime ou moyen de la distinction entre la question « qu'est ce qu'une chose est » (τί ἐστιν) et « si cette chose est » (εἰ ἔστιν), mais il ne les considère pas comme des choses indépendantes l'une de l'autre, de sorte qu'« il appartient au même type de pensée rationnelle de rendre claire aussi bien l'essence que l'existence »[2].

Il faut enfin noter qu'en disant que les sciences particulières ne donnent aucune raison ni de l'essence ni de l'existence de leur objet, Aristote entend les opposer à la science de l'être en tant qu'être, qui, par conséquent, doit

---

1. E. Treptow, *Der Zusammenhang*, *op. cit.*, p. 68 et p. 83. On peut trouver la même interprétation dans la dissertation, non encore publiée, de Heike Sefrin-Weis, *Homogeneity in Aristotle's Metaphysics*, soumise à la Faculté des Arts et Sciences de l'Université de Pittsburg en 2002, p. 292-295.

2. J. Owens, *Aristotle's Gradations*, *op. cit.*, p. 39-54.

être conçue comme traitant aussi bien de l'essence que de l'existence de son propre objet, c'est-à-dire de l'essence et de l'existence de l'être en tant qu'être. Or, cela correspond à ce qu'Aristote fera au livre Z de la *Métaphysique*, qui suit immédiatement le livre E que nous sommes en train de commenter. En effet, au début du livre Z, après avoir rappelé que l'être a plusieurs significations, dont la première est la substance, Aristote affirme que la question « qu'est-ce que l'être ? » équivaut à la question « qu'est-ce que la substance ? », et que, par conséquent, « il nous faut, nous aussi, étudier surtout, d'abord et pour ainsi dire exclusivement, concernant l'être pris en ce sens, ce qu'il est » (1028b2-7, trad. Duminil-Jaulin). Donc la science de l'être en tant qu'être recherche effectivement ce qu'est l'être, c'est-à-dire l'essence de son objet, et puisque la connaissance de l'essence implique celle de l'existence, on peut dire qu'elle donne raison en même temps de son existence. Cela la distingue de toutes les sciences particulières. Mais, puisque la définition de l'essence et l'assomption de l'existence selon les *Analytiques postérieurs* forment les principes propres des sciences, on peut dire que la science de l'être, à la différence des autres sciences, rend raison de ses propres principes [1].

En conclusion de ce même livre Z, Aristote dira que l'essence de la substance consiste dans l'« être essentiel » (τὸ τί ἦν εἶναι), c'est-à-dire dans la forme (τὸ εἶδος), une forme qui est toujours la forme d'une matière, mais qui de par soi est simple, et qui, en tant que telle, n'est pas objet d'enseignement, c'est-à-dire de démonstration, mais est l'objet d'un « autre mode de recherche » (Z 17, 1041a28, b7-11), de même qu'en *Metaph.* E 1, l'essence est dite être l'objet d'un « autre mode de clarification » (1025b14-16). Cette forme, toujours au livre Z, sera dite « cause première de l'être » (1041b28) et « non élément, mais principe » (1041b31) ; elle fait donc partie des principes et des causes premières de l'être en tant qu'être. Mais la forme n'est pas le seul principe ni la seule cause première de l'être en tant qu'être, parce qu'elle n'est que la première cause formelle, en plus de laquelle on doit chercher la première cause matérielle, la première cause motrice et la première cause finale. Ces derniers types de cause sont surtout traités au livre Λ, qui cependant ne les présente pas comme des principes de l'être, mais directement comme des principes de la substance (chapitres 2-5 et 6-10). De cette manière, on peut voir comment la science de l'être, à la différence des autres sciences, cherche et trouve les principes de son objet, conçus aussi bien comme des principes ontologiques, c'est-à-dire comme des êtres, que comme des principes épistémologiques, c'est-à-dire comme des énoncés premiers.

---

1. C'est aussi la thèse, me semble-t-il, de Bell, *Metaphysics, op. cit.*, p. 120 et 145.

1025b18-21 : « Puisque la science physique aussi se trouve porter sur un certain genre de l'être (elle porte en effet sur une substance telle que le principe du mouvement et du repos est présent en elle-même), il est clair qu'elle n'est ni pratique ni productrice ».

Dans ce passage, Aristote se propose de montrer que la physique est une science théorétique, c'est-à-dire une science qui n'a comme fin que la connaissance de la vérité (voir *Metaph.* α 1, 993b21-22). L'adjectif « théorétique » dérive du substantif θεωρία, qui signifie « étude », « recherche » ayant comme but la seule connaissance. La disposition à la simple connaissance, qui s'exprime dans la θεωρία, concerne les objets qui ne dépendant pas de l'homme, par rapport auxquels l'homme ne peut qu'être dans une attitude de connaissance. Par rapport, au contraire, aux objets qui dépendent de lui, l'homme peut assumer une attitude différente, qui, tout en impliquant une forme de connaissance, et même de science, c'est-à-dire de connaissance des causes, n'a pas comme but la connaissance, mais tend à une sorte d'intervention humaine. Cette dernière peut consister dans des actions qui ne donnent pas lieu à des objets différents d'elles, c'est-à-dire les πράξεις, et, dans ce cas, la science qui les concerne est une science « pratique », ou bien dans la production (ποίησις) d'objets différents, et, dans ce cas, la science qui les concerne est une science « poïétique » ou « productrice ». La physique porte sur les objets « physiques », qui font partie de la nature (φύσις) conçue comme réalité indépendante de l'homme, et qui se meuvent, selon toutes les formes possibles de changement, d'eux-mêmes. Aristote caractérise ces objets en disant qu'ils ont en eux-mêmes le principe, c'est-à-dire la cause, de leur mouvement (voir *Phys.* II 1, 192b8-14). Il s'agit, par exemple, des éléments matériels (eau, air, terre, feu), ou des plantes, ou des animaux, y compris l'homme. La physique ne tend qu'à les connaître, c'est-à-dire à les étudier, à en chercher les causes ; par conséquent elle est une science théorétique.

1025b22-24 : « (en effet le principe des <sciences> productrices est dans celui qui produit, que ce soit l'intellect, ou l'art ou quelque capacité, et celui des <sciences> pratiques est dans celui qui agit, c'est-à-dire qu'il est le choix, parce que l'objet de l'action et l'objet du choix sont le même) ».

Je préfère, avec Bekker, Schwegler, Bonitz et Christ, garder la version des manuscrits les plus anciens, qui a été lue par tous les commentateurs anciens et médiévaux, parce que celle de A[b], préférée par Ross et Jaeger[1], a l'air d'être une amélioration du texte[2]. En effet, comme le pseudo-Alexandre l'avait déjà remarqué[3], Aristote, en disant que le principe des sciences productrices est dans celui qui produit, c'est-à-dire dans l'homme, que ce soit son intellect, ou son art, ou quelque autre de ses capacités, veut dire que ces sciences portent sur des objets produits par l'homme. De manière analogue, en disant que le principe des sciences pratiques est le choix, qui est également dans l'homme, il veut dire que ces sciences portent sur les actions humaines. Pour le statut ontologique des actions et des productions, tous les commentateurs renvoient à *Eth. Nic.* VI 4, 1140a1-6, où Aristote dit que toutes les deux, actions et productions, font partie des choses qui peuvent être autrement qu'elles ne sont, c'est-à-dire qui sont contingentes, parce qu'elles dépendent de l'homme. Pour la différence entre action et production, voir *Eth. Nic.* I 1, 1094a3-6, où Aristote dit que la production a comme fin l'objet produit, tandis que l'action a comme fin sa propre perfection, c'est-à-dire l'agir bien (εὐπραξία), et surtout *Eth. Nic.* VI 3, 1139b1-5, où il propose la même distinction, en ajoutant que, dans les deux cas, celui de l'action et celui de la production, le principe, c'est-à-dire la cause, est l'homme. Dans ce même passage, Aristote dit que l'action s'accomplit par le choix (προαίρεσις), qui est une sorte d'union de raison et de désir.

1025b25-28 : « Par conséquent, si toute <forme de> pensée rationnelle est ou pratique, ou productrice, ou théorétique, la physique sera une <forme de pensée> théorétique, mais théorétique à propos d'un être tel qu'il est capable de se mouvoir, et seulement à propos d'une substance conforme au discours qui vaut dans la plupart des cas en tant que non séparée ».

J'ai interprété l'expression πᾶσα διάνοια comme signifiant toute forme de pensée rationnelle, c'est-à-dire toute forme de science participant plus ou moins de la pensée rationnelle, parce qu'Aristote vient de parler des

1. W. Jaeger, *Aristotelis Metaphysica*, recognovit brevique adnotatione critica instruxit, Oxford, Clarendon, 1963 (1re éd. 1957).
2. E. Martineau, « De l'inauthenticité », *op. cit.*, p. 462, note 33, pense au contraire que la version de E et J, plus anciens, est une correction apportée à l'archétype. Je me demande comment cela peut être le cas, étant donné que la version de A[b] est sans doute plus claire et plus exacte. En effet, le producteur est directement principe des produits et seulement d'une façon indirecte principe de la science qui les concerne. D'ailleurs, Aristote était en train de parler des sciences, ce qui explique la version de E et J.
3. Alexandri *in Metaph.*, *op. cit.*, p. 443, 45-46.

sciences plus ou moins rationnelles. Cette classification tripartite des sciences n'est présentée qu'ici et dans le passage parallèle du livre K (7, 1064a16-17); le passage des *Topiques*, où elle est traditionnellement retrouvée (VI 6, 145a15-16), a été récemment édité de manière à présenter seulement la classification bipartite entre sciences théorétiques et sciences poïétiques, ce qui me semble tout à fait justifié[1]. Cette dernière classification est mentionnée aussi en *Metaph.* A 1, 982a1; Λ 9, 1075 a 2-3; *Eth. Eud.* I 6, 1216b11-17; *Protreptique* fr. 69 Düring; tandis qu'ailleurs on trouve une classification, également bipartite, mais entre des sciences théorétiques et des sciences pratiques (*Metaph.* α 1, 993b20; *DA* I 3, 407a23-25). Il est probable, comme l'a supposé Mansion, que la classification bipartite soit plus ancienne, parce qu'elle ne tient pas compte de la distinction entre πρᾶξις et ποίησις, introduite par Aristote en *Eth. Nic.* VI 4, 1140a1-7, et *Pol.* I 4, 1254a5[2]. Cela est confirmé du fait qu'on retrouve la classification tripartite en *Eth. Nic.* VI 2, 1139a26-27, même si, dans ce passage, elle semble concerner, plus que les sciences, les dispositions de la raison.

Quant à « la substance selon le discours qui vaut dans la plupart des cas », j'interprète le texte d'une manière un peu différente des commentateurs. Asclépius (p. 360, 26-27), en effet, interprète l'expression τὴν οὐσίαν τὴν κατὰ τὸν λόγον comme faisant allusion à la forme (εἶδος), et il en conclut que la physique porte toujours sur la forme, mais sur une forme qui n'est pas séparée de la matière; le pseudo-Alexandre (p. 442, 36-443,1) pense lui aussi que l'οὐσία en question est la forme, mais il interprète l'expression ὡς ἐπὶ τὸ πολύ au sens où la physique porterait sur la forme « dans la plupart des cas », c'est-à-dire pas toujours; après (p. 444, 8-15), il explique que οὐ χωριστὴν μόνον équivaut à μόνον οὐ χωριστήν, « seulement non séparée »[3]. Sur ce dernier point, le pseudo-Alexandre a rencontré l'accord de Bonitz (p. 282-283), Ross (p. 354) et Jaeger (app. crit.), tandis que, sur le premier, il a obtenu l'accord de Tricot et de Reale[4]. Une interprétation différente du premier point a été donnée par Duminil et

---

1. Aristote, *Topiques*, tome II, Livres V-VIII, texte établi et traduit par J. Brunschwig, Paris, Les Belles Lettres, 2007, p. 234.

2. A. Mansion, « Philosophie première, philosophie seconde et métaphysique chez Aristote », *Revue philosophique de Louvain*, 56, 1958, p. 165-221 (réimpr. dans P. Aubenque *et al.*, *Études aristotéliciennes, op. cit.*, p. 53-109).

3. Pseudo-Philopon aussi, *Expositiones, op. cit.*, p 24 recto, nous explique qu'Aristote semble dire « non seulement séparable » (*non separabile solum*), mais cela n'est pas vrai, parce que la physique porte seulement sur la substance inséparable (*circa substantiam solam inseparabilem*).

4. J. Tricot, Aristote, *La Métaphysique, op. cit.*, p. 330, note 1; G. Reale, Aristotele, *Metafisica*, Saggio introduttivo, testo greco con traduzione a fronte e commentario, Milano, Vita e pensiero, 1993 (1ʳᵉ éd. Napoli, Loffredo, 1968), vol. III, p. 295-296.

Jaulin, qui traduisent « la physique [...] étudiera [...] une substance, celle qui est de l'ordre du plus fréquent »[1], ce qui signifie, il me semble, que la physique étudie une substance qui ne se comporte pas toujours de la même manière, mais seulement le plus souvent, ou dans la plupart des cas.

Je suis d'accord avec cette dernière interprétation, qui est cohérente avec ce qu'Aristote avait dit plus haut sur la manière de démontrer moins nécessaire et plus souple qui caractérise la physique. En outre, il n'y a pas de sens à dire, comme le font le pseudo-Alexandre et plusieurs traducteurs modernes, que la physique porte le plus souvent sur la forme (Tricot[2]), ou le plus souvent sur la forme non séparée de la matière (Barnes[3]), car elle porte toujours sur la forme, et toujours sur la forme non séparée de la matière, comme Aristote le dira dans la suite[4]. Je ne suis pas d'accord, en revanche, avec Duminil et Jaulin, ni avec le pseudo-Alexandre, Bonitz, Ross et Jaeger sur le fait que οὐ χωριστὴν μόνον constitue une précision supplémentaire à propos de l'objet de la physique, c'est-à-dire à propos de la substance qui se comporte d'une certain manière le plus souvent, consistant à dire que celle-ci n'est pas séparée de la matière. Cette précision n'est pas nécessaire et risque d'opposer la substance « non séparée » de la matière à la substance conforme au discours qui vaut dans la plupart des cas, opposition qui n'a aucune raison d'être. Pour cette raison je préfère référer le μόνον final, qui reste étrange et révèle une rédaction négligée[5], à toute la description de la substance qui fait l'objet de la physique, d'autant plus que les manuscrits les plus dignes de foi (E et T), suivis par Ross, gardent l'expression ὡς οὐ χωριστὴν, « en tant que non séparée », qui explique ὡς ἐπὶ τὸ πολύ.

1025b28-1026a5 : « Mais il ne faut pas négliger de quelle sorte sont l'être essentiel et le discours <qui l'exprime>, parce que chercher sans du moins <prêter attention à> cela équivaut à ne rien faire. Parmi les objets de la définition et les essences, quelques uns existent ainsi comme le camus et

---

1. M.-P. Duminil et A. Jaulin, Aristote, *Métaphysique*, Présentation et traduction, Paris, Flammarion, 2008.

2. Aristote, *La Métaphysique*, *op. cit.*, p. 329-330 : « théorétique de la substance, et, le plus souvent, de la substance formelle mais non séparée de la matière ». Dans la note 1, p. 330, Tricot dit que la physique « plus ordinairement étudie la substance formelle et la forme ».

3. *The Complete Works of Aristotle*, The Revised Oxford Translation edited by J. Barnes, Princeton, Princeton University Press, 1984, II, p. 1620 : « only about that kind of substance which in respect of its formula is for the most part not separable from matter ».

4. J'ai trouvé la même interprétation dans la dissertation de Heike Sefrin-Weis, *Homogeneity*, *op. cit.*, p. 297-299.

5. *Cf.* A. Mansion, « L'objet de la science », *op. cit.*, p. 152-153.

quelques autres comme le concave. Ceux-ci sont différents, parce que le camus est pris avec la matière (le camus en effet est un nez concave), tandis que la concavité est sans matière sensible. Si donc tous les objets physiques se disent de la même manière que le camus, par exemple le nez, l'œil, le visage, la chair, l'os, en somme l'animal, et la feuille, la racine, l'écorce, en somme la plante (la définition d'aucun d'eux, en effet, n'est sans <référence au> mouvement, mais elle contient toujours <une référence à> la matière), la façon dont on doit chercher l'essence dans les choses physiques et <les> définir est claire».

C'est à ce point, et non avant, qu'Aristote commence à parler de la forme, l'indiquant par l'expression τὸ τί ἦν εἶναι, que j'ai traduite par «l'être essentiel», afin de la distinguer de τὸ τί ἐστιν, que j'ai traduit par «l'essence»[1]. Les deux expressions, comme il est bien connu, ont été introduites par Aristote; littéralement, elles signifient respectivement «ce que c'était qu'être (quelque chose)», par exemple être homme, et «ce que c'est» une chose, par exemple un homme. Elles ont presque la même signification, c'est-à-dire qu'elles indiquent toutes les deux l'essence, à savoir la réponse à la question «qu'est-ce que?», avec la seule différence que la première, en employant l'imparfait, souligne la permanence de l'essence, ou, peut-être, l'antériorité de la question par rapport à la réponse. Le discours qui exprime l'être essentiel est évidemment la définition. Or la définition de certaines essences, par exemple «camus», contient une référence à la matière, dans ce cas, le nez, tandis que la définition de certaines autres, par exemple «concave», ne la contient pas. Les définitions employées par la physique sont comme celle du camus, c'est-à-dire qu'elles impliquent une référence à la «matière sensible», qui s'accompagne toujours du mouvement. Aristote précise cela pour les distinguer des définitions employées par les mathématiques, qui sont comme celle du concave, au sens où elles ne contiennent aucune référence à la matière sensible. Sur l'interprétation de ce passage tous les commentateurs sont d'accord. Presque tous renvoient aux autres passages où Aristote emploie l'exemple du camus et du concave (*Phys.* II 2; *Metaph.* Z 5 et 11; *DA* III 4). Ross (p. 354) signale la différence entre matière sensible (ὕλη αἰσθητή) et matière intelligible (ὕλη νοητή), mentionnée en *Metaph.* Z 10, 1036a9, où la matière intelligible est celle des objets mathématiques. Ross interprète cette matière intelligible comme une extension, mais l'extension est présente seulement pour les objets de la géométrie, tandis

---

1. J'accepte, à ce propos, une suggestion de Owens, *Aristotle's Gradations, op. cit.*, p. 63-64.

que les objets de l'arithmétique, c'est-à-dire les nombres, pouvant être plusieurs de la même forme (par exemple plusieurs nombres 2, ou plusieurs nombres 3), doivent avoir eux aussi, du point de vue d'Aristote, une certaine matière, qui ne peut pas être sensible. L'exemple du camus a été discuté à fond par Suzanne Mansion, qui l'a critiqué, parce qu'il donne l'impression, à son avis, que les définitions dont s'occupe la physique, comme justement celle du camus, sont des définitions de type mathématique, comme celle du concave, avec en plus une référence à la matière, tandis qu'en réalité la physique s'occupe de définitions de type qualitatif ou qui concernent la cause finale [1]. Jaulin, au contraire, pense que l'exemple du camus et du concave sert à distinguer la manière de définir propre à la physique de celle qui est propre à la philosophie première (qui sera mentionnée plus loin) [2]. Cela pourrait être le cas dans les autres passages de la *Métaphysique* où Aristote emploie cet exemple sans parler des mathématiques, mais il me semble que, dans notre passage, qui caractérise la manière de définir propre à la physique avant de passer à celle propre à la mathématique, et qui oppose le camus, objet de la physique, au concave, objet d'une science mathématique telle que la géométrie des solides (stéréométrie), la fonction de l'exemple est d'illustrer la différence entre physique et mathématique, comme d'ailleurs en *Phys.* II 2, 194a6-13, où cependant le camus est opposé non au concave, mais au « courbe ».

1026a5-6 : « et pourquoi, même à propos de quelque <type d'> âme, celle qui n'est pas sans matière, la recherche en appartient au physicien ».

La physique s'occupe de l'âme aussi, ou bien de certains types d'âme, c'est-à-dire de l'âme des plantes et des animaux, qui, pour Aristote, est toujours la forme d'une matière (voir *DA* II 1). Pour cette raison, je garde la version des manuscrits (ἐνίας), sans accueillir la suggestion de Jaeger (ἔνια) qui, en renvoyant à *PA* I 1, 641b9-10, introduit la notion de « parties » de l'âme. Quant à l'existence d'un autre type d'âme, capable d'exister sans matière, Aristote dans ce passage ne l'admet ni ne l'exclut, montrant la même incertitude ici que dans le *De anima*. Cela n'a pas empêché les commentateurs de lui attribuer une réponse affirmative à cette question. Asclépius (p. 362, 25-28) n'hésite pas à voir dans ce passage une allusion à l'immortalité de l'âme rationnelle ; le pseudo-Alexandre (p. 445, 11-13) y voit une allusion à l'âme rationnelle ; Thomas d'Aquin (c. 1159)

---

1. S. Mansion, « Tὸ σιμόν et la définition physique », dans I. Düring (hrsg.), *Naturphilosophie bei Aristoteles und Theophrast*, Heidelberg, Stiehm, 1969, p. 124-132.
2. A. Jaulin, *Eidos et ousia, op. cit.*, p. 81-82.

est plus prudent, employant le conditionnel (*si qua anima potest a corpore separari*); même prudence chez Bonitz (p. 283), tandis que Ross y voit une allusion à l'intellect qui vient « du dehors » (*GA* II 3, 736b27, passage qui est d'ailleurs de signification controversée). Tricot (p. 331, n. 2) et Reale (p. 296) parlent tous les deux de l'intellect.

En tout cas, il faut remarquer que, même à propos de l'âme, qui est déjà pour son compte une forme, Aristote souligne qu'il appartient à la physique de s'en occuper seulement si elle n'est pas sans matière. Cela confirme que la physique ne s'occupe que des formes matérielles, non « le plus souvent », mais toujours[1]. Donc la différence entre la physique et les autres sciences ne consiste pas dans le fait que la physique s'occupe « le plus souvent » de formes matérielles, comme il résulte de la plupart des traductions, mais dans le fait qu'elle s'occupe toujours de formes matérielles, comme le camus, tout en les traitant selon un procédé qui vaut « le plus souvent », c'est-à-dire qui admet des exceptions.

1026a6-10 : « Que donc la physique soit <une science> théorétique, c'est manifeste à partir de ce qu'on a dit. Mais la mathématique aussi est <une science> théorétique; mais, qu'elle soit <science> d'objets immobiles et séparés, pour le moment, ce n'est pas clair, et toutefois il est clair que certaines sciences mathématiques étudient <leurs objets> en tant qu'immobiles et en tant que séparés ».

Aristote introduit ici la différence entre la physique et la mathématique : la physique s'occupe d'objets mobiles et non séparés de la matière, la mathématique s'occupe d'objets qui sont traités par elle comme s'ils étaient immobiles et séparés de la matière, même s'il n'est pas clair qu'ils le soient réellement ou non. En réalité, comme il résulte de *Metaph.* M 3, Aristote pense que les objets des mathématiques ne sont pas séparés de la matière, mais il dit ici que cela n'est pas clair, parce que les Académiciens les considéraient comme séparés.

Ce qu'Aristote appelle « la mathématique » embrasse en réalité plusieurs disciplines, l'arithmétique, qui s'occupe des nombres, la géométrie, qui s'occupe des grandeurs, et les mathématiques appliquées, c'est-à-dire l'harmonique, l'optique, la mécanique et l'astronomie, qui appliquent les calculs de l'arithmétique et les figures de la géométrie à des objets sensibles, tels que les sons, les corps terrestres et les astres. L'expression ἔνια μαθήματα a été interprétée par certains comme le sujet

---

1. Cela a été bien souligné par M. Peramatzis, *Priority in Aristotle's Metaphysics*, Oxford, Oxford University Press, 2011, p. 99-101.

de θεωρεῖ, et, dans ce cas, elle signifie «certaines mathématiques» (Asclépius, Ross, Apostle, Tricot, Kirwan, Reale), et par d'autres comme son objet, et, dans ce cas, elle signifie «certains objets mathématiques» ou «certaines vérités mathématiques» (pseudo-Alexandre, Thomas d'Aquin, Bonitz, Jaeger, Martineau, Duminil-Jaulin). Mais Bonitz renvoie à la ligne 14, où Aristote se réfère à certaines branches de la mathématique, ce qui pour Ross signifie que le mot est sujet; Jaeger a des doutes sur la signification du mot comme θεωρήματα («vérités mathématiques»). Quant à Martineau, il interprète μαθήματα comme objet, mais il remarque que, dans ce cas, le mot correct aurait dû être μαθηματικά, et par conséquent il le considère comme un signe de l'inauthenticité du livre E[1]. Puisque μαθήματα effectivement indique des disciplines, non des objets, et puisqu'Aristote reprend la même notion à la ligne 14, je préfère le considérer comme sujet. Pour une fois, je suis donc d'accord avec Asclépius, selon lequel les branches de la mathématique qui étudient leurs objets comme immobiles et séparés sont les mathématiques «pures», c'est-à-dire l'arithmétique et la géométrie, tandis que les autres, c'est-à-dire les mathématiques appliquées, ne le font pas.

Enfin, je ne partage pas la correction proposée par Schwegler et approuvée par Reale à la ligne 9 (μὴ χωριστά au lieu de ᾗ χωριστά), due à la supposition qu'ici Aristote expose sa propre conception des objets mathématiques[2], tandis qu'il est en train d'exposer la manière selon laquelle les mathématiciens étudient ces objets. Je trouve parfaitement convaincant le commentaire de Ross (I, p. 355), suivi par Tricot (I, p. 331) et Kirwan (p. 187).

1026a10-16: « Si d'ailleurs il existe quelque chose d'immobile, éternel et séparé, il est manifeste qu'il appartient à une <science> théorétique de le connaître, cependant non à la physique (parce que la physique porte sur des objets mobiles), ni à la mathématique, mais à une <science> antérieure à toutes les deux. La physique, en effet, porte sur des objets inséparés mais non immobiles, certaines branches de la mathématique <portent> sur des objets immobiles et, probablement, non séparés, mais comme dans la matière, et la <science> première, de son côté, <porte> aussi sur des objets séparés et immobiles.

1. E. Martineau, *De l'inauthenticité*, *op. cit.*, p. 458-459.

2. A. Schwegler, *Die* Metaphysik *des Aristoteles*, Grundtext, Übersetzung und Commentar, Frankfurt a. M., Minerva, 1960 (1 re éd. Tübingen, Fues, 1847-1848), p. 14-16; G. Reale, Aristotele, *Metafisica*, *op. cit.*, vol. III, p. 296, note 12.

La comparaison entre la physique, qui s'occupe d'objets non séparés de la matière et mobiles, et la mathématique, qui s'occupe d'objets considérés en tant que séparés de la matière et immobiles, bien que, selon Aristote, ils ne le soient pas vraiment, conduit le philosophe à poser la question de savoir s'il existe quelque chose d'immobile et séparé et, dans le cas où cela existe, à quelle science il appartient de s'en occuper. Tous les commentateurs pensent que, de cette façon, Aristote introduit une troisième science, la philosophie première, qui aurait comme objet les êtres immobiles et réellement séparés de la matière. Mais personne n'observe que, si cela était vrai, la science première ne pourrait nullement se comporter vis-à-vis de cet objet de la même manière que se comportent la physique et la mathématique vis-à-vis des leurs. Toutes les sciences, en effet, comme Aristote l'a dit au début du chapitre, cherchent les causes et les principes de leurs objets, après avoir circonscrit le γένος ὑποκείμενον où ils sont compris ; d'un côté, elles établissent, par induction ou comme hypothèse, l'essence et l'existence de leurs objets et, de l'autre côté, elles déduisent de ces principes les propriétés essentielles des objets contenus dans ce genre. La physique et la mathématique font bien cela. Mais s'il y a des êtres immobiles et séparés, comment la philosophie première pourrait-elle en faire son objet ? De la même manière que la physique et la mathématique, c'est-à-dire en cherchant ses causes et ses principes et en déduisant ses propriétés ? Cela serait possible seulement si les êtres immobiles et séparés étaient les Idées et les nombres idéaux admis par Platon, ou les objets mathématiques réellement séparés admis par tous les Académiciens, parce que ces objets ont des principes, précisément l'Un et la Dyade indéfinie (cf. *Metaph.* A 6, 987b14-988a1). Si, au contraire, les êtres immobiles et séparés qu'Aristote envisage étaient les moteurs immobiles des cieux, comme tous les commentateurs le croient, alors il ne serait pas possible d'en rechercher les principes et de déduire de ces principes leurs propriétés, parce que, pour Aristote, les moteurs immobiles n'ont pas de principes, mais il sont eux-mêmes des principes, précisément des causes motrices premières. En somme, les êtres immobiles et séparés ne pourraient pas être le γένος ὑποκείμενον de la philosophie première. Aux lignes 10-13, au contraire, Aristote introduit les êtres immobiles et séparés sans aucune précision de caractère épistémologique, donnant ainsi l'impression qu'ils sont le γένος ὑποκείμενον de la philosophie première et provoquant de cette manière, comme nous le verrons tout de suite, la réaction de Natorp[1].

---

1. P. Natorp, « Thema und Disposition der aristotelischen *Metaphysik* », *Philosophische Monatshefte*, 24, 1888, p. 37-65 et 540-574.

Observons qu'à la ligne 1026a10 Aristote introduit, entre « immobile » et « séparé », l'adjectif « éternel », que le manuscrit A^b place avant les deux autres, probablement parce que plus général (les êtres éternels ne sont pas tous immobiles, comme le montre le cas des astres). Mais cet adjectif est justifié seulement comme conséquence de « immobile », parce que, comme le remarque Thomas d'Aquin, tous les êtres immobiles sont éternels[1]. Comment s'explique cette introduction d'un terme qui était absent de la comparaison entre physique et mathématique ? Probablement parce qu'Aristote est déjà en train de penser à ce qu'il dira aux lignes 1026a16-17, où il présentera les êtres immobiles et séparés comme éternels, en tant que causes d'êtres éternels (les astres). Cela montre qu'il ne considère pas ces êtres comme un simple γένος ὑποκείμενον, sur lequel la nouvelle science doit porter, mais qu'il les voit déjà comme des principes et des causes d'un autre genre sujet. Natorp, qui exclut la possibilité d'interpréter la philosophie première comme ayant pour γένος ὑποκείμενον les êtres immobile et séparés, interprète le εἰ de la ligne 10 comme dubitatif (en allemand *ob*) et le καί de la ligne 16 comme « aussi » (*auch*), au sens où la philosophie première ne s'occuperait pas seulement de ces êtres, mais d'eux aussi[2]. Je crois qu'il a raison, parce que si Aristote avait voulu dire que la philosophie première portait sur des objets aussi bien séparés qu'immobiles, comme il résulte de la plupart des autres traductions[3], il aurait dû insérer le καί de la ligne 16 après le περὶ, de manière à écrire περὶ καὶ χωριστὰ καὶ ἀκίνητα. Comme il ne l'a pas fait, il a voulu dire que la philosophie première porte aussi (καί), c'est-à-dire pas seulement, sur des êtres séparés et immobiles[4]. Ces derniers, comme nous les verrons, sont les moteurs immobiles des cieux, ou des astres, qui ne sont pas le seul objet de la philosophie première, parce que celle-ci, en tant que science de l'être en tant qu'être, c'est-à-dire en tant que connais-sance des causes premières de l'être, porte non seulement sur les premières causes motrices, à savoir les moteurs immobiles, mais aussi sur les premières causes matérielles, formelles et finales.

---

1. S. Thomae Aquinatis *in duodecim libros*, *op. cit.*, comm. 1162.

2. P. Natorp, « Thema und Disposition », *op. cit.*, p. 48-49.

3. Tricot : « la science première a pour objet des êtres à la fois séparés et immobiles » ; Duminil-Jaulin : « la science première traite d'objets à la fois séparables et immobiles » ; Barnes (*The Complete Works of Aristotle*) : « the first science deals with things which are both separable and immovable ». Kirwan fait exception : « the primary discipline will deal also with things separable and changeless ».

4. Cette remarque m'a été suggérée par la lecture de la dissertation de Heike Sefrin-Weis, *Homogeneity*, *op. cit.*, p. 305-309.

Dans le passage que nous sommes en train de commenter, Aristote introduit pour la première fois dans la *Métaphysique* l'expression « philosophie première », sous-entendant à la ligne 1026a16 le substantif « science » ou « philosophie », qui au contraire apparaîtra explicitement à la ligne 1026a24. Il s'agit de la première fois, parce que la science des causes premières présentée au livre A était appelée génériquement « sagesse » (σοφία) – la « première philosophie » mentionnée en *Metaph.* A 10, 99315-16, n'était première que dans le sens chronologique, puisqu'il s'agissait de la philosophie des Présocratiques dont Aristote a parlé au cours du livre A –; et la science de l'être en tant qu'être exposée au livre Γ est appelée seulement « philosophie » (1004b21-26), même si elle est sûrement l'objet de l'allusion à une « sagesse » qui est « première », par rapport à laquelle la physique n'est qu'une sagesse seconde (1005b1-2).

Les commentateurs anciens et médiévaux ont concentré leur attention sur les différences entre les objets des sciences mentionnées, observant que les objets de la philosophie première sont réellement séparés, tandis que les objets de la mathématique le sont seulement dans la pensée. Asclépius (p. 363, 15) dit que les premiers sont complètement (παντάπασι) séparés, Thomas d'Aquin (c. 1162) qu'ils le sont *secundum esse*, « selon l'être », tandis que les objets de la mathématique sont séparés *secundum rationem*, « selon la raison »; Bonitz (p. 284) dit que ces derniers sont séparés *cogitatione*, « dans la pensée », non *ipsa existentia*, non « dans l'existence même ». Cela introduit la notion d'abstraction, qui jouera un rôle fondamental dans la tradition de la classification des sciences. Tous sont d'accord sur le fait que « certaines branches de la mathématique » à la ligne 14 sont les mathématiques appliquées, et que le ἴσως, « peut-être », à la ligne 15 exprime une prudence révélatrice de la vraie pensée d'Aristote. Tous sont d'accord aussi sur le fait que l'antériorité de la science qui s'occupe des objets immobiles et séparés est due à la noblesse de ces objets par rapport à ceux de la physique et de la mathématique.

L'attention des commentateurs modernes de ce passage s'est arrêtée sur la correction proposée par Schwegler à la ligne 14 (χωριστά, « séparés », au lieu de ἀχώριστα, « inséparés »), qu'il justifie par l'opposition établie par ἀλλά, « mais », et qui l'oblige à donner à χωριστά une signification différente de celle de la ligne 1025b28, c'est-à-dire non « séparés de la matière », mais « indépendants ». Récemment Stephen Menn a observé que la correction attribuée à Schwegler se trouve déjà dans le célèbre essai de Karl Michelet sur la *Métaphysique* d'Aristote (1836), et qu'elle remonte probablement à Brandis, parce que celui-ci, tout en imprimant le texte des manuscrits dans son édition de la *Métaphysique* (1823), a collaboré à la traduction allemande de l'œuvre d'Aristote faite par E. W. Hengstenberg

(1824), où la correction est présente [1]. Cette correction a rencontré l'accord de Christ, Ross, Tricot, Jaeger, Cherniss, Merlan, Kirwan, Reale et Seidl, mais elle a été contestée par Apelt, Cousin, Gohlke, Trépanier, Owens, Wundt et Décarie. Selon ce dernier, la difficulté signalée par Ross (qu'il n'y pas d'antithèse entre « non séparés » et « non immobiles ») serait levée par une comparaison avec l'objet des mathématiques, qui est « immobile mais non séparé » : parmi les réalités non séparées, il y en a donc de mobiles et d'immobiles [2].

La critique faite par Décarie à Schwegler a convaincu Augustin Mansion aussi bien que Aubenque, Calvo, Barnes, Duminil et Jaulin, mais elle a conduit Mansion à voir dans le passage d'Aristote « une hiérarchie des sciences théoriques, caractérisées chacune par un objet de plus en plus dégagé de la matière – ce qu'on a appelé de façon très exacte, les trois degrés d'abstraction » [3]. En effet, on pourrait interpréter 1) la physique comme la science des objets matériels et mobiles, qui fait abstraction seulement de la matière individuelle, mais non de la matière sensible, 2) la mathématique comme la science des objets considérés en tant qu'immobiles et séparés, qui fait abstraction de la matière sensible, mais non de la matière intelligible ; et 3) la philosophie première comme la science des objets réellement séparés et immobiles, qui fait abstraction aussi bien de la matière sensible que de la matière intelligible. Nous aurions dans ce cas trois degrés d'abstraction et, en effet, la classification aristotélicienne des sciences théorétiques a été interprétée déjà dans l'antiquité, en particulier par Porphyre, Ammonius et Boèce, comme fondée sur trois degrés d'abstraction. Mais la conséquence de cette doctrine, qui a eu d'importants développements au Moyen Âge, aussi bien musulman que chrétien, est que l'objet de la philosophie première, ou métaphysique, est alors le plus abstrait de tous les êtres ; il n'est plus donc constitué par les moteurs

1. S. Menn, « Zeller and the Debates about Aristotle's *Metaphysics* », dans G. Hartung (hrsg.), *Eduard Zeller : Philosophie- und Wissenschaftsgeschichte im 19. Jahrhundert*, Berlin-New York, W. de Gruyter, 2010, p. 93-122. Dans cet essai, Menn renvoie à K. L. Michelet, *Examen critique de l'ouvrage d'Aristote intitulé* Métaphysique, Paris, J. A. Mercklein, 1836 (réimpr. Paris 1982) ; dans une communication privée, il m'a écrit que la correction est présente dans Aristoteles, *Metaphysik*, übersetzen von Dr. E. W. Hengstenberg, mit Anmerkungen und erläuternden Abhandlungen von Dr. Ch. A. Brandis, Erster Teil, Bonn 1824, ajoutant la supposition qu'elle remonte à Brandis.

2. V. Décarie, « La physique porte-t-elle sur des "non-séparés ? " », *Revue des sciences philosophiques et théologiques*, 38, 1954, p. 466-468 (réimpr. dans P. Aubenque *et al.*, *Études aristotéliciennes, op. cit.*, p. 7-9), qui mentionne dans la note 1 tous les partisans de l'une ou de l'autre lecture.

3. A. Mansion, « L'objet de la science », *op. cit.*, p. 161.

immobiles dont parle Aristote, ni par le Dieu dont parle Thomas d'Aquin, mais par l'être commun et univoque admis par Jean Duns Scot[1].

L'attribution à Aristote de la doctrine des trois degrés d'abstraction a été vigoureusement contestée par Merlan, qui a soutenu l'origine platonicienne de la classification aristotélicienne des sciences théorétiques, en tant qu'elle est fondée sur les trois dégrés de réalités admis par Platon, selon ce que nous rapporte Aristote lui-même : les Idées, substances immobiles et immatérielles, les objets des mathématiques, conçus eux aussi comme des substances immobiles et immatérielles, inférieures aux Idées, et les choses sensibles, mobiles et matérielles. À chacun de ces degrés de réalité, Aristote aurait fait correspondre une de ses sciences théorétiques : au degré suprême la théologie, au degré moyen la mathématique et au degré inférieur la physique. Mais chez Aristote, selon Merlan, cette classification serait devenue insoutenable, comme le démontre le fait qu'elle se fonde sur deux critères complètement différents l'un de l'autre : la *ratio essendi*, ou séparation réelle de la matière, qui vaut pour l'objet de la théologie, et la *ratio cognoscendi*, ou abstraction logique de la matière, qui vaut pour les objets de la mathématique[2].

En réalité, dans la classification aristotélicienne des sciences, il n'y a pas une hiérarchie, ou une progression, telle que la mathématique occupe une position moyenne entre la physique et la philosophie première[3]. La physique et la philosophie première ne font aucune abstraction, mais elles considèrent leurs objets tels qu'ils sont, c'est-à-dire, respectivement, réellement unis à la matière et réellement séparés de la matière. Ce n'est que la mathématique qui fait abstraction de la matière, considérant ses objets, qui, selon Aristote, sont réellement dans la matière, comme s'ils ne

---

1. Cela a été très bien montré par O. Boulnois, « La métaphysique au Moyen Âge : ontothéologie ou diversité rebelle ? », *Quaestio* (Brepols), 5, 2005, p. 37-66. En effet le *proemium* de Thomas d'Aquin à son commentaire de la *Métaphysique* produit cette impression, parce que Thomas dit que la métaphysique a comme objet des êtres qui sont séparés de la matière au maximum, parce qu'ils font abstraction non seulement de la matière signée (*non tantum a signata materia abstrahunt*), c'est-à-dire individuelle, comme les formes dont s'occupe la physique, mais de toute matière sensible, et non seulement dans la pensée (*secundum rationem*), comme la mathématique, mais aussi dans l'être (*secundum esse*).

2. P. Merlan, *From Platonism to Neoplatonism*, Second Edition, The Hague, M. Nijhoff, 1960 (1re éd. 1954), p. 59-87.

3. Comme l'a remarqué justement J. Follon, « Le concept de philosophie première chez Aristote. Note complémentaire », *Revue philosophique de Louvain*, 91, 1993, p. 5-13, l'ordre dans lequel Aristote dispose les sciences théorétiques à la ligne 1026 a 19 (« mathématique, physique, théologique ») ne confirme pas la théorie des trois degrés d'abstraction.

l'étaient pas[1]. La seule hiérarchie admise par Aristote pourrait être construite sur la base de la hiérarchie des substances mentionnée au livre Λ de la *Métaphysique*, c'est-à-dire substances terrestres, mobiles et corruptibles, substances célestes, mobiles et éternelles, et substances immobiles (*Metaph.* Λ 1, 1069a30-33), objet respectivement de la physique terrestre, de la physique céleste et de la philosophie première. Mais, même dans ce livre, Aristote n'admet autre hiérarchie que celle entre la physique, qui concerne les deux genres de substances mobiles, et la philosophie première.

1026a16-23 : « Or, il est nécessaire que toutes les causes soient éternelles, mais <cela vaut> surtout <pour> celles-ci, parce qu'elles sont causes de ceux qui sont manifestes parmi les êtres divins. Par conséquent, les philosophies théorétiques seraient au nombre de trois, la <science> mathématique, la <science> physique et la <science> théologique ; il n'est pas obscur, en effet, que, si le divin existe quelque part, il existe dans une nature de telle sorte et que <la science> la plus honorable doit porter sur le genre le plus honorable. Donc les <sciences> théorétiques sont plus désirables que les autres sciences, mais celle-ci l'est par rapport aux <sciences> théorétiques ».

À ce point, Aristote en revient aux causes, en se rattachant, comme le remarque justement Bonitz (p. 284), au début du chapitre, qu'il semblait avoir oublié pour décrire l'objet, conçu comme γένος ὑποκείμενον, « genre sujet », des différentes sciences. On ne peut pas expliquer autrement, en effet, la mention ici faite des causes, sinon par le fait que chaque science doit rechercher les causes de son objet et que la science dont il est en train de parler est, comme il est dit au début du chapitre, la science de l'être en tant qu'être. Or l'être, comme Aristote l'a dit (*Metaph.* B 3, 998b22), n'est pas un genre (γένος), mais il a plusieurs significations, qui correspondent aux catégories ; cependant, comme Aristote l'a dit également, ces différentes significations sont toutes relatives à une, la substance, de sorte qu'elles peuvent être l'objet d'une même science, comme si elles étaient les espèces d'un genre (*Metaph.* Γ 2, 1003a33-b22). Par conséquent l'être, tout en n'étant pas un véritable genre, se comporte, du point de vue de la science qui le concerne, comme s'il l'était, c'est-à-dire comme s'il était son « genre sujet » (γένος ὑποκείμενον). De ce genre sujet, la science de l'être doit chercher les principes, c'est-à-dire les causes

---

1. Cela a été souligné aussi par J.J. Cleary, « Emending Aristotle's Division of Theoretical Sciences », *Review of Metaphysics*, 48, 1994, p. 33-70.

premières. Si l'on veut employer le langage de l'épistémologie moderne, on peut dire que l'être en tant qu'être est l'objet de la science de l'être en tant qu'*explanandum* (ce qui doit être expliqué), tandis que ses causes sont l'objet de la même science en tant qu'*explanans* (ce qui explique).

L'affirmation que toutes les causes sont éternelles a été expliquée, depuis les commentateurs anciens, comme concernant les causes premières, c'est-à-dire les causes de tous les êtres, ou des êtres en tant qu'êtres. Tous les commentateurs, en effet, justifient cette affirmation par l'impossibilité du processus à l'infini dans la série des causes. Asclépius parle des « principes des principes », qu'il identifie avec les « puissances intellectuelles », les intelligences motrices des cieux (p. 363, 27-31). Le pseudo-Alexandre précise que l'affirmation vaut surtout pour les réalités séparées et immobiles qui forment l'objet de la philosophie première, dont Aristote vient de parler (p. 446, 10-15). Il semble que la traduction utilisée par Averroès ne lise pas dans le texte grec dont elle dépend les mots « les causes » ($\tau \grave{\alpha} \ \alpha \check{\iota} \tau \iota \alpha$)[1], ce qui autoriserait à attribuer l'éternité directement aux objets séparés et immobiles mentionnés à la ligne précédente.

Thomas d'Aquin parle de *communes causas* (« causes communes »)[2] et les identifie avec les causes de ceux qui sont manifestes parmi les êtres sensibles (*manifestis sensibilium*), expression qui dépend du manuscrit J, où, à la ligne 18, il y a $\alpha \grave{\iota} \sigma \theta \eta \tau \hat{\omega} \nu$ (sensibles) au lieu de $\theta \epsilon \acute{\iota} \omega \nu$ (divins)[3]. Malgré cela Thomas n'hésite pas à parler de *primas causas* (causes premières), en les considérant comme *maxime entia*, des êtres au degré maximum, sur la base de son interprétation de *Metaph.* α 1, 993b24-31. Il est intéressant qu'à ce propos Thomas ajoute : « De cela apparaît clairement la fausseté de l'opinion de ceux qui ont affirmé qu'Aristote aurait pensé que Dieu ne soit pas la cause de la substance du ciel, mais seulement de son mouvement » (c. 1164). Bonitz aussi réfère l'affirmation d'Aristote aux causes premières, en citant le chapitre 2 de *Metaph.* α, où Aristote montre que, dans chaque genre de causes (matérielle, formelle, motrice et finale), il doit y avoir une cause première. Si c'est vrai, et je crois

---

1. *Cf.* M. Bouyges dans Averroès, *Tafsir, op. cit., Notice*, p. CLXVI, *ad* 707, 4[39].

2. Même expression dans la traduction latine reportée dans l'édition Cathala-Spiazzi du commentaire, tandis que dans l'édition critique de la traduction de Moerbeke établie par Vuillemin-Diem on lit *omnes quidem causas*. Cette dernière édition est sûrement plus digne de foi, parce qu'elle contient aussi la traduction de la ligne 1026 a 23 (« mais celle-ci l'est par rapport aux <sciences> théorétiques »), qui dans la première est absente.

3. Cette version est aussi acceptée par K. Bärthlein (*Die Transzendentalienlehre der alten Ontologie*, I. Teil: *Die Transzendentalienlehre im Corpus Aristotelicum*, Berlin, W. de Gruyter, 1972, p. 111-120), qui cependant, à la différence de Thomas d'Aquin, identifie les causes des êtres en question avec les principes logiques.

que cela l'est, on doit interpréter l'affirmation initiale (« il est nécessaire que toutes les causes soient éternelles ») comme trop hâtive et corrigée par la suite, où le « surtout » (μάλιστα) renforce le « nécessaire » (ἀνάγκη). En effet, les causes non premières, par exemple le père d'Achille, ne sont pas éternelles, tandis que le soleil et le premier moteur, pour Aristote, le sont.

Tous les commentateurs, en outre, identifient les causes premières, indiquées par les deux ταῦτα (« celles-ci ») de la ligne 18, avec les êtres immobiles et séparés qu'Aristote a mentionnés à la ligne 16 comme objets de la philosophie première[1]. Cela signifie que les êtres immobiles et séparés sont objet de la philosophie première en tant que causes, c'est-à-dire en tant qu'*explanans* (ce qui explique), non en tant que γένος ὑποκείμενον (genre sujet), ou *explanandum* (ce qui doit être expliqué). Celui-ci est l'être en tant qu'être, comme Aristote l'a dit au début du chapitre, en reprenant *Metaph.* Γ 1, et, de cet objet, la philosophie première cherche les causes, qui comprennent les êtres immobiles et séparés, si, bien entendu, ceux-ci existent.

« Ceux qui sont manifestes parmi les êtres divins » sont, selon tous les commentateurs, les astres, qui pour Aristote étaient divins, en tant qu'éternels, et qui sont visibles à l'œil nu. Bonitz et Jaeger renvoient à *Phys.* II 4, 196a33, où Aristote appelle les astres « les êtres les plus divins parmi ceux qui sont manifestes », et Ross renvoie à *Eth. Nic.* VI 7, 1141b1-2, où les astres sont dits « les plus manifestes des êtres dont l'univers est constitué ». Si les êtres immobiles et séparés sont causes des astres, qui sont divins, et divins en tant qu'éternels, les êtres immobiles et séparés sont divins à plus forte raison. Cela pourrait expliquer l'affirmation initiale, « toutes causes sont éternelles, mais surtout celles-ci », au sens où toutes les causes premières sont éternelles, parce qu'on ne peut pas aller à l'infini dans la série des générations, mais celles, parmi les causes premières, qui sont causes des astres, c'est-à-dire les moteurs immobiles, sont éternelles à plus forte raison et, en tant que telles, sont divines. Cela expliquerait aussi l'introduction, à la ligne 1026a10, de l'attribut « éternel » pour caractériser les êtres immobiles et séparés, introduction faite en vue de la conclusion du raisonnement qui les concerne, c'est-à-dire l'affirmation de leur divinité. La référence aux astres, qui semble incontestable, suggère que « les causes » en question sont les moteurs immobiles, non parce que les astres n'ont pas d'autres causes (matérielle, formelle, finale), mais parce qu'Aristote, en *Metaph.* Λ 8, n'introduit les moteurs immobiles que pour expliquer les mouvements des astres. Cela m'empêche d'accepter l'inter-

---

1. Avec l'exception, déjà mentionnée à la note précédente, de Bärthlein.

prétation de Jaulin, selon laquelle il s'agirait des substances premières de *Metaph.* Z, c'est-à-dire des formes des choses matérielles conçues comme séparées[1]. Je ne partage pas non plus l'interprétation de Dumoulin, selon laquelle les causes en question se réduisent à « Dieu », conçu comme une substance unique, comme il résulterait de l'emploi du singulier aux lignes 1026a20 et 1026a29[2]. Il me semble, au contraire, qu'Aristote, en parlant de « nature » et de « substance », se réfère à un genre d'êtres, comme il arrive par exemple en Λ 1, 1069a30, et Λ 6, 1071b3-4.

Quant à l'affirmation selon laquelle les philosophies théorétiques seraient au nombre de trois, Barnes a parfaitement raison d'observer qu'ici, comme partout chez Aristote, le terme « philosophie » est équivalent à « science » et signifie non ce que nous appelons « philosophie », mais ce que nous appelons « science »[3]. Cela prive de toute valeur l'argument de Martineau, selon lequel Aristote ne considérerait jamais la mathématique comme une philosophie et selon lequel par conséquent le fait que ce livre le fasse serait un signe de son inauthenticité[4].

Le mot qui a suscité la plus grande partie des discussions est « théologique » (θεολογική), qui est bien un adjectif, sous-entendant « science », de même que « physique » et « mathématique », mais qui a, le plus souvent, été traduit comme un substantif, « théologie » (θεολογία). Le premier a été Asclépius, qui n'hésite pas à parler de « théologie » (p. 363, 32). Le pseudo-Alexandre est plus prudent, il garde le mot « théologique », mais il l'emploie comme un substantif (p. 447, 2 et 8), de sorte que la traduction italienne le rend, moins prudemment, par « teologia »[5]. Thomas d'Aquin est obligé par la traduction dont il dispose de parler de *theologia*, qu'il interprète comme *sermo de divinis* (« discours sur les choses divines »); il ajoute cependant que la philosophie première ne s'occupe pas seulement des êtres réellement immobiles et séparés, mais aussi des choses sensibles, en tant qu'elles sont des êtres (c. 1165). Thomas cite ensuite comme une interprétation possible (*nisi forte dicamus*, « à moins que nous ne disions ») celle d'Avicenne, selon laquelle les êtres séparés, objet de la philosophie première, sont séparés seulement au sens où ils peuvent être aussi bien sans matière qu'avec matière, ce qui semble faire allusion au concept abstrait d'être en général, complètement absent chez Aristote. Bonitz aussi n'hésite pas à parler de « théologie »; c'est ce que font, comme

1. A. Jaulin, *Eidos et ousia, op. cit.*, p. 185-188.
2. B. Dumoulin, *Analyse génétique, op. cit.*, p. 143.
3. J. Barnes, « The primary sort », *op. cit.*, p. 68-69.
4. E. Martineau, « De l'inauthenticité », *op. cit.*, p. 459.
5. G. Movia (a cura), Alessandro di Afrodisia, *Commentario alla Metafisica di Aristotele*, Milano, Bompiani, 2007.

lui, Ross, Apostle, Tricot, Reale, Aubenque, Calvo, Barnes, Zanatta, tandis que Kirwan et Duminil-Jaulin préfèrent garder l'adjectif « théologique ».

À ce propos, Natorp a justement remarqué que, normalement, pour Aristote les mots « théologie », « théologien », « théologiser » ne se réfèrent pas à une doctrine philosophique, mais aux narrations mythologiques sur les dieux faites par les poètes (voir *Meteor.* II 1, 353a35; *Metaph.* A 3, 983b28; B 2, 1000a9; Λ 6, 1071b27; Λ 10, 1075b26; N 4, 1091a34)[1]. Par conséquent, Natorp critique l'interprétation traditionnelle, qui identifie la science de l'être en tant qu'être avec la théologie, supposant qu'elle identifie aussi l'être en tant qu'être avec l'être immobile et séparé, et, pour cette raison, non seulement il considère inauthentique le livre K, où cette dernière identification semble être présente (1064a28-29), mais il propose aussi de supprimer comme inauthentiques le passage du livre E qui mentionne la théologie, c'est-à-dire les lignes 1026a18-19, et celui qui affirme que la science la plus honorable doit porter sur le genre le plus honorable, c'est-à-dire la ligne 1026a21. Natorp admet que pour Aristote la philosophie première porte aussi sur le divin, mais non qu'elle porte exclusivement sur le divin, et, en confirmation de son interprétation il cite *Metaph.* A 2, 983a7, où Aristote dit que « le dieu est une des causes et un principe »[2].

Le premier à répondre à ces objections fut Zeller dans son compte rendu de l'article de Natorp, où il cite *Metaph.* A 2, 983a5-6, qui définit la sagesse (σοφία) comme « divine parmi les sciences » en tant que science « des choses divines » (τῶν θείων), et *Metaph.* A 2, 982a21-22, qui l'appelle « science universelle » (ἐπιστήμη καθόλου). Cela montre, selon Zeller, que les deux conceptions de la philosophie première, en tant que théologique et en tant qu'universelle, ne sont pas incompatibles. La philosophie première, en effet, cherche les causes premières de l'être en tant qu'être et les trouve d'abord dans la substance, puis dans la substance immobile, c'est-à-dire « Dieu »[3]. Ross, de son côté, reconnaît que le mot « théologie » se réfère normalement aux anciens cosmologistes, mais il ajoute que, dans notre passage, ce mot indique la métaphysique en tant qu'étude des êtres séparés et immobiles, c'est-à-dire divins (sans dire que ceux-ci sont les causes premières de tous les êtres)[4]. Augustin Mansion, bien qu'il évoque à propos de notre passage la théorie des trois degrés d'abstraction et qu'il suspecte d'inauthenticité l'insertion de l'adjectif

---

1. P. Natorp, « Thema und Disposition », *op. cit.*, p. 55-56.

2. *Ibid.*, p. 67-69.

3. E. Zeller, « Bericht über die deutsche Literatur der sokr., platon. u. arist. Philosophie, Dritter Artikel : Aristoteles », *Archiv für Geschichte der Philosophie*, 2, 1889, p. 264-271.

4. D. Ross, *Aristotle's Metaphysics*, *op. cit.*, I, p. 356.

« eternel » à la ligne 1026a10, à cause de sa position variable dans les différents manuscrits, donne, à mon avis, une explication convaincante de la dénomination de « théologique » attribuée à la philosophie première, en citant, comme Zeller, *Metaph.* A 2, où Aristote dit que le sage doit connaître toutes choses, que la connaissance des causes premières mène à celle de tout le reste, que Dieu est l'une des causes, et que les causes premières doivent exercer leur influence sur toute la réalité. Mansion ajoute que, dans le langage de la scolastique, l'être en tant qu'être serait l'« objet matériel » de la philosophie première, tandis que les causes premières en seraient l'« objet formel »[1]. Décarie justifie l'emploi de l'adjectif « théologique » au lieu du substantif « théologie » comme destiné à éviter la confusion avec les auteurs des cosmogonies[2]. Kirwan, qui garde l'adjectif « theological », affirme qu'Aristote ne justifie jamais cette caractérisation de la philosophie première[3]. Reale renvoie, comme Zeller et Mansion, à *Metaph.* A 2, 983a4-11[4]. Bodéüs observe d'abord, comme Natorp, que le mot « théologie » pour Aristote vise le discours tenu sur les dieux traditionnels par les poètes ; il affirme ensuite que les êtres immobiles et séparés sont dits divins en tant que « responsables » (c'est-à-dire causes) des réalités divines visibles, à savoir des astres, qui sont divins grâce à leur éternité ; il conclut finalement que l'attribution de l'adjectif « théologique » à la science qui étudie « la substance séparée » est justifiée seulement par l'extension du « divin » des astres à cette substance-ci, et donc signifie que la philosophie première « est une sorte de théologie »[5]. Menn aussi souligne que les être divins, d'où dérive la caractérisation de la philosophie première comme science « théologique », sont l'objet de celle-ci seulement en tant que causes des astres et que par conséquent le chemin accompli par la philosophie première, même à ce propos, est un parcours de type causal, le parcours préféré par Aristote (*Aristotle's preferred causal path*). Il

---

1. A. Mansion, « L'objet de la science », *op. cit.*, p. 160-165.
2. V. Décarie, *L'objet de la métaphysique selon Aristote*, Montréal, Institut d'études médiévales, Paris, Vrin, 1961, p. 118, note 2.
3. C. Kirwan, « Further Comments (1992) », *in* Aristotle, *Metaphysics, op. cit.*, p. 188.
4. G. Reale, Aristotele, *Metafisica, op. cit.*, III, p. 298.
5. R. Bodéüs, *Aristote et la théologie des vivants immortels*, Montréal, Bellarmin, Paris, Les Belles Lettres, 1992, p. 62-70. Dans ce livre, l'auteur critique souvent mes travaux d'il y a 30 ou 40 ans, où effectivement j'insistais un peu trop sur le caractère théologique de la métaphysique d'Aristote, mais sans la réduire à la théologie. Maintenant, je reconnais que le moteur immobile, qui pourtant pour Aristote est « un dieu » (*Metaph.* Λ 7, 1072 b 25-30), n'est qu'une des causes premières des êtres en tant qu'êtres, donc n'est pas « Dieu », mais, pour le reste, je n'ai pas changé d'opinion.

précise très justement que « théologique » est un attribut plutôt que le nom propre de la philosophie première [1].

1026a23-27 : « En effet, on pourrait se poser le problème de savoir si la philosophie première est universelle ou si elle traite d'un certain genre et d'une seule nature (car la manière <de traiter> n'est pas la même non plus dans les <sciences> mathématiques, mais la géométrie et l'astronomie traitent de quelque nature, tandis que celle-là est universellement commune à toutes) »

Le paragraphe qui va de la ligne 23 à la fin du chapitre a été l'objet de discussions interminables qui se poursuivent encore aujourd'hui (voir dernièrement l'intervention de Barnes). On s'est demandé avant tout ce qui justifie le problème introduit par ces lignes, qui, débutant par γὰρ, semblent vouloir confirmer ce qu'on vient de dire. Bonitz trouve ces lignes « obscures et ambiguës », et il conjecture que leur sens est le suivant : la science théologique devra être jugée comme la plus honorable si elle embrasse toutes les autres en tant qu'universelle (p. 285). Christ propose de déplacer les lignes 23-27, en les mettant après le πρώτη de la ligne 31 (app. crit.). Ross ne les trouve pas obscures et il les justifie en disant que la théologie (*sic*) est doublement suprême parmi les sciences, parce qu'elle est aussi bien première qu'universelle (p. 356). Jaeger, dans son célèbre livre sur l'évolution d'Aristote, a considéré tout le dernier paragraphe comme une adjonction postérieure au chapitre 1, faite par Aristote lui-même pour réconcilier la conception de la métaphysique comme théologie, remontant à sa jeunesse platonisante, avec sa conception plus tardive de la métaphysique comme ontologie [2]. Mais, dans son édition de la *Métaphysique*, il ne l'a pas mis entre doubles crochets, comme il a l'habitude de le faire pour les adjonctions postérieures, et il s'est limité à se demander si, au lieu du γὰρ, on ne doit pas lire δ' comme en K 7, 1064b6. À la suite de Jaeger, plusieurs interprètes ont critiqué le paragraphe comme une tentative mal réussie de réconcilier deux conceptions différentes de la métaphysique (Heidegger, Aubenque, Leszl, Brague, Stevens [3]), tandis

---

1. S. Menn, *The Aim, op. cit.*

2. W. Jaeger, *Aristoteles. Grundlegung einer Geschichte seiner Entwicklung*, Berlin, Weidmann, 1955 (1ʳᵉ éd. 1923), p. 226-228.

3. M. Heidegger, *Die Grundbegriffe der antiken Philosophie*, V. K. Blust (hrsg.), (*GA* II 22), Frankfurt a. M., Klostermann, 1995, IIIᵉ section ; P. Aubenque, *Le problème de l'être, op. cit.*, p. 368-370 ; W. Leszl, *Aristotle's Conception of Ontology*, Padova, Antenore, 1975, p. 536-540 ; R. Brague, *Aristote et la question du monde*, Paris, P.U.F., 1988, p. 109-110 ; A. Stevens, *L'ontologie d'Aristote au carrefour du logique et du réel*, Paris, Vrin, 2000,

que plusieurs autres l'ont défendu comme une réconciliation parfaitement réussie (Augustin Mansion, Décarie, Tricot, Reale, Kirwan, Dumoulin, Frede[1]). Barnes l'a jugé injustifié et peu convaincant, et il a conclu qu'Aristote ne faisait ici que remuer la poussière[2]. Selon moi, la justification du nouveau problème posé par Aristote est la suivante : il vient de dire que la philosophie première, en tant que « théologique », est la plus honorable et la plus désirable des sciences, et, pour le confirmer, il se demande si cette primauté est due à son universalité ou bien à la primauté de l'objet sur lequel elle porte. Sans doute la manière dont il mentionne cet objet, c'est-à-dire comme un genre (ligne 24 : περί τι γένος), donne l'impression que les substances immobiles, séparées, et pour cela divines, sont objet de la philosophie première en tant que γένος ὑποκείμενον, genre sujet, c'est-à-dire en tant qu'*explanandum*, objet à expliquer, ce qui serait en contraste avec l'affirmation faite au début du chapitre, selon laquelle ce dont on doit chercher les causes et les principes est l'être en tant qu'être. C'est justement cette impression de contraste entre primauté et universalité qui fait naître le problème formulé par Aristote dans ce paragraphe.

Voyons maintenant la comparaison avec les mathématiques, dont le texte cependant est incertain. Je suis, comme toujours, le texte de E et J, en lisant à la ligne 27 ἐκείνη δὲ et en référant ce pronom à la mathématique mentionnée à la ligne 19, qui considère ses objets comme immobiles et séparés et qui est donc la mathématique universelle. Asclépius (p. 364, 14-17) et le pseudo-Alexandre (p. 447,10-18) voient dans ce passage une opposition entre les mathématiques particulières (géométrie et astronomie) et la mathématique universelle, conçue comme la science de tous les objets mathématiques, qui embrasse et contient au dessous de soi-même les mathématiques particulières. Thomas d'Aquin, qui a sous ses yeux une traduction qui dépend des manuscrits E et J (*illa uero universaliter omnium est communis*, « celle-là au contraire est universellement commune à toutes »), réfère le pronom *illa* (« celle-là ») à la philosophie première,

---

p. 230-231. Pour ce qui concerne Heidegger, je me permets de renvoyer à mon article « La *Métaphysique* d'Aristote : "onto-théologie" ou "philosophie première" », *Revue de philosophie ancienne*, 14, 1996, p. 61-85 (réimpr. dans E. Berti, *Dialectique, physique et métaphysique. Études sur Aristote*, Louvain-la-Neuve, Peeters, 2008).

1. G. Reale, *Il concetto di filosofia prima e l'unità della Metafisica di Aristotele*, Milano, Vita e pensiero, 1967 (1ʳᵉ éd. 1961), p. 149-154 ; B. Dumoulin, *Analyse génétique, op. cit.*, p. 142-146 ; M. Frede, « The Unity of General and Special Metaphysics : Aristotle's Conception of Metaphysics », in *Essays in Ancient Philosophy*, Minneapolis, University of Minnesota, 1987, p. 81-95.

2. J. Barnes, « The primary sort », *op. cit.*, p. 75.

admettant une opposition entre celle-ci et les mathématiques, au sens où les mathématiques seraient toujours particulières, tandis que la philosophie serait « universellement commune à toutes » (c. 1169), mais il ne précise pas si elle serait commune à toutes les sciences philosophiques ou bien à toutes les choses. Bonitz, pour expliquer ce qu'est la mathématique universelle, cite *Metaph.* A 2, 982a28, où Aristote dit que l'arithmétique est plus exacte que la géométrie parce qu'elle admet moins de principes (p. 285). De cette manière, il semble que la mathématique universelle coïncide avec la première parmi les mathématiques particulières, parce que ses principes sont utilisés par toutes les autres. Ross critique Bonitz, en notant que le passage cité par celui-ci n'attribue aucune universalité à l'arithmétique et pense plutôt qu'il y a, pour Aristote, une mathématique universelle, visée par *Metaph.* M 2, 1077a9 et 3, 1077b17 et *An. Post.* I 5, 74a17-25, qui ne coïncide avec aucune des mathématiques particulières et qui est comme la théorie des proportions exposée au Vᵉ livre des *Éléments* d'Euclide (I, p. 356-357). Reale cite *Metaph.* Γ 2, 1004a2-9, où Aristote dit que la philosophie a des parties qui sont l'une première et l'autre seconde, comme il arrive dans les mathématiques, ce qui signifie, selon Reale, que la mathématique universelle concerne les nombres et leurs relations, qui sont le fondement de toutes les autres sciences mathématiques (III, p. 299). De cette façon, il me semble, Reale se rallie à Bonitz, en identifiant la mathématique universelle avec l'arithmétique. Apostle (p. 319) et Kirwan (p. 188), au contraire, se rallient à Ross. Zanatta n'est d'accord ni avec les uns ni avec les autres et soutient que la mathématique générale est l'unité analogique des rapports entre les mathématiques particulières et leurs objets (p. 43-46). Finalement Barnes aussi se rallie à Ross, indiquant comme mathématique universelle la théorie des proportions d'Eudoxe (p. 62-63). Je suis d'accord avec cette dernière interprétation, parce qu'Aristote introduit la comparaison avec les mathématiques par un γὰρ (« car »), ce qui signifie qu'elle sert à illustrer l'opposition entre une philosophie universelle et une philosophie concernant un genre particulier d'objet, mentionnée aux lignes 24-25. La mathématique universelle est la mathématique mentionnée à la ligne 19 comme une des trois « philosophies », c'est-à-dire sciences, théorétiques. Elle emploie aussi des principes tels que « si l'on retranche des choses égales de choses égales, les restes sont égaux », qui s'applique aussi bien aux grandeurs qu'aux nombres (*An. Post.* I 10, 76a41-b 2, trad. P. Pellegrin).

1026a27-31 : « Si alors il n'y a pas quelque autre substance au-delà de celles qui sont constituées par nature, la physique serait la science première ; si au contraire il y a quelque substance immobile, celle-ci est antérieure et la philosophie <qui l'étudie> est la première, et elle est universelle dans ce sens-ci, c'est-à-dire parce que première ».

Heureusement ce texte ne présente aucune variante dans les manuscrits[1], mais il est un des plus discutés et controversés de tout le *corpus aristotelicum*. Asclépius n'y voit aucun problème, parce qu'il identifie l'être en tant qu'être avec Dieu, ce qui implique l'identification entre la science de l'être en tant qu'être et la théologie. Il dit en effet que cette science, universelle parce que première, c'est-à-dire parce qu'elle possède en elle-même les principes de toutes les choses, porte sur l'« être simplement » et explique ce qu'il est, c'est-à-dire Dieu, « qui pourvoit à toutes les choses et qui n'a proprement aucun défaut » (p. 364,24-27). Le pseudo-Alexandre adopte une solution analogue, en soutenant que la théologie est universelle non parce qu'elle comprendrait toutes les autres sciences, mais parce qu'elle est première, et par « universel » il entend ce qui est le meilleur et le plus digne d'honneur (p. 447, 30-33). La position de Thomas d'Aquin est plus complexe. Commentant ce passage, il dit seulement que la philosophie première, par le fait d'être première, est aussi universelle (c. 1170). Mais, dans la suite de son commentaire, pour expliquer la cause de l'accident, il soutient que plus une cause est haute, plus sa causalité s'étend, c'est-à-dire plus grand est le nombre des choses dont elle est cause. Par conséquent la cause première, étant la plus haute de toutes, est aussi la plus universelle. Son propre effet, pour saint Thomas, est précisément l'être (c. 1204-1209).

Le présent commentaire n'est pas le lieu pour reconstruire toute l'histoire des polémiques que le passage en question a suscitées, aussi bien dans l'Antiquité qu'au Moyen âge, à la Renaissance et aux Temps modernes[2]. Nous nous limiterons par conséquent aux études les plus récentes. Parmi les commentateurs modernes, Bonitz applique à la philosophie première ce qu'il a dit de l'arithmétique par rapport aux autres mathématiques particulières : elle est universelle parce que toutes les autres sciences doivent tirer d'elle leur principe suprême (p. 285). Ross, tout en refusant l'interprétation de Bonitz à propos des mathématiques, en

---

1. Seul le manuscrit T (XIVᵉ siècle), à la ligne 1026 a 30, introduit l'article ἡ (« la » avant le mot φιλοσοφία (« philosophie »), favorisant la traduction que nous avons donnée. Même la traduction arabe semble présupposer un tel texte (cf. Bouyges dans Averroès, *Tafsir*, *op. cit.*, p. CLXVI, ad 713, 7[7]).

2. Pour l'Antiquité, on peut voir G. Verbeke, « Aristotle's *Metaphysics* viewed by the Ancient Greek Commentators », dans D. O'Meara (ed.), *Studies in Aristotle*, Washington, D.C., The Catholic University of America Press, 1981, p. 107-127 ; pour le Moyen Âge, voir O. Boulnois, « La métaphysique au Moyen Âge », *op. cit.* ; pour la Renaissance et le Temps modernes, voir S. Menn, « Zeller and the Debate », *op. cit.*

admet une analogue à propos de la philosophie première : celle-ci est universelle parce qu'elle étudie le premier genre de l'être, celui qui donne leur caractère fondamental à tous les autres êtres (I, p. 356). Apostle, au contraire, pense que la philosophie première est universelle de la même manière que la mathématique universelle, parce que l'universel est antérieur dans la connaissance (p. 319, note 27). Pour Jaeger et pour tous ceux qui le suivent, nous l'avons vu, la solution apportée par Aristote ne résout pas le problème, mais est une véritable contradiction, parce que la théologie est une science particulière, en tant qu'elle concerne un objet particulier, et ne peut donc pas être universelle. Tricot consacre à ce passage une longue note, où il soutient l'opposé de Jaeger, c'est-à-dire qu'Aristote résout l'antinomie de la manière la plus heureuse : « la métaphysique est à la fois ontologie et théologie, et c'est parce qu'elle est théologie qu'elle est ontologie. Elle étudie la première espèce d'Être (*sic*), et, comme cette sorte d'être est le fondement de l'existence et de l'intelligibilité de tous les autres êtres, que cet Être est, d'autre part, le premier terme d'une série qui commande tous les termes subséquents, la connaissance que nous en avons entraîne celle de toutes les substances particulières en tant qu'êtres » (p. 333, note 1). Tricot poursuit (p. 334) en affirmant que l'objet de la philosophie première est substance simple et acte pur, et que, puisque le degré de réalité d'un être est mesuré par son actualisation, l'Acte pur est seul absolument réel, en définitive DIEU (*sic*). On se demande s'il s'agit de la pensée d'Aristote ou bien de la pensée d'un philosophe chrétien, et d'un chrétien néoplatonisant.

Mansion a été plus prudent. Dans son premier article sur ce sujet, il reconnaît que dans une perspective créationniste, comme celle de saint Thomas, la réponse d'Aristote se comprend sans difficulté : la science de Dieu, cause totale de tout être distinct de lui, est nécessairement une science qui s'étend à tout être. « Mais nous savons », ajoute-t-il, « que ces vues, appliquées aux conceptions d'Aristote, sont historiquement fausses » (p. 165). À la recherche d'une autre solution, Mansion propose d'appliquer ce qu'il appelle « la doctrine aristotélicienne de l'unité analogique de l'être » au cas spécial de la substance : de même que la substance est le terme de référence principal pour tous les autres êtres, il y aurait une substance qui serait la première dans son ordre et de laquelle toutes les autres substances tiendraient leur sens et en quelque sorte leur dignité[1]. Cette solution rassemble à celle de Ross, mais est plus explicite, en se rattachant à la doctrine, improprement appelée de l'unité analogique de l'être (dénomination médiévale, non aristotélicienne), c'est-à-dire la

---

1. A. Mansion, « L'objet de la science », *op. cit.*, p. 165-166.

doctrine de l'unité par référence à un (πρὸς ἕν), qu'Aristote n'admet qu'à propos des catégories et que Mansion propose d'appliquer aux genres de substance. Dans un article postérieur, Mansion est encore plus prudent : il ne parle plus d'analogie et il se limite à observer que la philosophie première est universelle parce que son objet, c'est-à-dire l'Être premier, est principe de tous les êtres, mais il ne réduit pas la science de l'être en tant qu'être à cette philosophie première, préférant dire que celle-ci en est seulement la clef de voûte[1]. Encore plus prudent que Mansion a été Décarie, selon lequel la solution se trouve dans la distinction de deux sortes d'universels : « celui qui convient à tous les êtres parce qu'ils possèdent quelque chose de commun, et celui dont tout le reste dépend, et qui, parce que premier, en est la cause universelle. C'est cette dernière universalité qui convient à la science théologique »[2]. On retrouve ici la distinction présente chez Thomas d'Aquin, qui, dans une étude consacrée, à cet auteur à été appelée distinction entre « universal *in praedicando* » et « universal *in causando* »[3].

La première solution proposée par Mansion était déjà présente d'ailleurs dans le livre de Owens[4] et fut, dans les mêmes années, proposée par Patzig, par moi-même et par Oehler[5]. Elle a été reprise aussi par Kirwan, selon lequel, les substances premières expliquant toutes les choses, la science qui les concerne donne par conséquent la connaissance de toutes les choses[6]. Les études de Verbeke et de Dhondt vont plus ou moins dans la même direction, c'est-à-dire vers l'unification de la science de l'être, appelée « ontologie », et de la philosophie première, appelée

1. A. Mansion, « Philosophie première, philosophie seconde et métaphysique chez Aristote », *op. cit.*

2. V. Décarie, *L'objet de la métaphysique, op. cit.*, p. 120-121.

3. R. McArthur, « Universal *in praedicando*, universal *in causando* », *Laval théologique et philosophique*, 18, 1962, p. 59-95. Ces deux significations du mot « universel » sont soulignées par Bärthlein aussi (*Die Transzendentalienlehre, op. cit.*, p. 120-153), qui cependant accuse le texte d'une confusion entre les deux ; par conséquent, il le considère comme inauthentique, œuvre d'un rédacteur péripatéticien, visant à réconcilier l'ontologie avec la théologie.

4. J. Owens, *The Doctrine of Being, op. cit.*, p. 296-300.

5. G. Patzig, « Theologie und Ontologie in der *Metaphysik* des Aristoteles », *Kant-Studien*, 52, 1961, p. 185-295 ; E. Berti, *L'unità del sapere in Aristotele*, Padova, Cedam, 1965, p. 147-148 ; K. Oehler, « Die systematische Integration der aristotelischen *Metaphysik* », dans I. Düring (hrsg.), *Naturphilosophie bei Aristoteles und Theophrast*, Heidelberg, Stiehm, 1969, p. 168-192.

6. C. Kirwan, « Further Comments (1992) », *in* Aristotle, *Metaphysics*, *op. cit.*, p. 202-203.

«théologie»[1], tandis que l'étude de Elders attribue à Aristote une évolution opposée à celle admise par Jaeger, qui va de la conception platonicienne d'une science universelle à une conception plus originale de la métaphysique comme théologie[2]. D'autres interprètes, tels que Krämer et Reale, ont proposé comme solution du problème soulevé dans notre passage la notion aristotélicienne de «série» ou de «consécution» (ἐφεξῆς), qu'Aristote semble appliquer, d'un côté, au rapport entre la substance et les autres catégories (voir *Metaph.* Λ 1, 1069a29), et, de l'autre côté, au rapport existant entre les genres de substance, en considérant la substance immobile comme la première d'une série et de cette manière comme le principe des autres genres de substance (mobile éternelle et mobile corruptible. Voir *Metaph.* Γ 2, 1004a2-9 et 1005a10-11)[3].

Toutes ces solutions ont été critiquées par Aubenque, qui a observé qu'aucun rapport admis par Aristote entre la substance immobile et les autres genres de substance ne permet de déduire ceux-ci de celle-là et d'assurer de cette manière l'unité à la philosophie première[4]. Plus récemment, Aubenque a, d'un côté, confirmé qu'Aristote au livre E de la *Métaphysique* fonde la conception de la métaphysique comme «onto-théologie», c'est-à-dire comme réduction de l'être à un étant, ce qui serait, selon la critique bien connue de Heidegger, un oubli de la «différence ontologique», et donc un oubli de l'être[5]; mais, il a, d'un autre côté, admis «qu'Aristote nous livre suffisamment d'arguments pour nous prévenir contre une théologisation […] de l'ontologie», parce que «la polysémie de l'être signifie négativement que l'être ne se réduit pas à ce sens premier et fondamental». La «structure katholou-protologique ("la philosophie première est universelle parce que première")», poursuit-il, «effectivement annoncée par Aristote dans *Métaphysique* E, 1 […] n'est nullement confirmée par le contexte et n'est pas illustrée par d'autres parties de la métaphysique»[6].

---

1. G. Verbeke, «La doctrine de l'être dans la *Métaphysique* d'Aristote», *Revue philosophique de Louvain*, 50, 1952, p. 471-478; U. Dhondt, «Science suprême et ontologie chez Aristote», *Revue philosophique de Louvain*, 59, 1961, p. 5-30.

2. L. Elders, «Aristote et l'objet de la métaphysique», *Revue philosophique de Louvain*, 60, 1962, p. 165-183.

3. H.-J. Krämer, «Zur geschichtlichen Stellung der aristotelischen Metaphysik», *Kant-Studien*, 58, 1967, p. 313-354; G. Reale, Aristotele, *Metafisica*, *op. cit.*, III, p. 300.

4. P. Aubenque, *Le problème de l'être*, *op. cit.*, p. 370-390.

5. P. Aubenque, *Faut-il déconstruire*, *op. cit.*, p. 23-27.

6. *Ibid.*, p. 69-75, p. 74.

Malgré ces critiques, d'autres interprètes, tels que Routila, Natali et Claix, ont continué à admettre l'unité de la science de l'être et de la science théologique, en distinguant entre l'être comme objet dont on recherche les causes et les substances immobiles comme causes de l'être, c'est-à-dire comme objet recherché, mais en reconnaissant en même temps que le moteur immobile n'est pas proprement cause de l'être[1]. Brinkmann aussi a critiqué l'identification entre la science de l'être en tant qu'être, qu'il appelle philosophie première, et la science théologique, qu'il appelle théologie, soutenant que la philosophie première comprend aussi bien la science de l'être, qui aux temps modernes sera appelée *metaphysica generalis*, que la théologie, qui sera appelée *metaphysica specialis*, et qu'elle est universelle de par soi, non en tant que théologique, parce que le moteur immobile est cause seulement du mouvement[2]. Dumoulin, au contraire, a soutenu qu'Aristote identifie la science de l'être en tant qu'être avec la théologie dès le début de E 1, parce que les causes et les principes des être mentionnés en 1025b3 coïncident entièrement avec « Dieu », un Dieu conçu comme cause de l'être, d'où tous les êtres dérivent[3]. Cela aussi me semble être une interprétation néoplatonisante d'Aristote ; d'ailleurs son auteur la limite à une seule période de l'évolution d'Aristote, en considérant qu'elle aurait été dépassée par la doctrine de *Metaph.* Λ, selon laquelle Dieu est seulement cause motrice du ciel.

Dans l'entretemps, Owen contribua d'une manière, à mon avis, très utile à éclairer la doctrine aristotélicienne de la référence à un (πρὸς ἕν), appelée par lui *focal meaning*, au moyen de laquelle Aristote explique le rapport entre la substance et les autres catégories, en montrant qu'elle implique une priorité non seulement ontologique, ou naturelle, mais aussi logique, parce que la substance non seulement est la condition de l'existence des êtres appartenant aux autres catégories, mais est contenue aussi dans leurs définitions, et de cette manière est la condition de leur intelligibilité[4]. Par conséquent, j'ai dû admettre que cette doctrine ne peut pas s'appliquer au rapport entre les substances immobiles et les autres

1. L. Routila, *Die aristotelische Idee der ersten Philosophie*, Amsterdam, North-Holland Publishing Company, 1969 ; C. Natali, *Cosmo e divinità. La struttura logica della teologia aristotelica*, L'Aquila, Japadre, 1974 ; R. Claix, « L'objet de la métaphysique selon Aristote », *Tijdschrift voor Filosofie*, 44, 1982, p. 454-472.

2. K. Brinkmann, *Aristoteles' allgemeine und spezielle Metaphysik*, Berlin-New York, W. de Gruyter, 1979, p. 214-217.

3. B. Dumoulin, *Analyse génétique, op. cit.*, p. 167-169.

4. G.E.L. Owen, « Logic and Metaphysics in Some Earlier Works of Aristotle », dans I. Düring, G.E.L. Owen (eds), *Aristotle and Plato in the Mid-Fourth Century*, Göteborg, Elanders, 1960, p. 163-190 (réimpr. dans *Logic, Science, and Dialectic. Collected Papers in Greek Philosophy*, London, Duckworth, 1986, p. 190-199).

genres de substance, parce que ceux-ci ne contiennent pas dans leurs définitions une référence aux substances immobiles[1]. Plus récemment, Frede a soutenu l'existence d'une priorité logique de la substance conçue comme forme par rapport à la substance mobile (voir *Metaph.* Z 17) et a appliqué cette priorité à la substance immobile aussi, en la concevant comme pure forme[2]. Mais, comme je l'ai remarqué dans la suite, il me semble que la substance immobile, pour Aristote, n'est la forme de rien et que le seul type de causalité qu'elle exerce sur les autres substances est une causalité motrice[3].

Malgré cela, beaucoup d'interprètes, tels que Hahn, Lutz-Bachmann, Cleary, Donini, ont continué à admettre un rapport de dépendance non seulement ontologique, mais aussi logique, entre la substance immobile, conçue comme une forme séparée, et les substances mobiles, reprenant de cette façon la thèse de Owens, Patzig et Frede[4]. Owens lui-même, dans son œuvre posthume, a confirmé cette interprétation, en attribuant à Aristote une conception de l'être articulé en degrés, formés respectivement par les formes séparées, ou substances immobiles, qui seraient la « nature » de l'être, c'est-à-dire le véritable être en tant qu'être, les substances sensibles éternelles et les substances sensibles périssables[5]. D'autres, au contraire, tels que Modrak, Follon, Rossitto et Bastit, ont admis une dépendance seulement ontologique entre la substance immobile et l'être tout entier, en voyant dans cette dépendance la condition de l'unité de la métaphysique[6].

---

1. E. Berti, « Logical and Ontological Priority among the Genera of Substance in Aristotle », *in* J. Mansfeld, L. M. de Rijk (eds), *Kephalaion. Studies in Greek Philosophy and its Continuation offered to Prof. C. J. de Vogel*, Assen, van Gorcum, 1975, p. 55-69 (trad. italienne dans *Studi aristotelici*, L'Aquila, Japadre, 1975).

2. M. Frede, « The Unity of General », *op. cit.*, p. 81-95.

3. E. Berti, « Il concetto di "primo" nella *Metafisica* di Aristotele », *in* A. Alvarez Gomez, R. Martínez Castro (eds), *En torno a Aristóteles. Homenaje al Profesor Pierre Aubenque*, Santiago de Compostela, Universidad de Santiago de Compostela, 1998, p. 131-148 (réimpr. dans *Aristotele : dalla dialettica alla filosofia prima*, Milano, Bompiani, 2004).

4. R. Hahn, « Aristotle as Ontologist or Theologian? Or, Aristotelian Form in the Context of the Conflicting Doctrines of Being in the *Metaphysics* », *Southwestern Journal of Philosophy*, 10, 1979, p. 79-88 ; M. Lutz-Bachmann, « Die Frage nach dem Gegenstand der Metaphysik bei Aristoteles », in *Ontologie und Theologie. Beiträge zum Problem der Metaphysik bei Aristoteles und Thomas von Aquin*, Frankfurt a. M., Bern, New York, Paris, Europäischen Hochschulschriften, 1988, p. 9-35 ; J.J. Cleary, « Emending Aristotle's Division », *op. cit.* ; P. Donini, *La* Metafisica *di Aristotele. Introduzione alla lettura*, Roma, La Nuova Italia Scientifica, 1995.

5. J. Owens, *Aristotle's Gradations, op. cit.*

6. D. Modrak, « Aristotle on the Difference », *op. cit.* ; J. Follon, « Le concept de philosophie première dans la "Métaphysique" d'Aristote », *Revue philosophique de Louvain*, 88, 1992, p. 387-421 ; C. Rossitto, « Metafisica », *in* E. Berti (ed.), *Guida ad Aristotele*, Roma-

Thorp, de son côté, a nié aussi bien la dépendance logique que la dépendance ontologique des substances sensibles par rapport aux substances immobiles, en excluant catégoriquement que la philosophie première soit universelle en tant que première – thèse affirmée par Aristote dans le passage que nous sommes en train de commenter –, mais il a conservé également l'unité de la métaphysique en la concevant comme science de tous les principes, aussi bien logiques que physiques[1]. La critique la plus radicale à la solution du problème proposée par Aristote a été développée par Barnes : celui-ci, dans un essai sur la métaphysique d'Aristote en général, non seulement a nié la possibilité d'appliquer aux substances immobiles la priorité exprimée par le *focal meaning*, mais a nié aussi tout rapport de causalité entre ces substances et l'être en tant qu'être, en soutenant qu'une cause de l'être en tant qu'être devrait expliquer pourquoi une chose existe, ce qui chez Aristote n'arrive pas[2].

D'autres tentatives de conserver l'unité de la métaphysique d'Aristote se rencontrant chez Wilson, Bell, Courtine, Duarte, Shields, Sefrin-Weis et Jaulin. Wilson se sert de ce qu'il appelle le rapport de « cumulation » parmi les genres de substance, consistant dans une priorité ontologique semblable à celle qui existe entre les genres d'âme (intellective, sensitive et végétative)[3]. Bell refuse l'interprétation fondée sur ce qu'il appelle la « cause universelle » (voir Décarie, Reale, Routila), selon laquelle la philosophie première est universelle parce qu'elle a comme objet le moteur immobile, qui est la cause de tous les êtres, parce que, selon Bell, le passage final de *Metaph.* E 1 ne fait pas allusion au moteur immobile du livre Λ, qui n'est pas la cause de l'être, mais fait allusion plutôt à des formes séparées, ou à des substances immatérielles, qui seraient la cause de la substantialité des substances sensibles[4]. Pour cette raison, Bell partage plutôt l'interprétation proposée par Owens, Patzig et Frede, tout en reconnaissant que, dans les textes d'Aristote, la doctrine de l'unité par référence à un (πρὸς ἕν) n'est pas appliquée explicitement aux substances immatérielles, même si ces dernières dans *Metaph.* Z 17 sont considérées comme les causes de l'être. En somme, selon Bell, la théorie du moteur immobile exposée au

Bari, Laterza, 1997, p. 199-240 ; M. Bastit, *Les quatre causes de l'être selon la philosophie première d'Aristote*, Louvain-la-Neuve, Peeters, 2002, p. 191-199.

1. J. Thorp, « Does Primacy Confer Universality ? Logic and Theology in Aristotle », *Apeiron*, 22, 1989, p. 101-125.

2. J. Barnes, « Metaphysics », dans *The Cambridge Companion to Aristotle*, Cambridge, Cambridge University Press, 1995, p. 66-108.

3. M. Wilson, *Aristotle's Theory of the Unity of Science*, Toronto, Buffalo, London, University of Toronto Press, 2000.

4. I. Bell, *Metaphysics, op. cit.*, p. 191-199.

livre Λ n'est pas la réalisation du projet annoncé dans *Metaph.* E 1, où Aristote dit que la philosophie première est universelle en tant que première[1]. Courtine, d'un côté, observe que le καί de la ligne 1026a30, tout en ne juxtaposant pas la philosophie première à la science universelle, ne les assimile pas non plus ; de l'autre côté, il reconnaît que le divin est un mode singulier et éminent d'apparition de l'étant et qu'il éclaire chaque étant et le tout de l'étant. La causalité du premier consiste, selon Courtine, dans sa « manifesteté », qui révèle toutes les autres choses à elles-mêmes. Il s'agit donc d'une primauté plus phénoménologique qu'ontologique[2]. Duarte et Shields se rattachent à la solution de Thomas d'Aquin, selon laquelle la « théologie » étudie la substance immobile en tant que cause et principe de l'être en tant qu'être tout entier, sans avoir recours à l'homonymie par référence à un, évoquée par Patzig et Frede[3].

Une solution différente a été proposée par Sefrin-Weis dans sa dissertation non encore publiée, mais qui est citée avec approbation par Gill[4], selon laquelle la science de l'être présentée par Aristote en *Metaph.* E 1 est une métaphysique générale, qui comprend la théologie comme une de ses parties, mais cette dernière ne doit pas être conçue comme la théologie systématique qu'on trouve chez les Stoïciens, le néoplatonisme et la théologie chrétienne, parce qu'elle n'est que l'extension de l'étude transcendentale de l'être à l'étude des substances immobiles, visant à établir leur statut ontologique[5]. Jaulin a récemment repris son interprétation d'il y a quelques années, en soutenant que la philosophie première est universelle parce qu'elle connaît les causes de tous les êtres, comme il résulte de *Metaph.* A 2, 982a19-b4, et parce que ces causes constituent la substance première, comme il résulte de *Metaph.* Γ 3, 1005a29-b8. Entre ce dernier passage et le passage final de *Metaph.* E 1, selon Jaulin, il y a une parfaite cohérence, avec la seule différence que Γ 3 expose comment la philosophie

1. *Ibid.*, p. 208-229.

2. J.-F. Courtine, *Inventio analogiae. Métaphysique et ontothéologie*, Paris, Vrin, 2005, p. 132 et p. 145-152.

3. S. Duarte, « Aristotle's Theology and Its Relation to the Science of Being *qua* Being », *Apeiron*, 40, 2007, p. 267-318 ; C. Shields, « Being *qua* Being », *in* C. Shields (ed.), *The Oxford Handbook of Aristotle*, Oxford, Oxford University Press, 2012, p. 364-366.

4. M. L. Gill, « First Philosophy in Aristotle », *in* M. L. Gill, P. Pellegrin (eds), *A Companion to Ancient Philosophy*, Malden, Blackwell, 2006, p. 347-373, note 9.

5. H. Sefrin-Weis, *Homogeneity, op. cit.*, p. 305-309. Quelques éléments de cette interprétation sont présents aussi dans l'article H. Sefrin-Weis, « *Pros hen* and the Foundations of Aristotelian Metaphysics », *in* J. J. Cleary, G. M. Gurtler, (eds), *Proceedings of the Boston Area Colloquium in Ancient Philosophy*, 24, 2008, p. 261-285, qui cependant concerne surtout le livre Γ.

est première parce qu'elle est universelle, tandis que E 1 expose comment la philosophie est universelle parce qu'elle est première [1].

À ces tentatives de réconciliation entre science de l'être et philosophie première se sont opposées celles d'autres interprètes, tels que Leszl, Dorion, Stevens, Wedin et Barnes. Leszl a repris son interprétation de la métaphysique d'Aristote comme une ontologie, qui, selon lui, est confirmée même par *Metaph.* Γ 3, 1005a33-b2, en affirmant qu'il faut interpréter *Metaph.* E 1 à la lumière de ce dernier passage. Il partage la traduction de 1026a16 proposée par Natorp, selon laquelle la science de l'être s'occupe *aussi* des réalités séparées et immobiles et il reconnaît que la présentation d'une science théologique en E 1 est en continuité avec *Metaph.* A 2. Mais cette science théologique, à son avis, n'est qu'une partie de la philosophie, qui est une science générale de la même manière que la mathématique générale et qui, selon Γ 2, 1004a2-9, comprend des parties qui correspondent aux genres de substances. Cependant le passage final de E 1, selon lequel la philosophie est universelle parce que première, selon Leszl est « déroutant » (*misleading*), parce qu'on aurait dû dire que la philosophie est première parce qu'universelle [2]. Dorion est encore plus drastique : sur la base de Γ 2, 1004a2-9, il affirme que la science de l'être coïncide avec la philosophie générale, dont la philosophie première n'est qu'une partie, et par conséquent il considère l'identification proposée en E 1 entre philosophie première et science universelle comme « incompatible et inconciliable » avec Γ 2 [3]. Stevens a repris son interprétation, fondée surtout sur *Métaphysique* Γ, selon laquelle la métaphysique d'Aristote est une ontologie, dont la philosophie première, ou théologie, n'est qu'une partie. Elle admet que l'affirmation de E 1, 1026a30-31 (la philosophie première est universelle en tant que première) peut être compatible avec Γ, grâce au parallélisme entre la philosophie et la mathématique, où la philosophie première correspond à l'arithmétique, dont l'objet est principe des objets des autres sciences mathématiques, même si la substance immobile qui forme l'objet de la philosophie première n'est qu'une cause motrice et pas une cause de l'être de tous les êtres. Ce qui est inacceptable, selon Stevens, est la phrase finale de E 1, 1026a31-32, que nous commenterons plus loin, qui identifie la philosophie première à la science de l'être en

1. A. Jaulin, « La philosophie première dans le livre Γ », dans Aristote, *Métaphysique* Gamma, *op. cit.*, p. 347-360.

2. W. Leszl, « On the Science of Being *qua* Being and its Platonic Background », *in* Aristote, *Métaphysique* Gamma, *op. cit.*, p. 217-265, spéc. 255-265, et la note 34.

3. L.-A. Dorion, « Un passage "déplacé" ? À propos de *Métaphysique* Γ 2, 1004a2-9 et des rapports entre philosophie et philosophie première », dans Aristote, *Métaphysique* Gamma, *op. cit.*, p. 323-346, spéc. 340-343.

tant qu'être : il s'agit d'une « flagrante contradiction », qui conduit à considérer cette phrase comme inauthentique [1]. Tout récemment, Wedin a observé que la simple dépendance causale de l'être par rapport aux substances immobiles est une connexion extrinsèque, qui n'explique pas vraiment l'être et n'est pas suffisante à assurer l'unité d'une science ; que la « référence à un » (πρὸς ἕν) invoquée par Patzig implique une priorité logique, qui n'existe pas entre les moteurs immobiles et les substances sensibles ; que la priorité logique des formes immatérielles par rapport aux formes matérielles invoquée par Frede n'est pas applicable au moteur immobile (qu'Aristote ne qualifie jamais de forme) ; qu'elle s'oppose à l'ordre du connaître admis par Aristote (qui va des choses sensibles aux réalités immatérielles) et qu'elle ne justifierait pas la primauté attribuée par Aristote à la physique s'il n'y avait aucune substance immobile. Par conséquent, selon Wedin, le passage final de *Metaph*. E 1 reste une *crux* qui continue à résister à une interprétation déterminée [2]. Plus récemment encore, Barnes, examinant notre passage de manière approfondie, a soutenu que ni la physique, si elle était la philosophie première, ni la théologie, qui semble jouer ce rôle pour Aristote, n'ont quelque chose à voir avec la science de l'être en tant qu'être, c'est-à-dire avec l'ontologie, parce qu'aussi bien la physique que la philosophie première traitent d'un objet particulier, tandis que l'ontologie traite de l'être en général. Il a en outre proposé une nouvelle ponctuation du passage en question, en suggérant de placer un point après πρώτη à la ligne 30, afin d'éviter l'alternative entre physique et philosophie première par rapport à la possibilité d'être universelle [3].

À mon avis, pour interpréter exactement notre passage, il faut préciser la signification exacte de l'expression « universelle dans ce sens-ci, c'est-à-dire parce que première » (καθόλου οὕτως ὅτι πρώτη) [4]. Comme l'a remarqué Tomás Calvo, dans un séminaire à Padoue le 23 février 2011, οὕτως est restrictif, il signifie « non universel tout court, dans un sens quelconque », mais « universel seulement dans ce sens-ci », c'est-à-dire dans le sens de « premier ». En effet, en *Eth. Eud*. VII 2, 1236a22-25, Aristote, critiquant les Académiciens, dit : « on recherche le premier

1. A. Stevens, « La science de l'être en tant qu'être, une nouvelle conception du savoir philosophique », dans Aristote, *Métaphysique* Gamma, *op. cit.*, p. 267-286.

2. M. Wedin, « The Science and Axioms of Being », *in* G. Anagnostopoulos (ed.), *A Companion to Aristotle*, Malden, Wiley-Blackwell, 2009, p. 125-143, spéc. 137-141.

3. J. Barnes, « The primary sort », *op. cit.*, spéc. p. 65-67.

4. Même la solution proposée par Zanatta, dans Aristotele, *Metafisica*, *op. cit.*, p. 46-48 et p. 980, selon laquelle la philosophie universelle serait l'unité analogique des disciplines concernant la substance, ne me semble pas suffisamment tenir compte de cette expression.

partout, mais parce que l'universel est premier, ils croient que le premier est universel : c'est une erreur ». Ce passage a été employé par Thorp pour réfuter toutes les interprétations qui identifient le premier avec l'universel[1]. Owens lui a répliqué que l'universel cité dans ce passage n'est que l'universel conçu comme le genre, qui se dit de toutes ses espèces avec la même signification, et que c'est celui-ci seulement qui ne peut être premier[2]. En effet, l'universel considéré par les Académiciens comme premier, c'est-à-dire comme principe, est précisément le genre, qui est prédiqué de tous dans le même sens[3], tandis que le premier, qu'Aristote introduit dans le texte cité pour reconduire à l'unité les différentes espèces d'amitié, est le sens premier d'amitié auquel tous les autres font référence et que les différentes espèces d'amitié contiennent dans leur définition. Donc le premier peut être universel, non à la manière où le genre est universel, c'est-à-dire en tant que prédiqué de tous, mais d'une autre manière.

Celle-ci est éclairée, à mon avis, en *Metaph.* A 2, où Aristote dit que, selon l'opinion commune, qu'il partage, le sage possède la science de toutes choses dans la mesure du possible, sans avoir une science de chacune d'elles en particulier (982a6-10). Or, poursuit Aristote, la science de toutes choses appartient nécessairement à qui possède au plus haut point la science de l'universel (καθόλου ἐπιστήμη), et « les choses les plus universelles » (τὰ μάλιστα καθόλου) sont celles qui sont les plus éloignées des sensations, c'est-à-dire « les objets premiers et les causes » (τὰ πρῶτα καὶ τὰ αἴτια), « car, par eux et à partir d'eux, on acquiert aussi la connaissance des autres choses, mais non la connaissance de ces objets et de ces causes par celle des choses qui leur sont soumises » (982b2-4, trad. Duminil-Jaulin, modifiée). Il me semble évident que, dans ce passage, Aristote explique ce qu'est l'universel dans le sens de premier : ce n'est pas le prédicat de plusieurs choses, mais la cause de plusieurs choses[4]. Par conséquent, la science universelle n'est pas la science qui comprend toutes les sciences particulières, comme dans le cas de la mathématique, mais la science qui connaît les causes et les principes de toutes choses, c'est-à-dire

---

1. J. Thorp, « Does Primacy Confer universality ? », *op. cit.*, p. 118-121.

2. J. Owens, « An Ambiguity in Aristotle, *EE* VII 2, 1236a23-24 », *Apeiron*, 22, 1989, p. 127-137.

3. Voir *Metaph.* B 3, 998 b 3-19, et mon article « Aporiai 6-7 » *in* M. Crubellier, A. Laks (eds), *Aristotle's* Metaphysics Beta, Oxford, Oxford University Press, 2009, p. 105-134.

4. J. Barnes, « The primary sort », *op. cit.*, note 9, nie que « premier » puisse être un sens de « universel », mais l'identification faite par Aristote entre « les choses les plus universelles » et « les objets premiers et les causes » montre qu'il y a un sens dans lequel le premier est un universel, précisément ce que la scolastique appelle *universale in causando*.

les principes de l'être en tant qu'être. Elle coïncide avec la philosophie première, dont l'objet, les substances immobiles et séparées, qui sont causes des astres et lui font mériter la qualification de science théologique, fait partie des causes premières de l'être en tant qu'être comme la première des causes motrices. Ces causes premières ne sont pas objet de la philosophie première dans le sens du γένος ὑποκείμενον, c'est-à-dire d'un *explanandum*, parce que celui-ci est l'être en tant qu'être, mais sont objet au sens de principes, c'est-à-dire de l'*explanans*, parce qu'elles expliquent l'être en tant qu'être. En somme, la philosophie première d'Aristote n'est pas universelle au sens de celle qui sera appelée dans la philosophie moderne *metaphysica generalis*; elle n'est pas particulière au sens de celle qui sera appelée *metaphysica specialis*, mais elle est universelle en tant que connaissance des causes de toutes choses.

L'argumentation par laquelle Aristote justifie l'universalité de la philosophie première n'est pas nouvelle; elle ne fait que répéter le passage de *Metaph.* Γ 3 plusieurs fois cité, où Aristote attribue l'examen des axiomes (principe de non contradiction et du tiers exclu) à la philosophie première, en observant que certains physiciens s'occupaient de ces axiomes non sans raison, car ils pensaient être les seuls à étudier la nature dans sa totalité, c'est-à-dire l'être, « mais, puisqu'il y a encore quelqu'un au dessus du physicien (car la nature n'est qu'un genre de l'être), l'examen des axiomes aussi relèvera de celui qui fait une étude totale (τοῦ καθόλου), c'est-à-dire de celui qui étudie la substance première (τὴν πρώτην οὐσίαν) » (1005a33-b2, trad. Duminil-Jaulin). Même ici, Aristote formule une alternative entre la physique et la philosophie première par rapport à la possibilité d'être une science universelle, et même ici il identifie la science de la substance première, c'est-à-dire la philosophie première, avec la science de l'être dans sa totalité, pour les mêmes raisons que nous avons vues à propos de *Metaph.* E 1, 1026 a 23-32, qui donc ne peut pas être une adjonction postérieure, ou faite par autrui, ou une contradiction, ou une incohérence[1]. La « substance première » mentionnée dans ce passage peut être constituée par les moteurs immobiles, qui sont dits tels en *Metaph.* Λ 8, 1073a30, ou par la forme, qui est dite telle en *Metaph.* Z 7, 1032b2; 11, 1037a5; 1037a28 : dans les deux cas, il s'agit d'une cause première, la première cause motrice ou la première cause formelle. Il n'est pas nécessaire que ces causes coïncident – au contraire, à mon avis, elles ne

---

1. J. Barnes, « The primary sort », *op. cit.*, p. 66-67, a parlé d'une incohérence, en proposant de la supprimer au moyen de la nouvelle ponctuation. Mais l'alternative entre physique et philosophie première par rapport à la possibilité d'être une science universelle est formulée de la même manière dans Γ 3 et E 1 ; par conséquent, il ne me semble pas possible de l'éliminer.

coïncident pas –, ni qu'elles soient suffisantes pour expliquer tout : en tous cas, elles sont des causes, donc des réalités premières, et elles sont universelles.

Les objections avancées par Aubenque, par Barnes et par les autres interprètes cités ci-dessus, à mon avis, ne sont pas décisives. Il est vrai, en effet, que des substances immobiles, on ne peut pas déduire les autres choses, comme le remarque Aubenque, parce que leur causalité n'est pas du même type que celle des principes des sciences particulières (définitions et hypothèses), mais elle rentre cependant dans les quatre types de causalité distingués pas Aristote en *Phys.* II 3 ou *Metaph.* Δ 2. Et il est vrai que les substances immobiles n'expliquent pas l'existence de tout ce qui est, comme le remarque Barnes (ce qui, au contraire, est fait par Dieu dans les philosophies créationnistes), mais les substances immobiles expliquent le mouvement des corps célestes et, à travers celui-ci, la génération et la corruption des corps terrestres ; elles sont donc causes de l'être (dans ce sens-ci, non dans le sens d'une création) au moins de ces derniers. C'est pour cette raison qu'Aristote peut qualifier le moteur immobile de « moteur de tout, comme premier de tout » (*Metaph.* Λ 4, 1070b34-35). Cela n'entraîne d'aucune manière une réduction de l'ontologie à la théologie – termes qui sont étrangers à Aristote –, parce que les causes divines, c'est-à-dire les moteurs immobiles des cieux, ne sont que quelques unes parmi les causes premières de l'être en tant qu'être, auxquelles il faut ajouter les premières causes matérielles (les éléments), les premières causes formelles (les formes des substances matérielles) et les premières causes finales (la réalisation parfaite de la forme ou la survie à travers la reproduction pour les êtres vivants)[1].

Il faut signaler pour finir l'interprétation de Stephen Menn, qui est d'accord avec la thèse de l'unification de la science de l'être en tant qu'être et de la science théologique à cause du parcours causal que cette science accomplit, en retrouvant les principes de l'être en tant qu'être, c'est-à-dire de tous les êtres, dans les substances immobiles qui lui confèrent l'attribut

---

1. La tendance à réduire l'ontologie à la théologie est présente, à mon avis, dans le commentaire de Seidl, non parce qu'il identifie l'être en tant qu'être au moteur immobile, comme le fait Merlan, mais parce qu'il réduit toutes les causes de l'être en tant qu'être au premier moteur immobile, conçu comme la seule véritable cause première. Il dit en effet (p. 422) que l'ontologie est la partie introductive (*einleitende Teil*) de la métaphysique, tandis que la théologie en est la partie conclusive (*abschliessende Teil*). C'est la même tendance, d'inspiration thomiste, que j'avais suivie moi-même dans mes premiers travaux. Une exception remarquable à cette tendance est l'étude de Bastit, *Les quatre causes, op. cit.*, p. 193, qui affirme d'une manière très claire : « si Dieu est l'une des causes, il n'est pas ces causes ».

de « théologique ». Pour confirmer cette thèse, Menn avance l'hypothèse que la solution proposée par *Metaph*. E 1, soit la réponse à la troisième aporie formulée par Aristote au livre B : « les substances relèvent-elles toutes d'une seule science ou de plusieurs ? » (997a15-16). Cette réponse consisterait à dire que toutes les substances, aussi bien mobiles qu'immobiles, relèvent de la même science, parce que les substances immobiles sont les principes des substances mobiles. Par conséquent, selon Menn, la division de la philosophie en deux parties, ayant comme objets respectivement les substances mobiles et les substances immobiles, proposée en *Metaph*. Γ 2, 1004 a 2-9, ne serait pas correcte, parce que, comme Aristote le dit en *Metaph*. Λ 1, 1069a36-b2, il y aurait deux sciences distinctes seulement s'il n'y avait aucun principe commun entre les deux genres de substances, mais, puisqu'il y a un principe commun, le moteur immobile, la science des substances ne peut être qu'une [1].

1026a31-32 : « et il appartiendrait à cette <science> d'examiner, à propos de l'être en tant qu'être, ce qu'il est aussi bien que les propriétés lui appartenant en tant qu'être ».

Les deux dernières lignes du chapitre posent des problèmes, même si l'on admet l'universalité de la philosophie première fondée sur la primauté de son objet, c'est-à-dire les causes premières, à moins qu'on n'identifie l'« être en tant qu'être » avec la substance première, c'est-à-dire avec le principe, comme c'est le cas de beaucoup d'interprètes que nous avons cités. En effet, comme l'a remarqué Stevens, ces lignes semblent faire allusion à un autre type d'universalité, qui n'est pas médiatisée par la fonction causale de son objet sur le réel, mais qui est l'universalité directe attribuée à la science de l'être en tant qu'être au début du livre Γ et de ce même livre E. Pour cette raison Stevens les considère comme une addition postérieure, contaminée par la version de K [2]. À mon avis, les deux types d'universalité, celle de l'être en tant qu'être et celle des causes premières, sont complémentaires, parce qu'ils sont respectivement, comme je l'ai dit plusieurs fois, l'universalité de l'être considéré en tant que γένος

---

1. S. Menn, *The Aim, op. cit.* Voir aussi l'article de D. Lefebvre, « La question de l'unité d'une science des substances: interprétations de *Métaphysique, Λ, 1, 1069a36-b2* », dans M. Bonelli (éd.), *Physique et métaphysique chez Aristote*, Paris, Vrin, 2012, p. 133-174, qui examine, à partir de ce passage, les différentes réponses données à la question de savoir s'il existe ou non un principe commun aux deux genres de substances et donc une seule science des substances.

2. A. Stevens, *L'ontologie d'Aristote, op. cit.*, p. 230-231. Cette possibilité avait été déjà envisagée par Leszl dans *Aristotle's Conception, op. cit.*, p. 536-537.

ὑποκείμενον, c'est-à-dire en tant qu'objet qui demande d'être expliqué – même si l'être n'est pas un genre –, et l'universalité des principes qui doivent l'expliquer. Dans la recherche de ces principes, en effet, on se pose la question «qu'est ce que l'être?», qui consiste précisément dans la recherche de la cause formelle. Cette recherche comporte la distinction des multiples significations de l'être, la découverte de la primauté de la substance parmi les genres de l'être, la question «qu'est ce que la substance?», la découverte de la primauté de la forme parmi les genres de substances, la correspondance entre le couple matière-forme et le couple puissance-acte, la primauté de l'acte sur la puissance, c'est-à-dire tout le contenu des livres ZHΘ de la *Métaphysique*. La même recherche comprend la détermination des attributs qui appartiennent à l'être en tant que tel, c'est-à-dire l'unité et la pluralité, l'identité et la diversité, objets du livre Iota, de même que la détermination du type d'être qui appartient aux objets des mathématiques, objet du livre M. Tous ces problèmes, en effet, dépendent, eux aussi, de la distinction des multiples significations de l'être et de la primauté de la substance. Le livre Λ, de son côté, n'est que l'exposition synthétique de cette recherche des principes de la substance, c'est-à-dire des principes de l'être, qu'il soit antérieur au reste de la *Métaphysique* – comme je le crois –, ou qu'il en constitue la conclusion. Il est vrai que, probablement, le livre Λ n'est pas la réalisation du projet formulé en *Metaph.* E 1, comme plusieurs interprètes l'ont remarqué, parce qu'il ne contient aucune mention de l'être en tant qu'être, et donc qu'il n'est pas la «théologie» d'Aristote, comme l'ont appelé Jaeger et Ross. C'est la raison pour laquelle je crois qu'il est antérieur à la plupart des autres livres.

Je crois qu'une des raisons qui nous rendent difficile la compréhension de *Metaph.* E 1 est la distinction traditionnelle entre une «ontologie», ou *metaphysica generalis*, et une théologie rationnelle, ou *metaphysica specialis*, distinction qui s'est produite au Moyen Âge à la suite de la conception scotiste de l'être comme prédicat univoque, incluant Dieu et les créatures comme des parties. Cette conception est à la base de la notion moderne d'«ontologie» comme science de l'être en général, qui en démontre les attributs généraux, et de la notion moderne de «théologie rationnelle» comme science de Dieu, qui en démontre l'existence et les attributs spéciaux. Ni l'une ni l'autre de ces deux notions n'appartiennent à Aristote, qui, au contraire, conçoit la science de l'être comme une science qui non seulement étudie les attributs appartenant par soi à l'être (un, identique, différent, non-contradictoire, etc.), mais qui en recherche aussi les causes et les principes, en distinguant ses significations, en découvrant parmi celles-ci la primauté de la substance, et en recherchant les causes premières des substances, qui sont différentes en genre, c'est-à-dire qui sont des causes matérielles, formelles, motrices et finales, sans qu'aucune d'elles soit la cause totale de l'être. La métaphysique d'Aristote, en conclusion, n'est ni simple ontologie, ou *metaphysica generalis*, ni simple théologie, ou *metaphysica specialis*, ni «onto-théologie», comme le veut Heidegger, mais elle est philosophie première, c'est-à-dire recherche des causes et des principes de l'être en tant qu'être. Pour toutes ces raisons, je me rallie complètement à Crubellier et Pellegrin, qui disent que la philosophie première n'est pas, à proprement parler, exclusivement l'étude des structures du divin, mais «la science des structures qui résultent, dans les choses, de leur dépendance par rapport à ce principe commun, c'est-à-dire des formes et de la substance première», et qu'elle est «l'étude des "choses divines" plutôt que du dieu lui-même, et ces choses divines sont les causes, dans la mesure où elles manifestent la nature du divin (E 1, 1026a16; A 2, 983a8)»[1].

---

1. M. Crubellier, P. Pellegrin, *Aristote, op. cit.*, p. 388-389.

Résumé du chapitre

Le début du chapitre 2 rappelle la distinction des quatre significations de l'être qu'Aristote expose aussi ailleurs, c'est-à-dire l'être par accident, l'être comme vrai, l'être exprimé par les catégories et l'être en puissance et en acte (1026a33-b 2). Aristote déclare s'occuper avant tout de l'être par accident, pour montrer qu'il ne peut être l'objet d'aucune recherche scientifique. Il en donne pour preuve le fait qu'aucune science ne s'en occupe, parce que, par exemple, l'architecte ne s'intéresse pas aux effets accidentels de la maison qu'il construit et le géomètre ne s'intéresse pas aux aspects accidentels des triangles (1026b2-12). Cela montre que l'être par accident, ou l'accident tout court, n'est pas un véritable être, mais il est comme un nom, et c'est pour cette raison que Platon attribuait comme objet à la sophistique le non-être. Les sophistes, en effet, se servent de l'être par accident dans leurs arguments, lorsqu'ils discutent si musicien et grammairien, ou Coriscos et musicien, sont différents ou identiques (1026b12-21). Un autre signe de la proximité de l'être par accident au non-être est le fait que l'être par accident n'est sujet ni à génération ni à corruption (1026b21-24). Cependant on peut dire, pour autant que c'est possible, quelle est la nature et quelle est la cause de l'être par accident (1026b21-27).

À ce point, Aristote introduit sa doctrine selon laquelle les êtres, ou les événements – qui sont eux aussi des êtres –, peuvent ou bien être nécessaires, c'est-à-dire éternels, ou bien exister dans la plupart des cas, ou bien ni être nécessaires ni exister dans la plupart des cas. L'être par accident se trouve dans cette troisième catégorie, c'est-à-dire qu'il n'arrive ni toujours ni dans la plupart des cas, comme, par exemple, une tempête en période de canicule, ou un homme qui devient blanc (au sens de pâle), ou un architecte qui guérit quelqu'un, ou un cuisinier qui contribue à la santé (1026b27-1027a5). La cause de ces accidents n'est aucune capacité déterminée, mais est une cause qui est elle-même un être par accident. D'ailleurs, puisque les êtres ne sont pas tous nécessaires ni n'existent tous dans la plupart des cas, l'être par accident en un certain sens existe nécessairement : il est précisément le signe que les êtres ne sont pas tous nécessaires ni n'existent tous dans la plupart des cas. On peut dire aussi que la cause de l'être par accident est la matière, parce que celle-ci peut être autrement que ce qu'elle est dans la plupart des cas. Une autre détermination de la nature de l'être par accident est son identification avec ce qui arrive d'une manière ou d'une autre, ce qui, dans la *Physique*, est appelé hasard (1027a5-16).

La comparaison entre l'être par accident et l'être nécessaire pose le problème de savoir s'il existe vraiment des êtres nécessaires, c'est-à-dire éternels, mais Aristote renvoie cette discussion, en affirmant de nouveau que, de l'être par accident, il ne peut y avoir aucune science, puisque toute science est ou bien du nécessaire ou bien de ce qui arrive dans la plupart des cas. La science, en effet, doit pouvoir être apprise ou enseignée ; or ces opérations impliquent des définitions, et les définitions ne sont valables que toujours ou dans la plupart des cas : par exemple, on peut avoir la science du fait que l'hydromel apporte dans la plupart des cas une amélioration de son état à celui qui a de la fièvre, mais on ne peut pas avoir la science du fait que cela puisse ne pas arriver à la nouvelle lune : ce dernier cas est précisément un être par accident (1027a16-29).

COMMENTAIRE

1026a33-b4 : « Mais, puisque l'être, celui qui est dit simplement, se dit de plusieurs manières, parmi lesquelles l'une était l'être par accident, l'autre l'être comme vrai, et le non-être comme faux, et, à côté de ceux-ci, il y a les figures de la prédication (par exemple qu'est-ce qu'<une chose> est, quelle est sa qualité, quelle sa quantité, où est-elle, dans quel moment, et s'il y a quelque autre chose que <l'être> signifie de cette manière), et en outre, à côté de tous ceux-ci, l'être en puissance et en acte ; puisque donc l'être se dit de plusieurs manières, premièrement il faut dire, à propos de l'être par accident, qu'il n'y a aucune recherche scientifique qui le concerne ».

Les commentateurs anciens ne disent rien à propos du lieu auquel Aristote semble renvoyer quand il emploie l'imparfait à propos de l'être par accident. Le pseudo-Alexandre se limite à ajouter : « comme il a été dit » (p. 448, 2), sans préciser où. Par contre, les commentateurs modernes (Bonitz, Ross, Tricot, Reale) identifient tous ce lieu avec le livre Δ, chapitre 7, où Aristote expose les mêmes quatre sens de l'être, quoique dans un ordre différent : être par accident, être par soi (équivalent aux catégories), être comme vrai, être en puissance et en acte. Natorp admet lui aussi une référence au livre Δ, mais cela ne suffit pas pour lui à assurer l'authenticité des chapitres 2-4 du livre E, parce que, selon lui, Aristote aurait dû renvoyer au livre Γ, où il présente pour la première fois la distinction des sens de l'être, en les réduisant tous à la substance. Or, continue Natorp, en E 2, il n'y a aucune trace de cette réduction; en outre E 2 ajoute à l'accident logique, mentionné en Δ 7, l'accident physique, mentionné en *Phys.* II 5, et après avoir parlé de l'être comme vrai, il ne dit plus rien des deux autres sens distingués en Δ 7, c'est-à-dire de l'être par soi et de l'être comme puissance et acte. Tout cela prouve, selon Natorp, que l'ensemble E 2-4 n'est pas authentique et qu'il a été introduit dans la *Métaphysique* par un péripatéticien mineur[1]. Jaeger, de son côté, observe que le début du livre Z (1028a10-11) rappelle également la distinction des significations de l'être, mais en renvoyant au livre Δ, ce qui prouve, à son avis, que les chapitres E 2-4 sont postérieurs à la rédaction des deux groupes ABΓE 1 et ZHΘIM, l'un plus ancien et l'autre plus récent, et qu'ils ont été introduits par Aristote comme un élément d'union entre ces deux groupes[2]. Dumoulin, au contraire, doute de la référence de E 2 à Δ 7 et considère l'ensemble E 2-4 comme appartenant au noyau le plus ancien de la *Métaphysique*[3]. Martineau trouve une série d'imperfections partout dans les chapitres 2-4 et les juge, de même que E 1, complètement inauthentiques[4]. Finalement Menn revient à l'opinion traditionnelle, selon laquelle E 2 renvoie à Δ 7[5].

Aucune de ces hypothèses, à mon avis, ne peut être prouvée. Je me contenterai de remarquer que l'imparfait de la ligne 1026a34 («l'une était l'être par accident») ne doit pas nécessairement renvoyer à un lieu déterminé, parce que la doctrine en question pouvait avoir été énoncée par Aristote plusieurs fois pendant ses cours. On pourrait ajouter que l'expression «l'être qui est dit simplement» (τὸ ὂν τὸ ἁπλῶς λεγόμενον), qui se trouve au début du chapitre 2, rappelle presque à la lettre celle de E 1, 1025b9 (περὶ ὄντος ἁπλῶς, «de l'être simplement»), ce qui signifie qu'Aristote est en train de parler du même être mentionné au chapitre précédent pour dire qu'aucune des sciences particulières ne s'en occupe, et donc, en introduisant la première de ses significations, c'est-à-dire l'être par accident, il peut trouver naturel d'employer l'imparfait pour signaler

1. P. Natorp, «Thema und Disposition», *op. cit.*, p. 551-554.
2. W. Jaeger, *Aristoteles, op. cit.*, p. 209-211.
3. B. Dumoulin, *Analyse génétique, op. cit.*, p. 144-146.
4. E. Martineau, «De l'inauthenticité», *op. cit.*, p. 489-495.
5. S. Menn, *The Aim, op. cit.*, IΓ1c.

qu'il s'agit d'une signification du même être dont il a déjà parlé[1]. Il reste vrai que, pour comprendre la signification de l'être par accident, il faut se rappeler de ce qu'Aristote en a dit en Δ 7, c'est-à-dire que, dans ce cas, le verbe « être » signifie simplement une conjonction non nécessaire entre deux termes, tels que l'homme et le musicien ou le juste et le musicien ou le musicien et l'architecte (1017a6-11 : « car "ceci *est* ceci" signifie "ceci *est arrivé à* ceci" »). Pour cette raison Kirwan préfère à la traduction tradition-nelle la traduction nouvelle « *that which is coincidentally* » et Duminil-Jaulin le traduisent par « être par coïncidence ». Comme il est bien connu, le terme « accident », en grec συμβεβηκός, participe parfait du verbe συμβαίνω, possède les deux significations principales de ce verbe, c'est-à-dire "marcher ensemble" et "s'ensuivre", et donc désigne aussi bien ce qui marche fortuitement ensemble avec autre chose et ce qui résulte nécessai-rement d'autre chose. En tout cas, donc, il désigne une conjonction, fortuite ou nécessaire, avec autre chose. Dans l'expression « être par accident », le terme « accident » a seulement la première de ces deux significations, tandis que, pris isolément, il a dans la plupart des cas la première, mais parfois chez Aristote aussi la deuxième signification.

La littérature sur l'être par accident est très vaste : aux commentaires classiques de la *Métaphysique*, on peut ajouter avant tout la dissertation de Brentano sur les significations de l'être chez Aristote, qui est devenue un classique[2]. Selon Brentano, qui, à propos de l'être par accident, concentre son attention sur la signification de l'être, en négligeant le problème de ce qu'est l'accident en général pour Aristote, l'être par accident est « un étant en vertu de l'être de ce qui coïncide fortuitement avec lui » (p. 25-26), et qui « reçoit le nom d'étant en vertu d'un être à lui étranger qui se trouve fortuitement aller de pair avec lui » (p. 35-36). Il faut faire attention qu'ici « étant » ne signifie pas ce qui existe simplement, mais ce qui est quelque chose de déterminé.

Mentionnons aussi le livre de de Rijk sur les catégories de l'être chez Aristote, qui distingue l'être par accident, conçu comme un être purement logique – c'est-à-dire l'être de la copule employé pour exprimer l'unité accidentelle du sujet et du prédicat de la proposition –, de l'accident onto-logique, c'est-à-dire de tout être qui appartient aux catégories différentes de la substance (qualité, quantité, relation, etc.) et qui dépend pour son

---

1. À propos de l'« être simplement » voir C. Kirwan, « Further Comments (1992) », *in* Aristotle, *Metaphysics, op. cit.*, qui, dans un premier temps, l'a interprété comme signifiant l'existence (p. 189), avant de retirer cette interprétation (p. 214-215).

2. F. Brentano, *Von der mannigfachen Bedeutung des Seienden nach Aristoteles*, Freiburg i. B., Herder, 1862 (réimpr. Hildesheim, Olms, 1984, trad. fr., *Aristote, Les significa-tions de l'être*, Paris, Vrin, 1992).

existence d'un substrat auquel il appartient[1]. Une réponse à de Rijk a été donnée par Madeleine van Aubel, qui, tout en concédant la distinction entre accident logique et accident ontologique, souligne que l'accident logique aussi, c'est-à-dire l'attribution accidentelle, signifie toujours quelque chose de réel, voire un fait, accidentel lui aussi, mais cependant réel[2]. Les deux traités les plus complets sur l'accident en général sont les livres de Alban Urbanas et Amalia Quevedo. Le premier examine la signification de l'accident dans toutes les œuvres d'Aristote, en montrant que, dans les *Topiques*, il est un des « prédicables », c'est-à-dire qu'il indique une forme d'appartenance du prédicat au sujet qui n'est ni essentielle ni coextensive (*Top.* I 5, 102b5-25) ; dans les *Analytiques*, il indique une appartenance qui peut être aussi bien fortuite que nécessaire, et, dans ce dernier cas, il est appelé « accident par soi », mais on devrait dire « attribut par soi » (*An. Post.* I 22) ; dans les *Catégories*, il désigne toute catégorie différente de la substance. Dans tous les cas, selon Urbanas, l'accident exprime une forme d'appartenance ; dans la *Métaphysique*, il indique ce qui appartient à quelque chose exceptionnellement, c'est-à-dire ni toujours ni dans la plupart des cas, mais il indique aussi ce qui, tout en ne faisant pas partie de l'essence d'une chose, lui appartient nécessairement, comme par exemple avoir ses angles égaux à deux angles droits pour un triangle (*Metaph.* Δ 30)[3]. Le livre de Quevedo est aussi complet et informé ; il insiste sur la doctrine aristotélicienne de l'accident comme preuve qu'Aristote n'est pas déterministe et qu'il admet dans la réalité une vaste zone de contingence[4]. Ces deux livres portent une grande attention au livre E de la *Métaphysique*. Une autre contribution importante au problème de l'accident est celle de Kirwan dans les « Further Comments (1992) » de son commentaire à *Metaph.* Γ[5]. Bien qu'intéressé surtout par les discussions suscitées par la théorie d'Aristote dans les milieux de la logique et de la philosophie analytique, Kirwan examine avec beaucoup de profondeur les passages sur l'identité par accident contenus au livre E. Ce dernier texte, au contraire, est presque absent des articles de Ebert et Tierney, tous les

---

1. L.M. de Rijk, *The place of the categories of being in Aristotle's philosophy*, Assen, van Gorcum, 1952, p. 31-35 et 43-49.

2. M. van Aubel, « Accident, catégories et prédicables dans l'œuvre d'Aristote », *Revue philosophique de Louvain*, 71, 1963, p. 361-401.

3. A. Urbanas, *La notion d'accident chez Aristote*, Montréal, Bellarmin, Paris, Les Belles Lettres, 1988.

4. A. Quevedo, *"Ens per accidens". Contingencia y determinación en Aristóteles*, Pamplona, EUNSA, 1989.

5. C. Kirwan, « Further Comments (1992) », *in* Aristote, *Metaphysics, op. cit.*, p. 208-214, 217-222.

deux très informés, mais engagés l'un à montrer l'incohérence de la doctrine aristotélicienne de l'accident et l'autre à en défendre la cohérence[1]. Dernièrement, Francesca Masi a consacré un article à la théorie de l'accident en *Metaph.* E 2[2], mais l'on peut trouver beaucoup de pages consacrées à l'être par accident aussi dans le livre récent de Gabriela Rossi[3], chez Aubenque[4] et dans le livre en cours de publication de S. Menn.

Beaucoup d'interprètes ont observé que le chapitre 2 s'ouvre par une protase qui n'a pas d'apodose, mais aussi que le « puisque » de la ligne 1026a33 est repris par le « puisque donc » de la ligne 1026b1, qui résume la protase toute entière et signe le passage à l'apodose. Pour cette raison Christ, Ross et Jaeger à la ligne 1026b2 lisent comme ἐπεὶ δή, "puisque donc", le ἐπειδὴ du manuscrit E, au lieu de ἐπεὶ δὲ, "mais puisque", du manuscrit A[b], édité par Bekker. Quant aux significations de l'être, elles coïncident, comme nous l'avons déjà dit, avec celles distinguées en Δ 7, mais l'ordre de la succession est différent. Les « figures de la prédication » sont mentionnées en Δ 7, 1017a23 aussi, comme des significations de l'être par soi, c'est-à-dire conçues comme signifiant de véritables types d'être et non une simple conjonction entre deux êtres différents, et correspondent aux catégories.

Masi propose d'attribuer une valeur causale au ὅτι de la ligne 1026b3, ce qui équivaut à traduire ainsi : « puisque il n'y a [encore] aucune étude qui le concerne » (p. 39). Je suis d'accord avec la thèse de Masi, selon laquelle E 2 représente une véritable étude de l'être par accident, qui donc se révèle possible – comme d'ailleurs l'avait déjà remarqué Brentano (p. 33) –, mais il me semble que son interprétation causale du ὅτι est démenti par la suite du texte, qui introduit un « signe » (σημεῖον) de l'affirmation selon laquelle l'être par accident ne peut être l'objet d'aucune recherche scientifique et montre ainsi que ceci est la thèse présentée comme la thèse à prouver. Cela n'exclut pas, évidemment, que la philosophie première, en tant que science de l'être, puisse définir, et, de cette façon, expliquer, le concept d'être par accident, ce qu'Aristote est en train de faire en E 2.

1. T. Ebert, « Aristotelian Accidents », *Oxford Studies in Ancient Philosophy*, 16, 1998, p. 133-159 ; R. Tierney, « On the senses of *"symbebekos"* in Aristotle », *ibidem*, 21, 2001, p. 61-81.

2. F. G. Masi, « La filosofia e l'accidente : Aristotele, *Metafisica*, E 2 », *Dianoia*, 15, 2010, p. 7-42.

3. G. Rossi, *El azar según Aristóteles. Estructuras de la causalidad accidental en los procesos naturales y en la acción*, Sankt Augustin, Academia Verlag, 2011, p. 181-235.

4. P. Aubenque, « De "Socrate assis" à l'homme nouveau : péripétie et catastrophe dans la pensée grecque », dans C. Natali (ed.), *Aristotle, op. cit.*, p. 47-76.

1026b4-10 : « En voilà un signe : aucune science, en effet, ni pratique, ni productrice, ni théorétique, ne fait attention à cet être. En effet, celui qui construit une maison ne produit pas toutes les <particularités> qui arrivent à la maison en même temps qu'elle est venue à l'être, parce qu'elles sont infinies ; car rien n'empêche que la <maison> qui a été construite, pour certains soit douce, pour certains autres funeste et pour certains autres encore avantageuse, et qu'elle soit différente – pour ainsi dire – de tous les êtres : toutes choses dont l'architecture n'est productrice d'aucune ».

Comme signe de l'impossibilité, ou de l'inexistence, d'une recherche scientifique sur l'être par accident, Aristote mentionne le fait qu'aucune science ne porte son attention sur ce sujet. Martineau (p. 492) trouve que la tournure de la phrase est une lourdeur et un hapax, mais il est le seul qui ait cette impression et le mot ἐπιμελὲς (« attention, préoccupation ») n'est nullement un hapax pour Aristote (voir Bonitz, *Index aristotelicus*). Parmi les sciences qui ne s'occupent pas de l'être par accident, Aristote mentionne premièrement une science productrice, l'architecture, et deuxièmement une science théorétique, la géométrie, en négligeant complètement les sciences pratiques. À ce propos, Masi se demande justement si Aristote n'a pas voulu laisser de côté la question assez épineuse du statut de l'accident dans le domaine du savoir pratique[1]. Quant à l'architecture, Aristote observe que cette science, ou cet art, est bien la cause de la maison, mais qu'elle n'est pas responsable des particularités qui peuvent accompagner la maison construite. Ces particularités « arrivent » à la maison, une fois qu'elle a été construite, donc il s'agit d'accidents, ou mieux de ce que la maison est « par accident », par exemple douce, ou funeste, ou aisée. L'être par accident mentionné ici est du type « maison douce », ou « maison funeste », c'est-à-dire qu'il est une conjonction fortuite entre la maison et une certaine particularité. De cette conjonction, l'architecture n'est aucunement responsable ; donc l'être par accident n'est pas l'objet de la science productrice en question.

Les commentateurs semblent ne voir aucun problème dans le fait que, parmi ces accidents, Aristote mentionne le fait d'être, pour la maison, différente de tous les êtres. C'est ignoré par Asclépius et mentionné d'une manière curieuse par le pseudo-Alexandre, qui observe que l'architecture ne s'intéresse pas à la question de savoir si la maison est différente ou identique par rapport à l'homme et si elle est différente de tous les êtres, aussi bien sensibles qu'intelligibles (p. 448, 23-25). Thomas d'Aquin

---

1. F.G. Masi, « La filosofia e l'accidente : Aristotele, *Metafisica*, E 2 », *op. cit.*, p. 9, note 6.

mentionne cette particularité sans la discuter. Bonitz et Schwegler n'en disent rien, tandis que Ross observe que la même particularité, c'est-à-dire d'être différente de tous les autres êtres, peut être dite de toute chose et donc n'appartient pas à la maison en tant que maison (p. 358). Cela est vrai, mais cette particularité ne semble pas être un exemple utilisé pour illustrer un accident de la maison, justement parce qu'elle peut être dite de toute chose. Tricot et Reale suivent Ross, et Kirwan trouve que les autres exemples non plus, qu'il comprend comme « agréable et bienfaisant », ne sont pas heureux, parce qu'un bon architecte doit se préoccuper de construire des maisons qui soient « agréables et bienfaisantes » pour leurs habitants (p. 190). La même remarque avait déjà été faite par Aubenque, pour lequel l'exemple d'Aristote n'est probant que selon une conception de l'architecture qui ne fait pas rentrer les considérations d'hygiène dans la définition de la maison[1]. Je crois que cette difficulté peut être éliminée si l'on traduit par « douce » et « funeste », parce que, de cette façon, on attribue à Aristote une allusion aux événements qui peuvent arriver à une maison dans le cours de la vie de ses habitants, par exemple d'être le lieu où l'on a vécu des événements heureux (un mariage bien réussi, de beaux enfants), et, dans ce cas, elle sera douce, ou des événements tristes (la mort d'une personne aimée), et, dans ce cas, elle sera funeste. Or, rien de cela ne dépend de l'architecte.

Récemment Masi a attiré l'attention sur le dernier exemple d'être par accident, c'est-à-dire le fait d'être différent de tous les êtres, observant d'abord que le καὶ de la ligne 1026b9 distingue clairement cet exemple des précédents (p. 10, note 8) ; ensuite, qu'il semble être un exemple déroutant par rapport à la définition d'accident (p. 34) ; et finalement que l'étude de la diversité appartient à la science de l'être en tant qu'être, parce que la diversité, comme Aristote le dit en *Metaph.* Γ 2, 1004a18, b5-8, est une de ses propriétés[2]. Je crois que l'exemple utilisé par Aristote, bien que différent des précédents, n'est pas déroutant, parce que la définition de l'être par accident est celle d'une conjonction fortuite entre deux êtres qui sont différents l'un de l'autre, comme « homme », « musicien », « architecte » (voir *Metaph.* Δ 7), et que cette conjonction pose le problème d'établir si un être comme « homme » est identique ou différent par rapport à « homme musicien ». Aristote mentionne ce problème en *Metaph.* Γ 2, 1004b1-3, où il se demande à qui il appartient d'établir si Socrate et Socrate assis sont la même chose. L'identité ou la différence entre des êtres comme Socrate et Socrate assis était, comme l'a remarqué récemment Aubenque,

---

1. P. Aubenque, *Le problème de l'être*, *op. cit.*, p. 139-140, note 4.
2. F.G. Masi, « La filosofia e l'accidente », *op. cit.*, p. 36.

un problème discuté dans toute la pensée grecque, d'Épicharme aux sophistes (voir Platon, *Euthydème* 283 c), des stoïciens à saint Paul et à Plutarque, qu'Aristote résout par la notion d'être par accident, en affirmant que les êtres par accident ne sont pas identiques à leur essence, tandis que les êtres par soi le sont et restent identiques à eux-mêmes malgré le changement de leurs accidents[1]. Brentano avait d'ailleurs déjà dit que l'être par accident « reçoit le nom d'étant en vertu d'un être étranger à lui qui se trouve fortuitement aller de pair avec lui », soulignant ainsi la différence qu'il implique par rapport aux autres êtres.

1026b10-12 : « De la même manière, le géomètre n'étudie pas non plus les choses qui de cette façon sont arrivées aux figures, ni si le triangle est différent du triangle qui a <les angles égaux à> deux droits ».

De même que l'architecture, science productrice, ne s'occupe pas de ce que son objet, c'est-à-dire la maison, est par accident, la géométrie, science théorétique, ne s'occupe pas des accidents (« les choses qui de cette manière sont arrivées ») de son objet, c'est-à-dire des figures. Ici Aristote parle des « accidents », mais il entend encore par cette expression l'être par accident, c'est-à-dire ce que les figures sont par accident, en tant que considérées avec certaines particularités, comme il résulte de l'exemple du triangle. Cet exemple a créé des problèmes aux commentateurs, qui l'ont interprété de manières différentes. Asclépius donne comme exemple de ce que les triangles peuvent être par accident, ce dont le géomètre ne s'occupe pas, le fait qu'ils se trouvent « à droite ou à gauche ». En outre, il oppose à la question formulée par Aristote, « si le triangle est différent du triangle qui a <les angles égaux à> deux droits », dont géomètre ne s'occupe pas, la question de savoir si, dans tout triangle, les angles sont égaux à deux droits, dont le géomètre s'occupe, sans expliquer la signification de l'exemple donné par Aristote (p. 365,12-17). Plus loin, il ajoute que le géomètre n'étudie pas si le triangle est d'argent ou de bronze (p. 366, 2-3). Le pseudo-Alexandre, en suivant sans doute cette dernière suggestion, cherche à expliquer l'exemple, en accusant Aristote d'avoir omis de préciser que la question concerne la différence entre le triangle géométrique et un triangle de bois ou de pierre (p. 448, 28-35). Évidemment, pour lui, les accidents du triangle ne consistent pas dans le fait d'avoir les angles égaux à deux droits, comme le dit Aristote, mais dans des particularités sensibles, comme le fait d'être de bois ou de pierre. Le pseudo-Philopon (p. 24 v.) et Thomas d'Aquin (c. 1175) suivent le pseudo-Alexandre. Schwegler et

1. P. Aubenque, « De "Socrate assis" », *op. cit.*

Bonitz citent l'interprétation du pseudo-Alexandre comme possible, mais lui opposent comme explication alternative le fait qu'en *Metaph.* Δ 30, 1025a32, Aristote considère la propriété d'avoir les angles égaux à deux droits (= 2R) comme un « accident » du triangle, même si Aristote lui-même reconnaît qu'il s'agit d'une propriété par soi, quoique non contenue dans l'essence, c'est-à-dire dans la définition, du triangle. Pour cette dernière raison, Schwegler (IV, p. 21) et Bonitz (p. 287) ne sont pas satisfaits de cette explication alternative.

Ross, par contre, refuse l'explication du pseudo-Alexandre en tant qu'étrangère au texte d'Aristote, et accepte l'explication alternative de Schwegler et Bonitz, en observant que le fait que 2R soit un accident par soi n'est pas une difficulté, parce que la question dont le géomètre ne s'occupe pas, selon Aristote, n'est pas celle de savoir si le triangle a ou n'a pas la propriété 2R, mais si le triangle tout court est identique au triangle considéré avec 2R ou bien s'il en est différent. Ceci, continue Ross, est un *sophistical puzzle* du type discuté par Aristote dans les *Réfutations sophistiques* (c. 13), parce que, si quelqu'un répond que le triangle tout court est différent du triangle avec 2R, le sophiste peut le réfuter en observant que la triangle possède réellement cette propriété, et s'il répond qu'il est identique, le sophiste peut le réfuter en observant que l'on peut substituer « triangle avec 2R » à « triangle », en disant que le triangle avec 2R a 2R, et en poursuivant de cette manière à l'infini (p. 358-359). Effectivement, en *Soph. El.* 13, Aristote, tout en employant un exemple différent (« double » et « double de la moitié »), cite cet argument comme employé par les sophistes pour montrer que leur adversaire, quelle que soit sa réponse, tombe dans une forme de bavardage (ἀδολεσχία), c'est-à-dire de répétition inutile. Apostle observe que le problème en question n'est pas géométrique, mais philosophique, et que le géomètre peut le discuter seulement en tant qu'il est, par accident, philosophe (p. 319, note 3). Tricot (p. 336) et Calvo (p. 271, note 9) acceptent l'explication de Ross. Reale l'accepte lui aussi comme plus fidèle au texte d'Aristote, mais il lui préfère celle du pseudo-Alexandre comme plus cohérente avec la thèse générale d'Aristote (p. 302-303). Zanatta, finalement, revient à l'explication du pseudo-Alexandre, en la corrigeant pour que l'on comprenne qu'elle concerne le rapport entre le triangle géométrique et les triangles empiriques, indépendamment de la matière dont ceux-ci sont faits (p. 982-983) [1].

---

1. Le problème a été discuté aussi par Dorothea Frede dans la note 6 de son article « Accidental Causes in Aristotle », *Synthese*, 92, 1992, p. 39-62, qui renvoie à *PA* I 3, 643a28, où Aristote dit également que le fait d'avoir ses angles égaux à deux angles droits est une sorte d'accident pour le triangle.

Je crois que Ross a raison, parce qu'Aristote, même s'il parle d'« accidents » des figures, veut donner un exemple d'« être par accident », indépendamment du fait qu'il s'agisse d'un accident fortuit, comme le fait d'être douce pour une maison, ou d'un accident par soi, comme le fait d'avoir 2R pour un triangle. L'être par accident qu'il mentionne est « triangle ayant deux droits » et sa thèse est que le géomètre ne s'intéresse pas à la question de savoir si cet être par accident est identique au triangle tout court ou s'il en est différent. Il s'agit, comme l'a montré Aubenque, d'un problème traditionnel pour la pensée grecque, surtout après l'usage que les sophistes ont fait de cet argument pour réfuter leurs adversaires. Aristote l'affronte en *Metaph.* Z 4 dans le contexte d'une discussion « dialectique » (1029b13) et il le résout, comme le dit Aubenque, en *Metaph.* Z 6, 1032a15-28, où il montre que, tandis que les êtres par soi coïncident avec leur essence, les êtres par accident ne coïncident pas avec leur essence, tout en ayant réellement les accidents qu'ils ont[1]. Donc l'exemple est parfaitement satisfaisant.

1026b12-14 : « Et cela a lieu avec raison, puisque l'accident est seulement comme un nom ».

Asclépius et le pseudo-Alexandre à la ligne 1026b13 lisent ὄνομά τι μόνον, « n'est que comme un nom ». Selon Asclépius, l'être par accident n'est qu'un nom parce qu'il n'a pas d'existence stable et autonome, mais il existe en autre chose et il est à la suite d'autre chose (p. 367, 22-23). Selon le pseudo-Alexandre, l'être par accident est comme le bouc-cerf, nom cité par Aristote en *De interpretatione* 16a16, qui n'est aucune chose, de même que la maison qui pour quelqu'un est saine et pour quelqu'un d'autre ne l'est pas (p. 448, 35-449, 6). Même explication chez le pseudo-Philopon (p. 24 verso). Thomas d'Aquin, qui lit la traduction de ὀνόματι (*nomine*, « par un nom »), interprète l'être par accident, de même que l'un par accident, comme une union purement nominale, qui n'est pas une union réelle (c. 1176). Ross aussi parle d'un problème purement verbal, qui demande simplement une clarification de la signification des mots (p. 359). Tricot se rattache au pseudo-Alexandre (p. 336), tandis que Reale reproduit les trois interprétations, du pseudo-Alexandre, de Thomas et de Ross, sans prendre position (p. 303-304). Brentano lit lui aussi ὀνόματι, comme Thomas d'Aquin, et il cite la distinction faite par Aristote en *Catégories* 5, 2a21, entre la prédication selon le nom et la prédication selon la définition, en disant que l'accident, par exemple le blanc, est attribué à un sujet, par

1. P. Aubenque, « De "Socrate assis" », *op. cit.*, p. 49.

exemple à l'homme, seulement comme nom, et non comme définition[1]. La même explication est donnée par Aubenque, qui conclut que l'être par accident n'a d'autre existence que celle qui lui est conférée par le discours prédicatif[2]. Kirwan semble aussi préférer ὀνόματι et pense que la correction adoptée par les éditeurs (mais qui n'est pas une correction, comme nous l'avons dit) peut difficilement signifier qu'Aristote considère les arguments des sophistes comme dus à des ambigüités de langage (p. 192). Zanatta pense que l'accident est comme un nom qui se réfère à une chose individuelle, mais n'est pas cette chose (p. 983-984). Masi résume la discussion sans prendre position (p. 11, note 12). À mon avis, plusieurs commentateurs confondent l'être par accident, qui est une conjonction entre deux êtres, avec l'accident, qui est un être, et pour cette raison ont des difficultés à expliquer comment il peut n'être qu'un nom. Mais Aristote veut dire précisément cela : l'être par accident, étant une conjonction, exprimée par un couple de noms (« homme musicien »), a la même valeur qu'un nom. Cela ne veut pas dire qu'il ne signifie rien : les noms, pour Aristote, signifient bien un être, mais, en tant que noms, ils ne sont pas des êtres. Cela vaut pour l'être par accident : il est une connexion de noms qui signifie une conjonction fortuite, précisément « accidentelle », entre deux êtres qui n'ont rien en commun.

1026b14-21 : « C'est pour cela que Platon de quelque façon rangea non sans raison la sophistique du côté du non-être, parce que les arguments des sophistes portent surtout, pour ainsi dire, sur l'accident, <par exemple> si musicien et grammairien sont différents ou identiques, et <de même si> Coriscos musicien et Coriscos <sont différents ou identiques>, et si tout ce qui est, sans être toujours, est devenu, de sorte que si, étant musicien, il est devenu grammairien, aussi étant grammairien, <il est devenu> musicien, et tous les autres arguments qui sont de ce genre ; en effet l'accident semble <être> quelque chose de proche du non-être ».

La citation de Platon selon Schwegler (IV, p. 22), Bonitz (p. 287) et Jaeger (app. crit.) se réfère au *Sophiste*, en particulier au passage où Platon dit que le sophiste est un imitateur, ou un producteur d'images, qui fait paraître comme étant ce qui n'est pas (235a -240c) ; selon Ross, suivi par Apostle (p. 320), Reale (p. 304), Calvo (p. 271, note 10) et Zanatta (p. 984), Aristote se réfère plutôt au passage du *Sophiste* où Platon dit que le sophiste s'enfuit dans l'obscurité du non-être (254a). Probablement, Aristote se

---

1. F. Brentano, *Aristote. Les significations*, *op. cit.*, p. 31-32.
2. P. Aubenque, *Le problème de l'être*, *op. cit.*, p. 138-139.

réfère au *Sophiste* en général, dialogue qu'il connaît très bien, parce qu'il le cite même ailleurs (*Metaph.* N 2, 1089a4-5), mais qu'il n'a pas nécessairement sous les yeux. À ce propos, Asclépius (p. 366, 9) observe qu'Aristote a raison de dire que Platon n'avait pas tort « de quelque façon » (τρόπον τινα), parce que les accidents possèdent quelque obscure existence, et Masi (p. 12, note 13) – après avoir rappelé que pour Platon la sophistique concerne le non-être conçu comme faux plutôt que comme accident, terme d'ailleurs absent dans l'œuvre de Platon – confirme qu'Aristote lui donne raison, mais avec une restriction exprimée par les mots « de quelque façon » (τρόπον τινα), parce que l'accident n'est pas un non-être tout court, mais un être « proche du non-être » (ἐγγύς τι τοῦ μὴ ὄντος). À mon avis, on peut se demander s'il s'agit d'une restriction concernant l'accord avec Platon ou bien d'une description de la manière dont Platon range la sophistique du côté du non-être, c'est-à-dire d'une manière un peu vague. Apostle explique l'affirmation que l'accident est proche du non-être de la manière suivante : si A est par accident B, alors A n'est suivi par B que rarement et par conséquent la séquence AB dans la plupart des cas n'existe pas (p. 320, note 7).

Les arguments des sophistes sont reconstruits avec beaucoup de détails pas les commentateurs. Asclépius en distingue trois : 1) si, à la question « musicien et grammairien sont-ils identiques ou différentes ? », on répond qu'ils sont différents, le sophiste réplique qu'ils sont dans le même sujet, par exemple Coriscos, et si on répond qu'ils sont identiques, le sophiste réplique qu'ils sont dans deux sujets différents ; par conséquent, dans les deux cas, on se trompe. À cela, selon Asclépius, « nous » pouvons répondre que musicien et grammairien sont deux accidents du même sujet (ὑποκείμενον) et qu'il n'est pas impossible que le même sujet ait des accidents différents. 2) Si, à la question « Coriscos musicien et Coriscos sont-ils identiques ou différentes ? », on répond qu'ils sont différents, le sophiste réplique qu'alors Coriscos sera différent de soi-même, et si on répond qu'ils sont identiques, le sophiste réplique que Coriscos est venu à l'être au moment où il est devenu musicien ; par conséquent, les réponses sont toutes les deux absurdes. À cela, selon Asclépius, « nous » pouvons répondre que Coriscos existait déjà avant de devenir musicien sans être différent de soi-même, parce que les accidents peuvent venir ou ne pas venir à l'être sans endommager le sujet. 3) Si, à la question « Coriscos musicien est-il ou est-il devenu grammairien ? », on répond qu'il l'est, le sophiste réplique qu'alors il l'est éternellement et donc que tout musicien est aussi grammairien, et si on répond qu'il l'est devenu, le sophiste réplique qu'il est devenu grammairien à partir du musicien et que, comme tout devenir vient du non-être, le musicien est un non-être, deux réponses absurdes. « Nous », selon Asclépius, pouvons répondre que le sophiste confond le non-être absolu avec le non-être quelque chose de déterminé, par exemple musicien. Tout cela montre que les accidents sont indéfinis et causes de paralogismes et de quelque manière inexistants (p. 366,10-367,18).

Le pseudo-Alexandre unifie les deux premiers arguments attribués aux sophistes, en observant que Socrate et Socrate musicien sont le même quant au sujet (ὑποκείμενον), mais qu'ils sont différents selon le discours (λόγος), et il s'arrête plus longuement sur le troisième. Par ce dernier argument, à son avis, les sophistes veulent montrer que certaines choses ni n'existent toujours ni ne sont engendrées. À cet argument, on peut répondre, selon le pseudo-Alexandre, que le changement n'advient pas du musicien au grammairien, mais que tous les deux changent en tant qu'hommes. En outre, selon le commentateur, l'alternative entre êtres éternels et êtres engendrés s'applique aux êtres par soi, non aux accidents. Pour cette raison, l'accident est près du non-être (p. 449, 6-450, 23).

Thomas d'Aquin déclare d'abord que les arguments des sophistes sont fondés sur la tromperie de l'accident (*fallacia accidentis*) mentionnée par Aristote dans les *Réfutations sophistiques*. Il conserve ensuite la liste des arguments indiquée par Asclépius, en observant que le premier ne tient pas compte du fait que le musicien est grammairien par accident et que c'est l'absence de cette distinction qui produit la difficulté. Le deuxième argument non plus ne distingue pas ce qui est par accident de ce qui est par soi. Quant au troisième, Thomas affirme qu'il confond deux générations, celle qui se termine au grammairien et celle qui se termine au musicien, dont la première est vraie de ce qui est par soi et la deuxième de ce qui est par accident (c. 1178).

Parmi les commentateurs modernes, Schwegler renvoie, pour les deux premiers arguments, à Asclépius et au pseudo-Alexandre (qu'il croit être le véritable Alexandre d'Aphrodise), tandis que, pour le troisième, il renvoie à *Topiques* I 11, 104b25-27, où Aristote dit qu'il n'est pas vrai que tout être soit ou bien engendré ou bien éternel, comme les sophistes le disent quand ils affirment que celui qui, étant musicien, est aussi grammairien, n'est ni engendré ni éternel (IV, p. 22). Bonitz observe qu'Aristote mentionne les tromperies des sophistes (*sophistarum captiones*) comme si elles étaient connues par tout le monde, et pour la troisième il renvoie lui aussi à *Top.* I 11. Ross adopte la même liste que le pseudo-Alexandre (qu'il cite lui aussi comme Alexandre), en précisant que grammairien signifie capable de lire et d'écrire (*Top.* VI 5, 142b30-35). Mais, à propos du deuxième argument, il explique que la tromperie sophistique consiste à observer que, si Coriscos est identique à Coriscos musicien, alors on pourra dire que

Coriscos musicien est musicien, et ainsi à l'infini, comme Aristote le dit dans les *Réfutations sophistiques* 13, 173a34 *sq.* (p. 359). C'est la même difficulté que Ross a déjà signalée à propos du triangle et du triangle ayant 2R. Pour ce qui concerne le troisième argument des sophistes, Ross observe que les versions fournies par Alexandre ne correspondent pas au texte d'Aristote, et, par conséquent, il propose l'interprétation suivante. Si un homme, étant musicien, est devenu grammairien, alors, étant musicien, il est grammairien. S'il en est ainsi, alors, étant grammairien, il est musicien. Mais il n'a pas été toujours musicien étant grammairien. Si ce qu'il est et n'a pas toujours été doit être devenu, alors étant grammairien, il est devenu musicien. C'est-à-dire qu'il doit avoir été grammairien avant d'avoir été musicien, aussi bien que musicien avant d'avoir été grammairien, ce qui est absurde. Quant à l'affirmation d'Aristote que l'accident semble être proche du non-être, Ross l'explique de cette manière : si A est par accident B, la connexion est si éloignée que difficilement A peut être dit *être* B dans le sens plein du terme "être" (p. 360). Tricot signale l'interprétation donnée par Ross du deuxième argument, en lui préférant celle donnée par le pseudo-Alexandre. Pour ce qui concerne, au contraire, le troisième, il trouve que l'explication donnée par Ross est plus conforme au texte d'Aristote (p. 337, note 1).

Kirwan, à propos du premier argument des sophistes, suit l'interprétation du pseudo-Alexandre et de Ross, ne dit rien à propos du deuxième, et à propos du troisième, reproduit la reconstruction faite par Ross, en observant que celui-ci n'explique pas comment Aristote aurait résolu la difficulté. À son avis, la tromperie en question est reconnue en *Soph. El.* 4, 166a22-32, sous le nom de « composition » et est différente de celle qu'Aristote appelle tromperie de l'accident (chap. 5 et 24). Ici, selon Kirwan, le désir de montrer l'erreur des arguments sophistiques a conduit Aristote loin de la thèse que ces arguments auraient dû illustrer (p. 192). Reale, à propos du premier argument, suit le pseudo-Alexandre ; à propos du deuxième, il signale l'interprétation de Ross, en lui ajoutant une partie de celle du pseudo-Alexandre, et, à propos du troisième, il semble préférer l'interprétation du pseudo-Alexandre, reprise par Bonitz, à celle de Ross, parce que celle-ci exige une traduction différente. Zanatta expose de façon détaillée l'interprétation du pseudo-Alexandre et, après, celle de Ross, en observant lui aussi que cette dernière exige une traduction différente (p. 984-985).

En effet les lignes 1026b18-20 peuvent être interprétées de deux manières : 1) les mots « si tout ce qui est, n'étant d'ailleurs pas toujours, est devenu » peuvent être considérés comme une autre question formulée par les sophistes, analogue aux deux précédentes ; dans ce cas, ce qui suit n'est qu'une conséquence absurde d'une réponse affirmative à cette question; 2) les mêmes mots peuvent être considérés comme la protase d'une période hypothétique, également formulée par les sophistes; dans ce cas, ce qui suit est l'apodose, également absurde. Dans les deux cas, l'absurdité de la conclusion tirée par les sophiste pour réfuter leurs interlocuteurs est due à l'absence de distinction entre être par soi et être par accident. Ce qui n'est pas toujours clair chez les commentateurs, à mon avis, est qu'Aristote n'est pas en train de parler de l'accident en général, mais de l'être par accident, comme il résulte clairement des exemples qu'il donne, même s'il emploie parfois le mot « accident » tout court. C'est bien l'être par accident que les sophistes utilisent dans leurs arguments, c'est-à-dire une connexion purement verbale, ou linguistique, qui désigne une manière d'être complètement momentanée, fortuite et, justement, accidentelle. Pour cette raison, Aristote dit que l'accident, c'est-à-dire l'être par accident, « semble être quelque chose de proche du non-être »[1] : quand on dit « Coriscos est musicien », le verbe « est » exprime seulement une conjonction fortuite, non une union effective et stable, c'est-à-dire un mode d'être proprement conçu; il exprime une union si faible qu'elle est presque non existante, même si en réalité elle existe.

1026b22-24 : « <Cela> est clair même à partir d'arguments de cette sorte. En effet, des êtres qui sont d'une autre façon, il y a génération et corruption, tandis que, des êtres par accident, il n'y en a pas ».

Ces trois lignes ne vont pas sans problèmes. Avant tout, on peut se demander quelle thèse y est prouvée. L'argument qui suit, c'est-à-dire l'absence de génération et corruption pour les êtres par accident, semble n'avoir plus rien à voir avec la thèse que, de l'être par accident, il n'y a pas de science, parce qu'on peut avoir la science même d'objets sans génération et corruption, par exemple des objets mathématiques. Par conséquent, on doit admettre que le nouvel argument prouve la dernière affirmation d'Aristote, celle selon laquelle l'être par accident est quelque chose de proche du non-être : la génération et la corruption, en effet, semblent être des processus qui concernent les êtres au sens propre du terme, tandis que l'être par accident, comme nous l'avons vu, n'est qu'une simple conjonction, qui est en plus temporaire et fortuite. Mais, sur ce point, les commentateurs ne sont pas d'accord. On peut en outre se demander quels

---

1. Pour cette traduction, je me rallie aux arguments apportés par C. J. F. Williams, « Some Comments on *Metaphysics* E. 2, 3 », *Illinois Classical Studies*, 11, 1986, p. 181-192, spéc. p. 185.

sont « les arguments de cette sorte » : ceux qui précèdent, comme le pense Thomas d'Aquin, ou ceux qui suivent, comme le pensent tous les autres commentateurs. Cependant, dans ce dernier cas, nous devrions considérer plusieurs arguments, et non seulement celui qui concerne la génération et la corruption.

Asclépius est expéditif : des êtres par accident, dit-il, il n'y a pas génération « simplement » (ἁπλῶς), mais il y a une certaine sorte (τινὰ) de génération (p. 368, 2-3). Le pseudo-Alexandre renvoie dans un premier temps son explication à plus tard (p. 450, 25-27), et explique ensuite que les êtres par accident n'ont pas de génération et de corruption parce qu'ils sont comme les « contacts » (αἱ ἁφαί) et les « instants » (τὰ νῦν) (p. 453,12-16). Thomas d'Aquin interprète « les arguments de telle sorte » comme une allusion aux arguments des sophistes, dont on vient de parler. À son avis, un être par accident, comme par exemple « musicien grammairien », n'est pas le résultat d'une génération, comme l'est par exemple un être par soi, tel que « animal bipède » ou « homme apte à rire », mais il est le résultat de deux générations différentes, dont l'une est le processus par lequel on devient musicien et l'autre le processus par lequel on devient grammairien. Cela prouverait que l'être par accident est quelque chose de proche du non-être (c. 1179). L'explication de Thomas d'Aquin est reprise presqu'à la lettre – mais sans que le commentateur soit cité – par Brentano [1].

Bonitz semble avoir suivi la suggestion du pseudo-Alexandre, parce qu'il renvoie à *Metaph.* B 5, 1002a28-b11, où Aristote affirme que les grandeurs géométriques, telles que le point, la ligne et la surface, n'ont pas de génération et de corruption comme les substances, mais parfois existent et parfois n'existent pas, en tant que résultats de la division ou du contact des corps, et que la même chose vaut pour l'instant (p. 288). Schwegler aussi semble penser à quelque chose de semblable, parce qu'il explique que la génération et la corruption, conçues au sens étroit, c'est-à-dire comme les produits d'une série immanente de causes, appartiennent seulement aux substances, tandis que les événements accidentels sont produits par des causes extérieures et temporaires (IV, p. 23-24). Ross (p. 360) explique que les êtres par accident n'ont pas de génération et de corruption parce que ceux-ci sont des processus graduels, et il compare lui aussi les êtres par accident aux grandeurs géométriques, aux instants, aux sensations (*De sensu*, 446b4) et aux contacts (*DC* I 11, 280b26). La même interprétation semble inspirer la traduction de Kirwan (« there is [a process] of coming to be »). Tricot et Reale renvoient, eux aussi, au cas des

---

1. F. Brentano, *Aristote. Les significations*, *op. cit.*, p. 30.

grandeurs géométriques, tandis que Apostle (p. 320, note 8) et Zanatta (p. 986) expliquent que la génération et la corruption sont des changements qui concernent les substances et, par conséquent, ne peuvent pas concerner les accidents. Finalement, Calvo observe qu'il n'y a aucun processus qui aille du grammairien au musicien et que, si un grammairien devient musicien, cela est dû à une coïncidence et non à un processus d'apprentissage de la musique (p. 271, note 11).

Williams pense, comme Thomas d'Aquin, que les arguments mentionnés par Aristote sont les arguments qui précèdent, c'est-à-dire les arguments des sophistes, qu'il reconstruit de manière analytique, et il critique l'interprétation du pseudo-Alexandre, de Ross et de Kirwan, selon laquelle les accidents seraient engendrés instantanément, en donnant une explication semblable à celle de Thomas d'Aquin[1]. Suite à ces critiques, Kirwan dans ses « Further Comments (1992) » a retiré l'interprétation qu'il avait lui-même donnée dans ses « Notes » (1971) et a proposé une nouvelle solution, inspirée du chapitre 24 des *Réfutations sophistiques*[2].

Tout cela est vrai, mais l'explication donnée par la plupart des commentateurs considère les « êtres par accident » comme de simples accidents, c'est-à-dire comme des êtres appartenant aux catégories différentes de la substance (qualités, quantités, relations, etc.), qui, pour Aristote, sont, au contraire, des êtres par soi (cf. *Metaph.* Δ 7, 1017a22-23). Le fait de ne pas avoir de génération ni de corruption au sens d'un processus graduel n'implique pas qu'un être soit un être par accident : les grandeurs, les instants, les sensations n'ont pas de génération ni de corruption, mais ils ne sont pas des êtres par accident. En outre, un accident comme, par exemple, le musicien, peut être le résultat d'une génération, comme l'a bien vu Thomas d'Aquin, parce que, pour devenir musicien, on doit apprendre la musique, ou les arts en général (tel semble être le sens de « musicien », c'est-à-dire « cultivé »), ce qui implique un processus, même graduel. Aussi bien, on peut oublier, à cause d'une maladie, ou d'un accident, ou simplement du temps, ce qu'on a appris, et dans ce cas il y a corruption du « musicien », qui peut également être un processus, même graduel. Ce qui n'a ni génération ni corruption est, selon Aristote, l'être par accident, c'est-à-dire la conjonction, temporaire et fortuite, du musicien et du grammairien, comme l'a bien vu Thomas d'Aquin. On peut dire la même chose de l'homme et du musicien, qui n'ont pas la même génération,

---

1. C. J. F. Williams, « Some Comments on Aristotle's *Metaphysics* E 2, 3 », *Illinois Classical Studies*, 11, 1986, p. 181-192.

2. C. Kirwan, « Further Comments (1992) », *in* Aristotle, *Metaphysics, op. cit.*, p. 211-214.

mais qui, en tant que conjonction, forment l'homme musicien, qui a lieu au moment où l'homme, qui a été engendré pour son compte, est réuni au musicien, qui lui aussi a été engendré pour son compte.

1026b24-27 : « Mais cependant il faut dire encore à propos de l'accident, dans la mesure où cela est possible, quelle est sa nature et par quelle cause il existe : en même temps, en effet, il sera probablement clair aussi pourquoi il n'y en a pas de science ».

Par ces mots, Aristote annonce son intention de donner une définition et une explication de l'être par accident, c'est-à-dire une théorie de cette forme d'être, qui, de cette manière, fera partie de son traité sur l'être, qui est sa philosophie première. C'est Thomas d'Aquin qui l'a mis en relief, en disant que, bien que les êtres par accident ne soient l'objet d'aucune science, cependant la notion de ce qui est par accident peut être examinée par une certaine science (c. 1180). Brentano encore une fois suit Thomas, en remarquant que l'impossibilité d'un examen scientifique des choses qui sont par accident ne revient pas à interdire la possibilité d'examiner scientifiquement, comme tel, ce qui est par accident[1]. Dernièrement Masi a observé qu'Aristote, en nous donnant un traité sur la nature et la cause de l'accident, c'est-à-dire en élevant à un niveau d'universalité le discours sur l'être par accident et l'accident, semble démontrer qu'au moins de la *notion* d'accident, on peut avoir une connaissance. Cette connaissance rentre, pour Masi, dans le domaine de la philosophie première[2]. Rossi aussi pense que l'être par accident, en tant que signification de l'être, peut être l'objet non d'une connaissance proprement scientifique, mais d'une connaissance de caractère épistémologique, ou méta-scientifique, ou métaphysique[3].

Selon Natorp, jusqu'à 1026b24, l'auteur, qui pour lui n'est pas Aristote, aurait parlé de l'accident logique, mentionné en *Metaph.* Δ 7 (c'est-à-dire de l'être par accident), tandis que, dans la suite, il parle d'une chose complètement différente, c'est-à-dire de l'événement fortuit, et donc de l'accident physique, traité en *Physique* II 5. Même si l'on admettait l'origine aristotélicienne de la discussion qui se déroule jusqu'à 1026b24, la partie qui suit et va jusqu'à la fin du chapitre 3, toujours selon Natorp, devrait être éliminée et il faudrait lui substituer une discussion de la

1. *Ibid.*, p. 33.
2. F.G. Masi, « La filosofia e l'accidente », *op. cit.*, p. 35 et 38.
3. G. Rossi, *El azar, op. cit.*, p. 216.

quatrième signification de l'être, c'est-à-dire l'être comme vrai[1]. Mais, comme nous l'avons dit et comme cela a été remarqué par Masi, « accident » (συμβεβηκός) est un terme plus général, qui comprend en soi la signification plus spécifique de l'« être par accident » (τὸ ὂν κατὰ συμβεβηκός)[2]. En effet, ce dernier est la forme d'être qui résulte de la conjonction entre un sujet et un prédicat accidentel, à savoir un accident. Par conséquent, Aristote ne change pas de sujet en se mettant à parler de l'accident en général, mais il étend simplement la discussion d'un sujet plus particulier à un sujet plus général, dont le premier fait partie.

1026b27-33 : « Puisque donc, parmi les êtres, certains se comportent toujours de la même manière et par nécessité – non par la <nécessité> dite selon la contrainte, mais par celle que nous disons au sens de l'impossibilité d'être autrement –, et que d'autres ne sont ni par nécessité ni toujours, mais dans la plupart des cas, ceci est le principe et ceci est la cause de l'existence de l'accident : ce qui, en effet, n'est ni toujours ni dans la plupart des cas, nous disons que c'est l'accident ».

La tripartition des êtres introduite par ces lignes est l'expression la plus claire de la conception aristotélicienne des rapports entre la science et la réalité : il y a trois genres d'êtres, dont seulement les deux premiers sont objet des sciences, les uns des sciences plus exactes (comme les mathématiques) et les autres des sciences moins exactes (comme la physique) ; le troisième n'est l'objet d'aucune science.

Pour ce qui concerne le texte de ces lignes, comme le signale Bonitz, Spengel, en 1843, supposa, sur la base du passage parallèle de *Metaph.* K 8, 1064b35, qu'il y avait une lacune à la ligne 30, qu'il fallait combler par une phrase comme « quelques autres ne sont pas même dans la plupart des cas » (p. 288). La même conjecture a été faite par Jaeger (app. crit.). Asclépius donne comme exemples des êtres qui sont toujours les mêmes, « les choses divines », ajoutant que Dieu est bon nécessairement, c'est-à-dire par choix et non par contrainte, tandis que le prisonnier doit servir par contrainte ; en outre, il porte comme exemple des êtres qui sont dans la plupart des cas (ὡς ἐπὶ τὸ πολύ), l'homme avec cinq doigts ; finalement il mentionne les êtres qui sont « le moins fréquemment » et il voit là la cause de l'accident (p. 368,9-21). Il semble donc qu'Asclépius, comme l'auteur du livre K, veuille combler une lacune du texte. Le pseudo-Alexandre apporte comme exemple de ce qui est nécessairement, l'homme qui est nécessairement

---

1. P. Natorp, *Thema und Disposition, op. cit.*, p. 549-550.
2. F.G. Masi, « La filosofia e l'accidente », *op. cit.*, p. 33.

animal; il renvoie, à propos de la différence entre nécessité absolue et nécessité par contrainte, au livre Δ (chapitre 5); il donne lui aussi comme exemple d'un être qui est dans la plupart des cas l'homme avec cinq doigts et il définit l'accident comme « l'intervalle » (τὸ διάλειμμα) de ce qui est dans la plupart des cas (p. 451,5-15). Thomas d'Aquin, comme le pseudo-Alexandre, cite comme exemple d'être nécessaire, l'homme qui est nécessairement animal; il renvoie lui aussi au livre Δ et il affirme que la cause de l'accident est ce qui est dans la plupart des cas (*ens ut in pluribus*), parce qu'il est contingent, et donc il a la « disposition de la matière », qui est en puissance par rapport aux deux opposés. L'accident, poursuit Thomas, est ce qui est le moins fréquemment (*ut in paucioribus*), dont la cause est le contingent qui est dans la plupart des cas, parce que le défaut (*defectus*) de celui-ci est le moins fréquemment (c. 1182). De tout cela, il résulte que, pour Thomas, il n'y a aucune lacune à combler; le texte est clair, parce que la cause de l'accident n'est pas ce qui est le moins fréquemment, mais ce qui est dans la plupart des cas, en tant qu'admettant par définition un défaut.

Parmi les commentateurs modernes, Schwegler renvoie à tous les passages où Aristote définit l'accident comme ce qui n'est ni toujours ni dans la plupart des cas, observant que c'est la même définition qu'Aristote donne du hasard en *Phys.* II 5, 196b10; *DC* I 12, 282a22; *De divinatione* 463a2; *Rhet.* I 10, 1369a32; *GC* II 11, 337b2 (IV, p. 24). Bonitz, après avoir signalé la conjecture de Spengel, la juge louable, mais pas nécessaire, parce que la cause de l'accident n'est pas ce qui est le moins fréquemment, mais ce qui est dans la plupart des cas, qui laisse un intervalle (*intercapedo*) qui peut être rempli (p. 288-289). C'est la même explication, il me semble, qu'a donnée Thomas d'Aquin (et peut-être le pseudo-Alexandre). Ross confirme cette explication par un raisonnement de ce genre : puisque il y a des choses qui arrivent plus que *n* fois et moins que *2n* fois dans le cadre de *2n* fois, il doit y avoir des choses qui arrivent moins que *n* fois dans le cadre de *2n* fois (p. 360). Tricot cite le pseudo-Alexandre. Reale renvoie à tous les passages cités par Schwegler, en ajoutant *Top.* II 6, 112b1 et *An. Post.* I 30, *passim*. Lui aussi affirme que la cause de l'accident est ce qui arrive dans la plupart des cas, parce qu'il admet une marge de contingence (p. 306). Kirwan fait une remarque importante : le texte montre qu'Aristote, en parlant des accidents, ne parle pas de choses, mais d'états de choses (*states of affairs*); en outre, il considère ce qu'Aristote appelle « principe et cause » de l'accident comme des preuves (*proofs*) de son existence; finalement, il observe qu'Aristote semble assimiler le « non-essentiel » au « non-régulier », qui sont deux notions différentes. Pour cette raison, il ne veut pas souligner trop l'élément temporel dans le mot

« toujours », qui signifie aussi « dans tous les cas » (p. 192). Judson aussi, comme nous l'avons vu, pense que l'aspect temporel n'est pas le plus important dans la notion de « toujours » et de ὡς ἐπὶ τὸ πολύ, et que cette dernière indique plutôt une fréquence dans des conditions déterminées[1].

Zanatta mentionne parmi les êtres éternels les moteurs immobiles, les astres, les cieux, mais aussi les phénomènes constants (solstices, équinoxes, éclipses, saisons, marées). Les êtres qui arrivent dans la plupart des cas, à son avis, sont les phénomènes spécifiquement constants, qui admettent individuellement des déviations épisodiques, comme lorsqu'un homme engendre un monstre (p. 986-987). Rossi observe que l'exceptionalité n'est pas suffisante pour caractériser les accidents, mais en constitue seulement la *ratio cognoscendi*[2].

Il me semble que, en distinguant les êtres qui sont toujours et nécessairement des êtres qui sont dans la plupart des cas, dans le cadre d'une discussion qui a pour but de montrer que l'être par accident ne peut être l'objet d'aucune science, Aristote se réfère, plus qu'à des choses particulières, à des états de choses. Les sciences, en effet, s'expriment au moyen de propositions, ou d'énoncés, qui sont ou bien nécessaires, c'est-à-dire valables dans tous les cas, comme il arrive en mathématiques, ou bien valables dans la plupart des cas, comme il arrive en physique. Or, les énoncés sont l'expression des états des choses. Cela a été bien compris par Thomas d'Aquin, qui donne comme exemple des êtres nécessaires « homme est animal », et non les choses divines. Les êtres qui sont dans la plupart des cas sont eux aussi des états de choses, c'est-à-dire des événements, qui arrivent dans la plupart des cas, et sont décrits par ce qu'on pourrait nommer les lois de la nature. Celles-ci, cependant, admettent des exceptions, les accidents. Par conséquent les accidents aussi sont des événements, comme d'ailleurs il résulte de leur nom : συμβεβηκός est le participe passé du verbe συμβαίνω, qui signifie avant tout « arriver à », en anglais *to happen, to occur*; en latin *accidens* est le participe de *accidere*, qui à son tour dérive de *cadere*, « tomber »; *ad-cadere*, s'il existait, signifierait quelque chose comme « tomber sur quelqu'un », en italien *accadere*. C'est pour cette raison que l'« être par accident » est un cas particulier de l'« accident », parce qu'il exprime le mode d'être de ce à qui arrive un accident, ou mieux le mode d'être dans lequel cette conjonction consiste. La conjonction avec autre chose est essentielle au concept d'accident : elle est exprimée dans le mot grec par le préfixe *sum* et

---

1. L. Judson, « Chance », *op. cit.*
2. G. Rossi, *El azar, op. cit.*, p. 210.

dans le mot latin par le préfixe *ad*. Pour cette raison, certains traducteurs préfèrent parler de « *coincidental* » (Kirwan) ou de « coïncidence » (Duminil-Jaulin). On pourrait traduire aussi par « concomitant », mais même dans ce cas je préfère garder l'expression traditionnelle « accident », « par accident », parce qu'elle a été objet de plusieurs discussions précisément sous cette forme.

1026b33-1027a5 : « Par exemple, si en période de canicule, une tempête se déchaîne et s'il fait froid, nous disons que c'est arrivé <par accident>, mais non s'il fait une chaleur étouffante, car une chose <arrive> toujours ou dans la plupart des cas, l'autre non. Et il est arrivé <par accident> que l'homme soit blanc (il ne l'est, en effet, ni toujours ni dans la plupart des cas), mais qu'il soit animal, ce n'est pas par accident. Et que l'architecte ait produit la santé, c'est un accident, car il n'est pas naturel que ce soit l'architecte qui fasse cela, mais le médecin, et cependant il est arrivé <par accident> que l'architecte soit médecin. Et le cuisinier, visant au plaisir, pourrait avoir fait quelque chose qui contribue à la santé, mais non selon son art de cuisinier. Pour cette raison, nous disons que <cette chose> est arrivée, et qu'elle est dans le sens où il la fait, mais non <qu'elle est> simplement ».

Le texte des lignes 1026b37 et de 1027a3 est controversé, mais je préfère me confier aux manuscrits les plus anciens, ne voyant pas la nécessité de les corriger. La signification reste en tout cas la même.

À propos des exemples d'accidents donnés par Aristote, Thomas d'Aquin relève que le premier (la tempête) se fonde sur un « concours » (*concursus*) dans le même temps, le deuxième (l'homme) sur un concours dans le même sujet, le troisième (l'architecte) sur un concours dans la même cause et le quatrième (le cuisinier) sur un concours dans le même effet (c. 1185). Ross aussi souligne que, dans ces exemples, l'accident prend la signification de « concomitant » et il illustre les exemples de la manière suivante : A est ou fait B par accident lorsqu'il l'est ou il le fait non en tant que A, mais en tant que C, un concomitant de A (p. 360). Kirwan, interprétant justement le « blanc » de la ligne 36 dans le sens de « pâle », observe qu'Aristote oscille entre un critère basé sur la fréquence et un critère basé sur l'essence, et il ajoute qu'il n'est pas vrai que tous ceux qui guérissent soient des médecins (p. 193). À cela on pourrait répondre que la fréquence, pour Aristote, est précisément l'expression de l'essence et que, même si beaucoup de gens savent guérir, la capacité de guérir est la spécificité de la médecine.

1027a5-8 : « En effet, tandis que, pour les autres choses, ce qui produit, ce sont parfois des capacités, de celles-ci n'est <cause> aucun art ni <aucune> capacité déterminée, parce que, des choses qui sont ou arrivent par accident, la cause aussi est par accident ».

Il me semble que le texte transmis par les manuscrits a un sens très clair et par conséquent peut être gardé, sans rien éliminer ni ajouter. Comme le remarquent Asclépius et le pseudo-Alexandre, Aristote dit que les choses qui arrivent toujours ou dans la plupart des cas sont parfois produites par des arts, par exemple la santé est produite par la médecine, tandis que les choses qui sont par accident ne sont pas produites par un art ou par une capacité déterminée. Thomas d'Aquin ajoute que la cause et l'effet sont réciproquement proportionnés, de manière que l'effet accidentel ne peut avoir qu'une cause accidentelle. Parmi les modernes, Schwegler propose d'éliminer ἐνίοτε, « parfois », à la ligne 1027a5, parce que, selon lui, ce mot nuit au sens (IV, p. 25). Bonitz aussi l'élimine, observant que les choses qui arrivent toujours ou dans la plupart des cas ne sont pas produites par une capacité seulement « parfois », mais toujours (p. 289). Mais cela n'est vrai que pour les choses produites par l'homme, non pour les événements naturels ; par conséquent, on doit garder « parfois ». Bonitz propose de substituer au « parfois » αἰτίαι τε καὶ, « les causes et les capacités », mais cela n'est pas nécessaire. Ross élimine lui aussi le « parfois », mais il observe que les capacités productrices, presque équivalentes aux arts, n'épuisent pas toutes les causes (p. 360-361), ce qui rend superflue, selon moi, l'élimination de « parfois ». Ross suggère en outre la possibilité de lire, à la ligne 1027b5, ἄλλαι au lieu de ἄλλων, et d'interpréter le texte comme si les choses qui arrivent toujours ou dans la plupart des cas pouvaient être produites par des capacités différentes de celles habituelles. Cette proposition a été acceptée par Kirwan, Martineau [1] et Duminil-Jaulin. Jaeger garde le « parfois », mais il le juge corrompu et il signale la correction proposée par Bonitz (app. crit.). Tricot aussi supprime le « parfois » et Zanatta se déclare d'accord avec Bonitz. Je trouve que cela complique inutilement le sens du texte, qui n'a besoin d'aucune correction, même si dans la traduction latine commentée par Thomas d'Aquin, on trouve les deux mots (*aliorum enim aliae quandoque potentiae factive sunt*, « des autres choses les capacités productrices sont parfois autres »).

---

1. E. Martineau, « De l'inauthenticité », *op. cit.*, p. 463, trouve le texte émendé par lui « intraduisible », ce qui ne plaide pas en faveur de son émendation.

1027a8-13 : « Par conséquent, puisque il n'est pas <vrai> que toutes les choses sont ou arrivent par nécessité et toujours, mais que la plupart <sont ou arrivent> dans la plupart des cas, il est nécessaire qu'il y ait de l'être par accident, par exemple le blanc n'est musicien ni toujours ni dans la plupart des cas, mais, puisqu'il le devient à un certain moment, il le sera par accident (s'il n'était pas ainsi, toutes les choses seraient par nécessité) ».

Aristote rappelle la tripartition des êtres qu'il avait introduite auparavant, en précisant que la plupart d'eux font partie de la catégorie des choses qui sont dans la plupart des cas : il s'agit des êtres naturels, qui existent sur la terre, ou des événements naturels, qui se déroulent selon des lois, c'est-à-dire régulièrement. Mais, comme il y a les lois, il y a aussi les exceptions, et voilà les êtres par accident. Ces derniers, donc, sont nécessaires, non au sens où ils existent par nécessité, ce qui serait une contradiction dans les termes, mais au sens où ils sont l'expression de la contingence de la nature. Aristote n'est pas déterministe, il croit à l'existence de la contingence, dont, selon lui, témoigne l'expérience sensible, de même que le changement. Mais on reviendra sur cette question plus loin.

Parmi les commentateurs, le pseudo-Alexandre renvoie « à la deuxième section du *De interpretatione* » comme au lieu où Aristote démontre l'existence de la contingence (p. 452,1-10). Il se réfère probablement au célèbre chapitre 9, qui traite des futurs contingents. Schwegler, de son côté, indique tous les passages d'où la contingence résulte. Bonitz trouve que le raisonnement d'Aristote n'est pas cohérent, parce que l'existence de l'accident n'est pas démontrée, mais seulement établie. Pour cette raison, il propose de déplacer les lignes en question à la ligne 16 (p. 289). Ross trouve que cela n'est pas nécessaire ni n'améliore le raisonnement, qui, selon lui, déroule d'une manière naturelle. Il se s'agit pas, selon Ross, d'une conclusion, mais d'un sommaire de ce qui a été dit auparavant (p. 361).

Je signale que, dans ce passage, Aristote parle de nouveau de l'« être par accident », au lieu du simple « accident », et donne l'exemple du blanc qui est musicien, exactement comme au début du chapitre et en *Metaph.* Δ 7. Cela signifie que le traité sur l'être par accident est cohérent, *pace* Natorp et Martineau.

1027a13-17 : « De sorte que la matière, <en tant qu'> elle peut être autrement qu'<elle n'est> dans la plupart des cas, sera la cause de l'accident. Il faut poser ce principe-ci : est-ce qu'il n'y a rien qui ne soit ni toujours ni dans la plupart des cas, ou <n'est-il pas vrai que> cela est impossible ? Alors, il y a quelque chose en dehors de ces choses-là, ce qui est arrivé ou bien d'une façon ou bien de l'autre et <qui est> par accident ».

Aristote indique que la cause de l'accident, conçu comme être par accident, est dans la matière, parce que celle-ci peut être aussi autrement qu'elle n'est dans la plupart des cas. Comme tous les commentateurs le relèvent, la matière est pour Aristote la puissance, qui est toujours puissance des opposés, et par conséquent peut donner lieu à une exception par rapport à ce qui arrive dans la plupart des cas. Asclépius, en effet, la qualifie comme capable d'accueillir quelque chose de différent (p. 369,11-13) ; Schwegler cite tous les passages où Aristote reconduit la matière à la puissance des opposés (IV, p. 25) ; Kirwan (p. 194) précise qu'Aristote, en indiquant la matière comme cause de l'accident, ne veut pas dire qu'un état de choses accidentel soit matériel, mais il conçoit la matière comme le substrat du changement, qui peut assumer des formes différentes (cf. *Metaph.* Δ 28, 1024b8) ; Reale (p. 307) et Calvo (p. 273, note 14) aussi rappellent que la matière est puissance des contraires. Une explication un peu différente est donnée par Thomas d'Aquin, selon lequel la matière est cause de l'accident parce qu'elle ne se soumet pas parfaitement à la vertu de l'agent (c. 1186) : c'est une connotation négative de la matière, qui n'est pas dans le texte d'Aristote.

Aristote dit que l'accident est « ce qui arrive ou bien d'une façon ou bien de l'autre » (τὸ ὁπότερ' ἔτυχε), c'est-à-dire ce qui est arrivé à être une chose, mais pouvait ne pas arriver ou arriver à être autre chose. Le verbe rappelle l'idée du hazard (τύχη), et, en effet, en *Phys.* II 5, 196b10-17, Aristote définit le hasard de la même manière que l'être par accident : « Puisque nous voyons que certaines choses se produisent toujours de la même façon, et que d'autres se produisent <de la même façon> dans la plupart des cas, il est manifeste que le hasard, c'est-à-dire ce qui arrive par hasard, n'est assigné comme cause à aucune de ces deux <catégories>, ni à ce qui arrive nécessairement et toujours, ni à ce qui arrive dans la plupart des cas. Mais puisqu'il existe aussi des choses qui arrivent en dehors de ces <catégories>, et que tout le monde dit qu'elles sont l'effet du hasard, il est manifeste que le hasard et la spontanéité sont quelque chose. Nous savons, en effet, à la fois que de tels événements sont les effets du hasard et que les effets du hasard sont de cette sorte » [1].

Pour ce qui concerne le « principe » mentionné à la ligne 15, le pseudo-Alexandre observe qu'il doit être interprété comme « voie » ou « règle » à

1. Aristote, *Physique*, traduction et présentation par P. Pellegrin, Paris, Flammarion, 2000, p. 137-138.

suivre pour montrer l'existence de l'accident, c'est-à-dire qu'on doit poser la question qui suit immédiatement et qui implique une réponse négative (p. 452,11-24). Ross aussi l'interprète comme point de départ d'une démonstration (p. 361) et Tricot observe justement que l'interrogatif ἤ (ligne 16) signifie généralement pour Aristote : «ne faut-il pas dire plutôt que...?» (p. 340, n. 2). Même Kirwan interprète le «principe» comme *origin, original question*, dont la réponse négative sert de prémisse pour démontrer l'existence de l'accident (p. 194).

D'un point de vue plus général, on pourrait observer que, pour Aristote, la matière est bien une des causes (voir *Metaph.* Δ 2), mais elle n'implique pas une vision déterministe de l'univers, comme il arrive dans les conceptions mécanistes modernes, mais au contraire elle est la cause de l'accident, du hasard, c'est-à-dire de ce qui se soustrait à la nécessité, et donc est cause d'indétermination.

1027b17-21 : «Mais est-ce que <l'être> dans la plupart des cas <appartient aux êtres>, tandis que l'<être> toujours n'appartient à aucun <être>, ou bien existe-t-il quelques êtres éternels ? Sur ces questions, il faut reporter nos recherches, mais qu'il n'y ait pas de science de l'accident, cela est manifeste ; toute science, en effet, porte ou sur ce qui est toujours ou sur ce qui est dans la plupart des cas».

Asclépius fait un long commentaire de ce passage, où il résume les raisons pour lesquelles on ne peut pas avoir de science de l'être par accident. Il distingue d'abord l'«accident» de l'«être par accident», en observant que le premier peut être aussi «par soi» et être en tant que tel objet de science (il dit de «sagesse», σοφία), tandis que le deuxième ne le peut pas, parce qu'il est indéterminé et infini. Il dit ensuite que la réponse à la question de savoir s'il y a des êtres éternels doit être cherchée dans la *Physique*, où Aristote montre que la matière est éternelle (p. 369, 15-370, 22). Aucun des autres commentateurs ne suit cette indication. Le pseudo-Alexandre dit qu'Aristote renvoie, pour la question des êtres éternels, au livre K, où il en parle obscurément, et au livre Λ, où il en parle d'une manière plus complète (p. 452, 23-28). Évidemment, il pense aux moteurs immobiles. Thomas d'Aquin renvoie au douzième livre de la *Métaphysique*, c'est-à-dire Λ. De même Schwegler, Bonitz, Ross, Apostle, Tricot, Reale et Zanatta. Kirwan fait une remarque intéressante : au lieu d'«éternels» il traduit «invariable» et il explique qu'il s'agit d'êtres *invariably connected*. On pourrait penser qu'il s'agisse d'une allusion directe aux conjonctions invariables qui sont l'objet de la science, par exemple «homme animal». Mais Kirwan renvoie aussi à *Metaph.* Λ 6-8, où Aristote démontre l'existence des cieux éternels et de leurs moteurs immobiles (p. 174).

À mon avis, le renvoi d'Aristote peut être rapporté à une démonstration des moteurs immobiles en général, qui n'est pas nécessairement celle du livre Λ. Il avait fait en un sens le même renvoi au chapitre 1, 1026a29-30. Par «êtres éternels», il peut entendre les connexions éternelles qui font l'objet de la science, ou les objets de la mathématique, ou, mieux, les vérités éternelles qui sont l'objet des sciences exactes, en particulier des mathématiques.

1027b21-28 : «Comment, en effet, pourra-t-on apprendre ou enseigner <quelque chose> à un autre? Car il faut que <l'objet> soit défini par son être ou bien toujours ou bien dans la plupart des cas, comme par exemple le fait que l'hydromel apporte dans la plupart des cas une amélioration à qui a de la fièvre. Par contre, en dehors de cela, il ne sera pas possible de dire quand <cela> n'arrive pas, par exemple à la nouvelle lune, parce que même ce <qui est vrai> à la nouvelle lune est toujours ou dans la plupart des cas, tandis que l'accident est en dehors de ces choses-là. On a dit qu'est-ce qu'est l'accident et par quelle cause <il arrive> et que de l'accident il n'y a pas de science».

Le texte de ce passage est controversé: à la ligne 25, le manuscrit E, suivi par tous les éditeurs, porte πότε οὔ, «quand <cela n'arrive> pas», tandis que les manuscrits J et Aᵇ, suivis par la traduction de Duminil-Jaulin, omettent le οὔ, ce qui signifie «quand <cela arrive>». Dans le premier cas, à la nouvelle lune l'événement (l'amélioration apportée par l'hydromel à celui qui a de la fièvre) ne se produit pas, ce qui constitue l'exception à la règle, c'est-à-dire l'accident, qui existe réellement, mais ne peut pas être objet de science. Dans le deuxième cas, l'événement se produit même à la nouvelle lune, donc il n'y a pas d'exception à la règle, mais le fait qu'on ne puisse pas le dire signifie que l'accident dépend seulement des limites de notre connaissance. En effet, les commentateurs anciens sont divisés: Asclépius dit qu'à la lune nouvelle, l'hydromel n'apporte aucune amélioration (p. 370, 30), donc il admet qu'il s'agit d'une exception réelle, qui ne peut être aucunement prévue. Le pseudo-Alexandre, par contre, affirme qu'on ne peut prévoir (ni enseigner) qu'une amélioration a lieu à la nouvelle lune, parce que ce n'est ni toujours ni dans la plupart des cas qu'elle se produit à ce moment-là, mais elle se produit toujours et dans la plupart des cas, et pour cela se produit à la nouvelle lune aussi (p. 452, 28-453, 2). Thomas d'Aquin aussi semble comprendre le texte dans ce sens, même s'il mentionne également l'autre interprétation, en la considérant toutefois comme une interprétation « mineure » (c. 1190). Bonitz (p. 290-291) suit le manuscrit E, mais il trouve que dans l'exemple de la fièvre il y a quelque obscurité, parce qu'il interprète la phrase « même ce qui arrive à la nouvelle lune est toujours ou dans la plupart des cas » comme signifiant qu'il n'y a aucune exception à la règle (*neque cadit extra normam et consuetudinem*, « il ne tombe pas en dehors de la règle et de l'habitude »). Pour cette raison, il corrige le texte, de manière à en faire résulter l'interprétation du pseudo-Alexandre (qu'il appelle « Alexandre »). Ross, de son côté, lit le texte de la même manière que Bonitz, sans y trouver d'obscurité, et il conclut que ce passage est très important, parce qu'il est peut-être le seul passage qui implique la conception qu'il n'y a rien d'objectivement accidentel : « il y a des événements qui se présentent comme des accidents, c'est-à-dire comme exceptions inintelligibles, mais si nous savions plus à propos d'eux, alors nous comprendrions qu'eux aussi obéissent à leurs propres lois ». Donc, selon Ross, Aristote admet ici que les accidents ne sont pas de véritables exceptions, mais qu'il sont simplement au-delà de notre connaissance (p. 361). Tricot n'est pas d'accord avec Ross, même s'il ne le déclare pas. Il écrit en effet : « L'accident est, par sa nature même, ce qui est en dehors du toujours et du plus souvent, et non pas le résultat d'une impuissance momentanée et provisoire de notre faculté de connaître. Il est hors de toute loi. En admettant qu'on parvînt à expliquer le cas exceptionnel pris comme exemple par Aristote, à savoir que l'hydromel est inefficace pendant la nouvelle lune, on retomberait dans le toujours ou le plus souvent, et ce ne serait plus un accident » (p. 340, note 5). Quant à Kirwan, ce qu'il pense n'est pas clair, parce qu'il écrit : « Ross pourrait ajouter un troisième [point] : que l'impossibilité de les spécifier [les conditions de l'événement] doit être due à des causes subjectives, le manque d'intelligence humaine, jamais à leur non-existence ; mais rien dans le passage ne nous oblige à attribuer ce point supplémentaire à Aristote » (p. 195).

Selon moi, Aristote soutient l'impossibilité de savoir quand l'événement ne se produit pas, parce que tous les moments, y compris la nouvelle lune, font partie de ce qui arrive toujours ou dans la plupart des cas, qui est la seule chose que nous pouvons savoir. Cela n'empêche pas que, quelque fois, l'événement ne se produit nullement, donc qu'il y a un accident, parce que l'accident est justement l'exception à la règle, une exception réelle, objective, qui n'est pas due à notre ignorance.

Résumé du chapitre

La thèse de ce chapitre est qu'il y a des causes qui sont des êtres par accident, parce qu'elles peuvent avoir lieu ou cesser d'exister sans être le résultat d'une véritable génération ou, respectivement, d'une véritable corruption, c'est-à-dire d'un changement de substance produit par des causes par soi (1027a29-30). Cette thèse est démontrée au moyen d'une espèce de réduction à l'absurde, c'est-à-dire par l'argument que, s'il n'y avait pas de causes qui sont des êtres par accident, toutes les choses seraient produites par des causes par soi, sans l'interférence de facteurs extrinsèques, et, par conséquent, toutes les choses se produiraient nécessairement, ce qui pour Aristote est contre toute évidence. Il décrit cette conséquence en imaginant une série de causes enchaînées nécessairement, où le résultat final, par exemple la mort d'un homme, que ce soit dans le futur ou dans le passé, est déterminée nécessairement (1027a30-b10).

Ce qui dément cette description, en la rendant inacceptable, est le fait qu'il y a des aspects des événements décrits, par exemple les conditions de la mort (par maladie ou par violence), qui ne sont pas nécessairement déterminés : ce sont les accidents, ou les êtres par accident, dont la cause est sans génération et sans corruption, c'est-à-dire qu'elle est un état de choses qui s'est produit, ou qui a cessé d'exister, sans avoir de causes par soi, donc c'est une cause qui est à son tour un être par accident, du type mentionné au début du chapitre (1027b10-13).

Quant au genre de cause auquel peut être réduite la cause constituée par un être par accident, que ce genre soit matériel, final ou moteur, il faut l'établir par une recherche ultérieure (1027b14-16).

COMMENTAIRE

1027a29-32 : « Qu'il y ait des principes et des causes soumis à la génération et à la corruption, sans qu'ils soient engendrés et corrompus, c'est manifeste. Si, en effet, cela n'est pas, toutes les choses seront par nécessité, si, de ce qui est engendré et se corrompt, il est nécessaire qu'il y ait une certaine cause non par accident ».

Comme plusieurs commentateurs le relèvent, Aristote, après avoir montré qu'il y a des choses, ou des états de choses, ou des événements, qui sont des êtres par accident, va maintenant montrer qu'il y a aussi des causes qui sont des êtres par accident. Il les présente d'abord comme des causes qui, tout en étant générables et corruptibles, c'est-à-dire non éternelles, ne sont pas le résultat d'une véritable génération ou d'une véritable corruption, au sens où leur venir à l'être ou leur cesser d'exister n'est pas le résultat d'un processus qui ait comme fin la production ou la destruction d'une chose ou d'un état de choses déterminé. À ce propos, Aristote applique aux causes accidentelles ce qu'au chapitre précédent il a dit des êtres par accident en général, c'est-à-dire qu'ils ne sont pas sujets à une véritable génération et corruption (*Metaph.* E 2, 1026 b 22-24). Asclépius explique cette affirmation en disant que ces causes s'engendrent, c'est-à-dire viennent à l'être, et se corrompent, c'est-à-dire cessent d'être, non en tant que choses engendrées, mais simplement en tant qu'êtres. Cela arrive, à son avis, parce que ces causes n'ont pas, à leur tour, une cause déterminée. Si elles en avaient une, selon Asclépius, elles seraient par nécessité, et par conséquent toutes les choses seraient par nécessité, ce qui est contre l'évidence (p. 371, 6-372, 34). À vrai dire, la différence entre venir à l'être en tant que choses engendrées et venir à l'être en tant qu'êtres n'est pas claire, non plus que la relation entre venir à l'être en tant que choses engendrées et avoir une cause déterminée. Le pseudo-Alexandre observe que les causes accidentelles, dont Aristote parle ici, sont sans génération et corruption comme le sont les contacts et les instants, c'est-à-dire qu'elles viennent à l'être et s'en vont instantanément. Pour le pseudo-Alexandre aussi ces choses-ci n'ont pas une cause déterminée, parce que, si elles l'avaient, tout serait par nécessité, ce qui est impossible (p. 453, 12-454, 34). Thomas d'Aquin se rattache à la notion de « dans la plupart des cas » et affirme que certaines causes n'agissent que dans la plupart des cas, par conséquent leurs effets peuvent être empêchés par l'indisposition de la matière, ou par un agent contraire, ou pour quelque autre raison. Il cite une théorie d'Avicenne, selon laquelle chaque effet est nécessaire par rapport à sa cause, mais il la refuse en tant qu'incompatible avec la pensée d'Aristote, observant que cette théorie vaut seulement si l'on suppose qu'il n'y ait aucun empêchement (c. 1191-1193).

Selon Schwegler, les causes sans génération et corruption, dont Aristote parle au début du chapitre, sont des causes qui ne sont pas les éléments d'une série de causes liées selon un enchaînement interne (IV, p. 26-27). Cette explication va probablement au-delà de la lettre du texte, mais permet de comprendre pourquoi les causes de ce genre se soustraient à la nécessité. Bonitz, de son côté, trouve qu'il est difficile d'interpréter cette théorie d'Aristote, parce que le philosophe n'a pas parlé d'une manière suffisamment claire (p. 291). Ross affirme que ce qu'Aristote a dit précédemment pour les accidents, vaut ici aussi pour leurs causes. Mais, pour lui aussi, le chapitre entier n'explique pas clairement la thèse d'Aristote (p. 362). Tricot répète l'observation de Ross et conclut qu'Aristote oppose à un déterminisme rigoureux un déterminisme tempéré (p. 341). Jaeger suppose que l'expression « sans qu'ils soient engendrés et corrompus » sous-entend comme sujet « les accidents » (app. crit.) et donc que les causes en question ne produisent pas toujours leurs effets (comme pour Thomas d'Aquin). Kirwan, après avoir affirmé lui aussi que le chapitre n'est pas clair et n'a pas encore reçu d'interprétation satisfaisante, adresse des critiques aux affirmations d'Aristote, en observant d'abord qu'il y a des accidents qui ne sont pas instantanés, mais qui exigent du temps pour venir à l'être, par exemple devenir pâle, ajoutant que, même si l'on admet que cela soit vrai pour les accidents, cette règle ne vaut pas pour leurs causes (p. 195-198). Un débat s'est ouvert parmi les commentateurs modernes et plusieurs philosophes et logiciens sur la signification des premières lignes du chapitre et sur le chapitre tout entier.

À propos des deux premières lignes, la plupart des commentateurs ont accepté la suggestion du pseudo-Alexandre, selon laquelle les causes dont Aristote parle ne sont pas le résultat d'un processus au sens où elles se produisent de manière instantanée. Kirwan traduit en effet « there are origins and causes that are able to come to be and to be destroyed without [being in process of] coming to be and being destroyed », introduisant entre parenthèses la mention du processus dont les causes en question seraient exemptes. Hintikka suppose qu'il s'agit de ce qu'Aristote en *Metaph.* Θ 6 appelle ἐνέργειαι (actes) en opposition aux κινήσεις (mouvements) [1].

---

1. J. Hintikka, *Time and Necessity. Studies in Aristotle's theory of Modality*, Oxford, Clarendon Press, 1973, p. 174-175. Après avoir discuté de cette question avec Sorabji, Hintikka s'est rangé du côté de ce dernier, en renonçant à voir en *Metaph.* E 3 la distinction entre κινήσεις et ἐνέργειαι. Voir J. Hintikka (in collaboration with U. Remes and S. Knuuttila), *Aristotle on Modality and Determinism*, Amsterdam, North-Holland Publishing Company, 1977 (*Acta Philosophica Fennica*, vol. 29, n. 1), p. 107-117.

Sorabji, qui a consacré à ce chapitre une longue partie de son livre appelé à susciter un grand débat, traduit lui aussi « without going through a process of beginning and ceasing »[1]. Madigan présente trois interprétations possibles de ces lignes : 1) l'interprétation la plus traditionnelle, remontant au pseudo-Alexandre, selon laquelle les causes accidentelles sont exemptes de la génération et de la corruption parce qu'elles sont instantanées ; 2) l'interprétation de Jaeger (et de Thomas d'Aquin), selon laquelle ce sont les accidents qui sont exempts de la génération et de la corruption ; 3) une troisième interprétation, selon laquelle les causes accidentelles sont capables de venir à l'être ou de cesser d'être, sans être actuellement engendrées ni détruites : Madigan considère comme préférable la première interprétation[2]. Heinaman, Dorothea Frede et Weidemann aussi adoptent l'interprétation traditionnelle[3], tandis que Williams observe que rien n'autorise à introduire l'idée d'un processus dans la mention par Aristote de la génération et de la corruption et par conséquent à considérer les causes accidentelles, qui en sont exemptes, comme instantanées : la thèse d'Aristote, à son avis, est que les causes accidentelles sont des causes en puissance, qui peuvent passer ou ne pas passer à l'acte[4]. Kirwan est revenu sur ce sujet dans la seconde édition de son commentaire, en acceptant l'interprétation de Williams, mais en répétant que le chapitre n'a pas encore reçu une interprétation satisfaisante (p. 222-225).

Reale reproduit une explication du commentateur italien du XIXᵉ siècle Ruggero Bonghi, selon laquelle Aristote conçoit la génération et la corruption comme des séries d'actes liés entre eux par un rapport nécessaire de cause à effet ; par conséquent, la condition de possibilité d'effets non nécessaires est l'existence de causes qui ne soient pas intégrées dans un processus de ce genre, c'est-à-dire qui ne soient pas produites par un acte antérieur mais surgissent et cessent instantanément et

---

1. R. Sorabji, *Necessity, Cause and Blame. Perspectives on Aristotle's Theory*, London, Duckworth, 1980, p. 7.

2. A. Madigan, S.J., «*Metaphysics* E 3 : A Modest Proposal », *Phronesis*, 29, 1984, p. 123-136.

3. R. E. Heinaman, « Aristotle on Accidents », *Journal of the History of Philosophy*, 23, 1985, p. 311-324 ; D. Frede, « Aristotle and the Limits of Determinism : Accidental Causes in *Metaphysics* E 3 », *in* A. Gotthelf (ed.), *Aristotle on Nature and Living Things*, Pittsburg-Bristol, Mathesis Publications-Bristol Classical Press, 1985, p. 207-225 ; H. Weidemann, « Aristoteles und das Problem des kausalen Determinismus (*Met.* E 3) », *Phronesis*, 31, 1986, p. 27-50.

4. C. J. F. Williams, « Some Comments », *op. cit.*, p. 181-184.

indépendamment d'actes antérieurs, postérieurs ou simultanés (p. 308)[1]. Grgić reprend l'interprétation traditionnelle, mais en précisant que les causes accidentelles sont instantanées au sens où elles sont extérieures à la chaîne des causes par soi et donnent lieu à leur tour à une chaine qui n'est pas infinie, mais doit avoir un commencement[2]. Finalement Kelsey reprend l'interprétation de Williams, en observant que les causes accidentelles « apparaissent » et « disparaissent » sans venir littéralement à l'être, non parce qu'elles sont instantanées, comme le prétend l'interprétation traditionnelle, mais parce qu'elles ne sont pas le résultat d'une véritable génération, c'est-à-dire d'une génération orientée vers une fin[3].

En effet, Aristote dit que ce qui s'engendre ou se corrompt, doit avoir une cause non par accident, mais par soi, c'est-à-dire essentielle et de ce fait conforme à sa nature. Cela signifie qu'il considère la génération et la corruption comme des changements naturels, orientés vers la génération ou la destruction d'une substance, qui, en l'absence d'empêchements, produisent nécessairement leur effet. Ces changements peuvent donner lieu à d'autres changements analogues, chacun formé par un rapport de cause à effet. Si toutes les causes qui font partie de la chaîne sont des causes par soi, le résultat de la série tout entière ne peut être que nécessaire. Or, puisque les changements naturels, comme nous l'avons vu, ne se produisent pas toujours, c'est-à-dire dans tous les cas, mais « dans la plupart des cas », de sorte que, dans la nature, il y a une place pour les exceptions, par conséquent, dans la série des générations et des corruptions, il y a une possibilité d'intervention de causes qui ne sont pas par soi, c'est-à-dire qui ne dérivent pas des causes antérieures internes à la série en question, mais qui sont des causes provenant, pour ainsi dire, de l'extérieur et qui s'introduisent dans la génération et la corruption naturelles, en produisant des effets imprévus, non nécessaires. Ce sont les causes par accident. L'existence de ces causes est prouvée, selon Aristote, par le fait que, si elles n'existaient pas, tout serait nécessaire, conséquence, selon lui, évidemment absurde. Dans la suite du chapitre, il développe donc une espèce de réduction à l'absurde, en montrant que, si l'on admet seulement des causes par soi, toutes les choses arriveront nécessairement.

1. R. Bonghi, *Metafisica d'Aristotele*, volgarizzata e commentata da R. Bonghi, ristampata e completata con la parte inedita da M. F. Sciacca, 3 vol., Milano, Marzorati, 1942-1945 (1 re éd. 1854), II, p. 186, note 3.

2. F. Grgić, « Aristotle against the Determinist : *Metaphysics* 6.3 », *International Philosophical Quarterly*, 38, 1998, p. 127-136.

3. S. Kelsey, « The Argument of *Metaphysics* VI 3 », *Ancient Philosophy*, 24, 2004, p. 119-134. Cette interprétation est acceptée aussi pas Menn.

Le début du chapitre admet cependant aussi une interprétation différente, qui ne se fonde pas sur la conception de la génération et de la corruption comme processus déterminés par des causes par soi, mais les considère comme un simple venir à l'être et un simple cesser d'être. Selon cette interprétation, Aristote dit simplement qu'il y a des causes générables et corruptibles, c'est-à-dire contingentes, qui, tout en pouvant venir à l'être, ne viennent pas, ou, tout en pouvant cesser d'être, ne cessent pas d'être. Ce sont les causes accidentelles. S'il n'y avait pas ce genre de causes, tout serait nécessaire. Le reste du chapitre illustre l'existence des causes accidentelles par des exemples qui ne concernent pas des processus naturels, mais le comportement des hommes. L'événement à expliquer, comme nous le verrons, est la mort d'un homme, qui peut avoir des causes par soi, comme la maladie, ou des causes accidentelles, comme la violence.

1027a32-34 : « En effet, cette chose-ci sera-t-elle ou non ? <Elle sera>, si cette <autre> chose est engendrée ; si au contraire <cette autre chose> n'<est> pas <engendrée>, non. Mais cette <autre> chose <est engendrée>, <s'il y en a> une autre <encore> ».

À partir de là, Aristote développe l'argumentation qui vise à montrer que, si chaque événement a une cause par soi, il arrive nécessairement. La « chose », à propos de laquelle Aristote se demande si elle sera ou non, est évidemment un événement, comme l'a relevé déjà Asclépius, qui donne l'exemple de la bataille navale (p. 372, 35), auquel Aristote a consacré le célèbre chapitre 9 du *De interpretatione*. Schwegler l'a confirmé, en citant *Metaph.* Δ 30, 1025a24-30, avec l'exemple de celui qui arrive à Égine sans vouloir y aller, mais poussé par une tempête ou parce qu'il était prisonnier de pirates (IV, p. 27). Le sens de l'argument d'Aristote est qu'une chose est engendrée, ou bien qu'un événement se produit, s'il y a une autre chose, ou bien un autre événement, qui soit sa cause par soi. Cette autre chose, à son tour, est engendrée s'il y en a une autre encore qui soit sa cause par soi. De cette manière, une chaîne d'événements se produit, qui est nécessaire, au sens où chacun d'eux est produit nécessairement par sa cause par soi. Mais attention ! Il ne s'agit pas d'une nécessité absolue, mais seulement d'une nécessité conditionnée, ou hypothétique : si la cause existe et est une cause par soi, l'effet en dérive nécessairement. La notion de nécessité hypothétique est bien connue par Aristote, qui l'illustre en *Phys.* II 9, en la reliant à sa conception téléologique de la nature[1].

---

1. Sur ce sujet, il y a une vaste littérature, dont on peut trouver une synthèse dans le livre de B. Botter, *La necessità naturale in Aristotele*, Napoli, Loffredo, 2009.

1027a34-b6 : « Et ainsi il est clair que, si l'on soustrait toujours du temps d'un temps limité, on parviendra au maintenant, de manière que cet <homme>-ci mourra par maladie ou par violence, s'il est sorti; <il fera> cela, s'il a soif; mais cela <arrivera>, si autre chose <se produit>. Et, de cette manière, on parviendra à ce qui subsiste maintenant, ou à quelqu'une des choses passées. <Supposons>, par exemple, qu'il ait soif; cela <arrive>, s'il mange des choses aigres; mais cette <autre> chose ou bien elle subsiste ou bien elle ne subsiste pas; par conséquent il mourra ou il ne mourra pas par nécessité ».

À la ligne 1027b2, tous les manuscrits ont νόσῳ ἢ βίᾳ, « par maladie ou par violence », texte édité par Bekker, Schwegler, Bonitz et Christ. Le premier mot, « par maladie », a été éliminé par Ross, suivi par Jaeger, qui a considéré qu'il était dû à l'influence de la ligne 1027b10, où la même expression revient. Évidemment, selon Ross, en 1027b2 Aristote envisage seulement la possibilité que l'homme en question meurt par violence, puisque la possibilité qu'il meurt par maladie est envisagée plus loin, aux lignes 10-11. Mais l'exemple n'est pas complètement clair. Selon Asclépius, qui admet les deux possibilités, l'homme meurt par maladie si, dans son corps, qui est constitué par deux éléments opposés, l'un des deux prévaut sur l'autre, en détruisant l'harmonie entre eux; il meurt, au contraire, par violence, s'il se trouve dans une ville assiégée, sort de la ville et rencontre les ennemis qui le tuent (p, 373, 5-20). Le pseudo-Alexandre consacre à ce passage un long commentaire. Il donne le nom de Nicostratos à l'homme en question et il imagine lui aussi qu'il soit sorti de la ville et qu'il ait été tué par des ennemis (p. 454, 34-39). Dans ce cas, la cause de sa mort est d'avoir mangé des choses aigres, qui lui ont causé la soif, ce qui l'a conduit à sortir de la ville. La même explication, y compris le nom de Nicostratos, se retrouve chez le pseudo-Philopon (p. 25 recto). L'autre possibilité, c'est-à-dire que Nicostratos meure par maladie, est admise elle aussi par le pseudo-Alexandre, mais elle est expliquée d'une autre façon : l'homme doit de toute façon mourir, parce qu'il est constitué par des éléments opposés, feu et terre; s'il introduit dans son corps trop d'eau, il contracte une maladie, l'hydropisie, et il meurt de maladie (p. 453, 34-456, 22). Mais, dans le cas de mort violente, comme l'a justement relevé Kirwan à propos du commentaire du pseudo-Alexandre, la cause accidentelle de la mort de Nicostratos n'est pas claire : les ennemis ou sa soif? Aristote semble indiquer comme cause de la mort de l'homme en question sa soif, ou mieux, le fait qu'il a mangé quelque chose d'aigre. C'est cette cause-ci qui, selon Aristote, peut arriver et ne pas arriver. Si elle arrive, la mort de l'homme en dérive nécessairement; si, au contraire, elle n'arrive pas, sa mort n'est plus nécessaire. Thomas d'Aquin explique l'exemple d'une autre manière : un homme sort de sa maison et rencontre des brigands qui le tuent pour le voler. Même pour Thomas, le cause première de la mort violente est la soif[1], causée par le fait d'avoir mangé des choses aigres, et, même pour lui, il y a un lien de nécessité entre la cause et l'effet, mais la manière dont il illustre cette nécessité est particulière : la cause et l'effet sont liés comme les propositions « si Socrate court, il se meut » (c. 1197-1198). Dans cet exemple, le lien de nécessité est de nature plus logique que physique : la notion de courir, en effet, implique logiquement celle de se mouvoir. Selon Bonitz, l'exemple d'Aristote n'illustre pas clairement la cause accidentelle, mais montre plutôt des causes non accidentelles (p. 292). Pour Ross, on peut se demander si Aristote considère comme des causes accidentelles seulement des actes humains, tels que manger une chose aigre, ou bien aussi des causes naturelles (p. 362-363). Cette question résulte de son élimination de la référence à la maladie, qui serait une cause naturelle.

Ce passage a fait l'objet d'une longue discussion depuis le livre de Sorabji sur la nécessité et la cause. Celui-ci, comme presque tous les autres interprètes qui discutent avec lui, accepte immédiatement l'explication du pseudo-Alexandre, selon laquelle il y a un homme nommé Nicostratos, qui peut mourir par maladie ou par violence et selon laquelle cette violence consiste à être tué par des scélérats. Selon Sorabji, si Nicostratos meurt par violence, c'est à cause de sa rencontre avec les scélérats, c'est-à-dire à cause du fait que, au même moment où Nicostratos se rend à une fontaine pour boire, les scélérats se rendent eux aussi à la fontaine. Tandis que les autres événements ont des causes déterminées, c'est-à-dire par soi, par exemple la sortie de Nicostratos est causée par sa soif, et celle-ci est causée par le fait d'avoir mangé des aliments aigres, au contraire la rencontre avec les scélérats, selon Sorabji, n'a aucune cause, au sens où elle n'a aucune explication : rien n'explique pourquoi Nicostratos et les scélérats se sont trouvés au même lieu à la même heure. Donc, selon Sorabji, les causes accidentelles sont des causes qui, à leur tour, n'ont pas de cause et ce sont elles qui empêchent le déterminisme absolu, c'est-à-dire la thèse que toutes les choses arrivent nécessairement[2]. La thèse de Sorabji

---

1. La traduction latine suivie par Thomas, à la ligne 1027 b 2, admet les deux possibilités, mort par maladie et mort violente. Le reste de la ligne édité par Cathala-Spiazza (*si exit, aut si facit*, « s'il sort, ou s'il <le fait> »), a été corrigé par l'édition critique de Vuillemin-Diem : *si exit, hoc autem si sitit.*

2. R. Sorabji, *Necessity*, *op. cit.*, p. 3-25. Une thèse analogue avait été avancée par J. Hintikka, dans *Aristotle on Modality and Determinism, op. cit.*, qui attribue lui aussi à Aristote un série de tentatives pour éviter le déterminisme (représenté à son avis par les

a été critiquée par Gail Fine, selon laquelle, pour Aristote, tous les événements ont une cause, donc sont nécessaires, mais d'une nécessité relative, c'est-à-dire hypothétique ou téléologique[1]. D'autres critiques ont été adressées à l'interprétation de Sorabji par Heinaman, qui considère cependant confus le discours d'Aristote, par Dorothea Frede, qui interprète l'argument d'Aristote comme une réduction à l'absurde dirigée contre le déterminisme absolu et en faveur d'une conception téléologique de la nature, et par Cynthia Freeland, qui est d'accord avec Frede, tandis que Weidemann s'est rangé du côté de Sorabji, même si c'est avec quelques corrections[2].

La structure logique de l'argumentation d'Aristote a été reconstruite très clairement par Polansky et Kuczewski, qui l'ont interprétée comme un *modus tollendo tollens*[3], tandis que Donini et Grgić sont revenus sur l'explication de Sorabji, en identifiant la cause accidentelle de la mort de Nicostratos, considérée comme arrivée par violence à cause de la rencontre avec les scélérats, l'un dans sa sortie de la maison et l'autre dans le fait d'avoir mangé des aliments aigres[4]. Finalement Kelsey a observé que les causes par soi dont Aristote parle sont toujours des causes efficientes téléologiques, c'est-à-dire orientées vers une finalité, tandis que les causes accidentelles sont des causes efficientes non téléologiques, et qu'Aristote admet le « principe de transitivité », selon lequel la cause efficiente est transitive, c'est-à-dire qu'elle transmet sa causalité à son effet. De la même opinion est, il me semble, Gabriela Rossi[5].

À mon avis, il faut remarquer que, jusqu'à ce moment, Aristote est encore en train de développer son argumentation par l'absurde, consistant à observer que, s'il n'y avait aucune cause accidentelle, tout événement, par exemple la mort d'un homme, arriverait nécessairement, si des causes par soi se produisent, grâce à l'enchaînement nécessaire de ces causes. Il n'a pas encore montré que, pour éviter cette conséquence, il faut admettre

---

Mégariques), en voyant en *Metaph.* E 3 un recours à la notion de chance comme cause non causée d'une série causale, mais en concluant que cette tentative n'est pas réussie.

1. G. Fine, « Aristotle on Determinism : A Review of Richard Sorabji's *Necessity, Cause, and Blame* », *The Philosophical Review*, 90, 1981, p. 561-579.

2. R. E. Heinaman, « Aristotle on Accidents », *op. cit.* ; D. Frede, « Aristotle on the Limits », *op. cit.*, et « Accidental Causes in Aristotle », *Synthese*, 92, 1992, p. 39-62 ; C. Freeland, « Accidental causes and real Explanations », *in* L. Judson (ed.), *Aristotle's Physics, op. cit.*, p. 49-72 ; H. Weidemann, « Aristoteles und das Problem », *op. cit.*

3. R. Polansky, M. Kuczewski, « Accidents and Processes in Aristotle's *Metaphysics* E 3 », *Elenchos*, 9, 1988, p. 295-310.

4. P. L. Donini, *Ethos. Aristotele e il determinismo*, Alessandria, Edizioni dell'Orso, 1989, p. 27-45 ; F. Grgić, « Aristotle against », *op. cit.*

5. S. Kelsey, « The Argument », *op. cit.* ; G. Rossi, *El azar, op. cit.*, 201-215.

aussi des causes accidentelles, et, en tout cas, il n'a parlé ni de Nicostratos ni d'une rencontre avec les scélérats, qui sont de simples suppositions des commentateurs. La seule incertitude introduite dans la description de la chaîne des causes est l'alternative entre la mort par maladie et la mort par violence, que les interprètes modernes, à la suite de Ross, ont éliminée, considérant seulement l'hypothèse de la mort par violence et introduisant de cette manière l'idée d'une rencontre avec des scélérats, avancée par les commentateurs, mais complètement absente du texte d'Aristote.

1027b6-10 : « De la même façon, même si quelqu'un saute dans les choses passées, on peut tenir le même discours, parce qu'une certaine chose donnée déjà subsiste dans quelque chose de déterminé, je veux dire la chose passée. Alors toutes les choses futures seront par nécessité, par exemple que le vivant meure, parce que quelque chose est déjà arrivé, par exemple la présence des contraires dans le même corps ».

Dans ces lignes Aristote, affirme que le discours tenu pour montrer que les événements futurs peuvent être reconduits à des causes présentes vaut aussi pour les événements passés : ceux-ci peuvent aussi être reconduits à une cause précédente. Dans les deux cas, la chaîne qui relie les causes et les effets est nécessaire, de sorte que, si la cause a lieu, il est nécessaire que l'effet aussi ait lieu. Pour illustrer cette nécessité, Aristote prend l'exemple des vivants (plantes, animaux, êtres humains), qui doivent nécessairement mourir, et il en situe la cause dans le fait qu'ils sont constitués par des éléments contraires. À la ligne 1027b10, les manuscrits les plus anciens (E et J) ont le mot σώματι, que les autres (Aᵇ) n'ont pas. Je crois qu'on peut le garder sans problèmes. Les éléments en question sont illustrés par Asclépius et le pseudo-Alexandre de la manière que nous avons vu. Thomas d'Aquin formule aussi la loi : « si quelque corps est composé de contraires, il se corrompra » (c. 1199). Il semble donc qu'il y ait dans la nature des lois, selon lesquelles des causes déterminées produisent des effets déterminés, et les produisent nécessairement. Cela vaut aussi bien pour le passé que pour le futur. Mais tout cela se produit seulement si on a à faire exclusivement avec des causes par soi, comme la présence des contraires dans le même corps, qui est cause par soi de la mort des vivants.

1027b10-13 : « Mais <s'il meurt> de maladie ou de mort violente, <on ne peut> pas <le dire> encore, mais <seulement> dans le cas où cette chose-ci est engendrée. Il est clair alors qu'on remonte jusqu'à un certain principe, mais celui-ci ne peut plus <être réduit> à un autre. Celui-ci sera donc le <principe> de ce qui est arrivé ou bien d'une façon ou bien de l'autre, et la cause de la génération de ce <principe> n'est rien ».

Après avoir énoncé la loi selon laquelle tous les vivants doivent nécessairement mourir, parce qu'ils sont constitués par des éléments contraires (on peut supposer que telle est la cause par soi, c'est-à-dire non accidentelle, de leur mort), Aristote en vient à illustrer la cause accidentelle de la manière dont ils meurent, par maladie ou par violence. L'une ou l'autre de ces deux possibilités se produit seulement si quelque chose de déterminé est engendré, seulement si la cause accidentelle se produit. Celle-ci est présentée par Aristote comme un principe au-delà duquel on ne peut plus remonter, c'est-à-dire un principe qui n'a plus aucune cause. À la ligne 1027b13, on peut omettre le mot ἄλλο, rien « d'autre », qui est absent dans les manuscrits les plus anciens, parce que le principe en question n'a vraiment aucune cause : non seulement il n'a pas une cause « autre » de lui-même, mais il n'en a aucune.

Asclépius identifie ce principe au désir de manger des choses aigres, se référant de cette façon à la cause accidentelle de la mort violente, et il ajoute qu'il s'agit d'un principe contingent, qui peut être d'une autre manière aussi, et qu'il n'y a aucune cause de sa génération (il lit donc le même texte que les manuscrits les plus anciens). Mais il mentionne ensuite aussi, comme cause accidentelle, la « bataille des éléments », qui est cause de la maladie, en montrant ainsi qu'il considère deux types de causes accidentelles, l'une constituée par un choix humain et l'autre par un fait naturel (p. 373,13-20). Le pseudo-Alexandre précise à son tour que même la maladie, qu'il identifie à une hydropisie, a une cause accidentelle (avoir bu de l'eau), mais celle-ci est une cause accidentelle, parce que l'hydropisie peut arriver même à qui n'a pas bu de l'eau (p. 456,15-22). Thomas d'Aquin identifie le principe sans cause avec une « cause fortuite » (*causa casualis*), qui n'a aucune cause. Revenant sur l'exemple de la mort violente, il observe que la cause par soi de la mort sont les blessures produites par les voleurs, que la cause par soi de ces blessures est la rencontre avec les voleurs et que cette rencontre n'a aucune cause, donc est une cause accidentelle, comme le serait la rencontre avec des voleurs d'un homme qui sort de sa maison pour s'occuper de ses affaires. Thomas conclut qu'Aristote avait déjà indiqué au début du chapitre le fait d'être sans génération comme caractéristique des êtres par accident, montrant de cette manière qu'il identifie l'être sans génération avec l'être sans cause (c. 1201). Reale identifie lui aussi le principe sans cause au choix de manger des choses aigres (p. 308-309), tandis que Zanatta suit le pseudo-Alexandre en considérant le fait d'avoir bu de l'eau comme la cause accidentelle de l'hydropisie (p. 989-990).

Il me semble que ce passage résout beaucoup des problèmes soulevés par les commentateurs modernes. Sorabji se fonde sur ce passage pour dire que la cause accidentelle de la mort de Nicostratos, qui est selon lui la rencontre avec les voleurs, n'a pas de cause : elle est le résultat de deux séries de causes indépendantes l'une de l'autre, la sortie de Nicostratos, causée par la soif, qui est causée à son tour par le fait d'avoir mangé aigre, et la présence des voleurs, qui doit également avoir une cause. C'est la simultanéité des deux événements, la présence de Nicostratos et celle des voleurs à la même heure au même lieu, qui n'a pas de cause (p. 10-13). Plusieurs interprètes ont critiqué par la suite cette thèse de Sorabji (Fine, Frede), en affirmant que tout doit avoir une cause, mais probablement Sorabji voulait dire que la cause accidentelle, quelle qu'elle soit, n'a pas de cause en tant qu'être par accident, c'est-à-dire en tant que conjonction de deux événements, dont chacun a une cause par soi. Certains interprètes citent à ce propos la doctrine d'Aristote bien connue, selon laquelle aucune série de causes ne peut être infinie et il doit toujours exister une cause première, c'est-à-dire une cause sans autre cause[1]. Mais, à mon avis, Aristote dans ce passage ne pense pas à une cause première du type de celle qu'il admet en *Metaph.* α 2, qui est une cause par soi, mais il pense à une cause qui est elle-même un être par accident, c'est-à-dire une conjonction fortuite de deux êtres ou de deux événements indépendants l'un de l'autre.

La conclusion de Kirwan dans ses « Further Comments (1992) » me semble particulièrement importante : la leçon principale du chapitre est que des causes non causées peuvent exister et qu'elles s'identifient avec ce qu'Aristote appelle dans ce passage « principe », mot qui doit être compris comme « origine ». Puisque ces causes non causées peuvent aussi bien se produire que ne pas se produire et aussi bien cesser que ne pas cesser d'exister, elles agissent de telle sorte que les choses qui en dépendent puissent se produire ou cesser par accident. Selon Kirwan, c'est le prix qu'il faut accepter pour sortir du déterminisme (p. 225). Il me semble que ce n'est pas un prix trop élevé, si l'on part, comme le fait Aristote, du présupposé qu'une certaine zone d'indétermination évidemment existe, parce que les lois qui gouvernent la nature, aussi bien que les règles qui dirigent l'action humaine, ne sont valables que « le plus fréquemment », c'est-à-dire admettent des exceptions.

---

1. R. Polansky, M. Kuczewski, « Accidents and Processes », *op. cit.*, p. 308, qui citent *Metaph.* α 2.

1027b14-16 : « Mais à quel principe et à quelle cause une telle réduction <parvient>, si c'est à <un principe> comme matière ou à <un principe> comme fin ou à <un principe> comme ce qui a mû, voilà surtout ce qu'il faut chercher ».

Après avoir montré que la cause des êtres par accidents est une cause accidentelle, Aristote souligne que cela vaut d'un point de vue général, mais il reste à établir dans chaque cas particulier quelle est cette cause, c'est-à-dire à quel genre de causes, parmi les quatre genres distingués en *Phys.* II 3 et *Metaph.* Δ 2, elle appartient. Il désigne le processus précédemment décrit pour remonter à la cause de l'être par accident par le nom de « réduction » (ἀναγωγή), qui indique un chemin amenant vers le haut, précisément de l'effet à la cause, chemin qui peut être formé par une série d'étapes, enchaînées l'une à l'autre de façon nécessaire, c'est-à-dire d'une façon telle que, l'une étant donnée, celle qui la suit doit nécessairement être donnée aussi.

Sur la détermination du genre de cause auquel la cause accidentelle appartient, il y a unanimité parmi les commentateurs. Asclépius signale qu'ailleurs Aristote l'identifie avec la cause « productrice » (ποιητική), c'est-à-dire efficiente (p. 373, 21-26), qui coïncide avec ce qu'Aristote appelle ici « ce qui a mû » (τὸ κινῆσαν), c'est-à-dire la cause motrice. Le pseudo-Alexandre est d'accord (p. 456, 22-25). Thomas d'Aquin est d'accord lui aussi et il ajoute qu'Aristote omet de mentionner la cause formelle, parce que celle-ci, étant l'essence, ne peut être une cause accidentelle (c. 1202). Mais Thomas ajoute aussi au commentaire un long *excursus*, où il se demande si la thèse soutenue par Aristote dans ce chapitre est compatible ou non avec les philosophies qui admettent le destin (*fatum*) et la providence. Ceux qui admettent le destin – dit-il – considèrent tout comme nécessaire, ce qui n'est pas la thèse d'Aristote. Celui-ci, en effet, selon Thomas d'Aquin, admet trois degrés de causes : 1) les causes divines, c'est-à-dire le moteur immobile, qui est la plus haute et la plus universelle ; 2) les causes célestes, c'est-à-dire les astres, qui sont moins hauts et moins universels ; 3) les causes qui sont dans la nature (le feu, l'homme, la plante), qui sont les plus particulières. La cause la plus universelle, en tant que cause de l'être, n'admet aucune exception ; les causes célestes, qui agissent le plus fréquemment, admettent des exceptions, dues à l'« indisposition » de la matière et à l'existence d'âmes rationnelles, qui se soustraient à l'action des astres. Toutes ces exceptions, qui sont les êtres par accident, réfutent la thèse de ceux qui admettent le destin – nous dirions les « fatalistes » (c. 1203-1214). Pour ce qui concerne la providence, Thomas rappelle la thèse de la « foi catholique », selon laquelle tout ce qui existe dépend pour son être de la causalité divine, c'est-à-dire de la providence.

Mais dans ce qui existe, observe-t-il, il y a aussi bien le nécessaire que le contingent, qui dépendent tous les deux de la providence divine. Par conséquent, on doit dire non seulement que Dieu a pourvu qu'une chose soit, mais qu'il a pourvu qu'une chose soit ou bien de manière nécessaire ou bien de manière contingente. De cette façon, il n'y a pas incompatibilité entre la position de la providence et la thèse d'Aristote (c. 1215-1222). Les traits typiquement thomistes de cette explication sont, d'un côté, la distinction claire entre le point de vue de la philosophie et celui de la foi, et, de l'autre côté, la réconciliation entre le point de vue de la foi et celui d'Aristote, qui, pour le commentateur médiéval, est le point de vue de la philosophie.

Les commentateurs modernes suivent pour la plupart les anciens. Schwegler se rattache au pseudo-Alexandre et à Asclépius, concluant que la cause accidentelle est une cause efficiente (IV, p. 29). Bonitz est plus problématique : il rappelle que précédemment (1027a13) Aristote avait identifié la cause de l'accident à la matière, mais que celle-ci n'a pas le pouvoir de produire les exceptions à la règle de ce qui se produit le plus fréquemment ; donc on peut douter qu'Aristote ait résolu le problème (p. 292-293). Ross rappelle lui aussi qu'Aristote avait précédemment indiqué la matière, mais il observe que celle-ci n'est qu'une condition de possibilité de l'être par accident. On peut exclure la cause formelle, parce que l'être par accident ne peut pas être reconduit à l'essence, donc il ne reste que la cause efficiente, comme l'avaient dit le pseudo-Alexandre et Asclépius. Selon Ross, Aristote, en mentionnant comme cause de la mort violente le désir de manger des choses aigres, a indiqué une cause efficiente, mais tout désir suppose un objet désirable, donc une cause finale (p. 364). Tricot renvoie à *Phys.* II 6, 192a2 sqq, où effectivement Aristote identifie la cause de l'être par accident à la fortune (τύχη) et au hasard (αὐτόματον), en disant que tous les deux font partie des causes d'où dérive le mouvement, c'est-à-dire des causes motrices (p. 343, note 2). Kirwan exclut lui aussi qu'il s'agisse d'une cause formelle pour les raisons qu'Aristote expose en *Metaph.* Z 4, même s'il se trouve que le rapport entre ce texte et E 3 n'est pas clair (p. 198). Reale (p. 309-310) et Zanatta (p. 990) suivent le pseudo-Alexandre et Asclépius.

Le problème de la responsabilité humaine a été soulevé aussi par Sorabji, qui pense que la responsabilité, admise à son avis par Aristote dans ses œuvres d'éthique, est incompatible avec le déterminisme qu'il attribue à Aristote (p. 251-256). La thèse de Sorabi sur ce sujet a été critiquée par Fine, qui nie cette incompatibilité, et surtout par Donini, qui a soutenu la possibilité de l'initiative humaine comme cause première de certaines actions[1]. Cette possibilité a été aussi défendue par Natali dans plusieurs études[2]. Récemment Kelsey a observé que, pour Aristote, les êtres humains sont la source de leurs actions[3], et Michael Frede, dans un livre posthume, tout en niant qu'Aristote possède la notion de volonté libre (*free will*), notion qui remonte selon lui à Epictète, admet que, dans le monde d'Aristote, il y a beaucoup d'espace pour l'action humaine, que celle-ci n'est pas exclue par l'existence de régularités et, par conséquent, implique la responsabilité des hommes[4].

1. P. L. Donini, *Ethos* (…), p. 47-70.

2. C. Natali, *L'action efficace. Études sur la philosophie de l'action d'Aristote*, Louvain-la-Neuve, Peeters, 2004 et C. Natali, S. Maso (eds), *La catena delle cause. Determinismo e antideterminismo nel pensiero antico e in quello contemporaneo*, Amsterdam, Hakkert, 2005.

3. S. Kelsey, « The Argument », *op. cit.*, p. 133.

4. M. Frede, *A Free Will. Origins of the Notion in Ancient Thought*, ed. by A. A. Long, with a Foreword by D. Sedley, Berkeley-Los Angeles-London, University of California Press, 2011, p. 19-30.

Résumé du chapitre

Parmi les quatre significations de l'être distinguées au début du chapitre 2, il reste à considérer l'être comme vrai et le non-être comme faux, c'est-à-dire l'usage qu'on fait de l'être et du non-être pour déclarer qu'un énoncé est vrai ou faux. Ces sens dépendent, selon Aristote, de l'union et de la division des choses, et comme tels ils se partagent les quatre combinaisons possibles exprimées par une contradiction, c'est-à-dire par un couple d'énoncés (affirmation et négation) : le vrai comprend, en effet, l'affirmation et la négation, fondées respectivement sur l'union et sur la division des choses, tandis que le faux comprend l'affirmation et la néga- tion qui leur sont contradictoires. Le problème de savoir comment il arrive de penser une affirmation ou une négation non comme une succession, mais comme une unité, est l'objet d'une autre recherche (1027b17-25).

Par conséquent, l'être comme vrai et le non-être comme faux ne sont pas dans les choses, comme si, par exemple, deux êtres tels que le bien et le mal étaient directement l'un vrai, l'autre faux, mais ils sont dans la pensée rationnelle. S'ils concernent des êtres simples, ils ne sont pas même dans la pensée rationnelle, mais ce problème (comment penser ces sens de l'être et du non-être dans les cas des êtres simples) sera l'objet d'une étude ulté- rieure. Du fait que l'être comme vrai et le non-être comme faux existent dans la pensée rationnelle et non dans les choses, ce en quoi ils diffèrent des sens principaux de l'être (l'être des catégories et l'être comme puissance et acte), il faut, comme c'est aussi le cas de l'être par accident, laisser de côté ces deux sens de l'être. En effet, l'un, c'est-à-dire l'être par accident, a une cause indéterminée, et l'autre, c'est-à-dire l'être comme vrai, a comme cause une affection de la pensée rationnelle, et tous les deux sont des significations secondaires, qui n'indiquent aucune chose déterminée existant en dehors de l'être par soi (1027b25-34).

Pour cette raison, il faut rechercher les principes et les causes des autres sens de l'être, c'est-à-dire de l'être par soi, en le considérant en tant qu'être, puisque l'être se dit de plusieurs manières, comme cela a été défini ailleurs (1027b34-1028a6).

COMMENTAIRE

1027b17-19 : « Pour ce qui est de l'être par accident, mettons-le donc de côté, car nous l'avons suffisamment défini ; l'être comme vrai et le non-être comme faux, puisqu'ils dépendent de l'union et de la division […] ».

L'être comme vrai et le non-être comme faux sont le deuxième des sens de l'être, c'est-à-dire la deuxième des manières selon lesquelles on emploie le verbe « être », distinguées au début du chapitre 2. Ce même sens est mentionné par Aristote en *Metaph.* Δ 7, 1017a31-35, où il explique que l'« être », ou le mot « est », peut signifier qu'un discours exprimant une union entre deux choses est vrai, par exemple si je dis « est » de l'expression « Socrate blanc », « est » signifie qu'il est vrai que Socrate est blanc. De façon analogue le non-être, c'est-à-dire le mot « n'est pas », peut signifier qu'un discours du même type est faux, par exemple si je dis « n'est pas » de l'expression « diagonale commensurable », « n'est pas » signifie qu'il est faux que la diagonale soit commensurable (par rapport au côté du carré). Il s'agit de l'usage du verbe « être » que Kahn a appelé « veridical use »[1], que Aubenque a appelé « usage véritatif »[2], et qui continue d'être employé dans les langues modernes, lorsque par exemple on dit en français « c'est ainsi, c'est comme ça » ou en anglais « it is so, so be it ! ».

Ce parallélisme avec *Metaph.* Δ 7 a été mis en doute pour la première fois par Brentano, selon lequel l'être comme vrai dont Aristote parle en *Metaph.* Δ 7 est l'être de la copule, employé pour dire une vérité, tandis que l'être comme vrai dont Aristote parle en *Metaph.* E 2 et 4, n'est pas la copule, mais celui qui est prédiqué du jugement tout entier et signifie que ce jugement est vrai[3]. La différence entre l'être comme vrai de *Metaph.* Δ 7 et celui de *Metaph.* E a été également défendue récemment par Pearson, qui cependant ne réduit pas l'être comme vrai de *Metaph.* Δ 7 à la seule

1. C. Kahn, *The Verb 'Be' in Ancient Greek*, Dordrecht-Boston, Reidel, 1973 (2e éd. Indianapolis-Cambridge, Hackett, 2003), p. 331-333. Kahn observe que le mot « est », employé dans ce sens, sous-entend un sujet qui n'est pas un simple mot mais un énoncé. M. Matthen, « Greek Ontology and the "Is" of Truth », *Phronesis*, 28, 1983, p. 113-135, confirme cette interprétation en observant : « "is" said-of predicative complexes indicates the same thing as "is true" said-of the corresponding judgements » (p. 127).

2. P. Aubenque, *Syntaxe et sémantique de l'être dans le poème de Parménide*, dans P. Aubenque (éd.), *Études sur Parménide*, t. II, Paris, Vrin, 1987, p. 102-134.

3. F. Brentano, *Aristote, op. cit.*, p. 47-48.

copule[1]. Mais il me semble difficile qu'Aristote, en parlant d'un des quatre sens de l'être distingués en *Metaph.* Δ 7 et E 2 et en l'appelant dans les deux passages du même nom, c'est-à-dire « être comme vrai et non-être comme faux », lui donne deux significations différentes. Au contraire, c'est précisément parce qu'il se réfère à l'usage du verbe « être » pour dire qu'un énoncé est vrai, qu'il peut dire, comme nous le verrons par la suite, que cet être-ci n'existe que dans la pensée, c'est-à-dire dans le jugement. Selon Pearson l'être comme vrai et le non-être comme faux mentionnés en *Metaph.* Δ 7 doivent être interprétés comme des réponses à des questions antérieures. Or c'est exactement la même interprétation que Thomas d'Aquin donne de l'être comme vrai et du non-être comme faux mentionnés au début de *Metaph.* E 2, à propos desquels il dit : « lorsqu'en effet nous demandons si l'homme est un animal, on répond qu'il est, ce qui signifie que la proposition en question est vraie. Et de la même façon le non-être signifie la même chose que le faux. Lorsqu'en effet on répond qu'il n'est pas, on signifie que le discours proposé est faux » (c. 1223). Selon Menn, le fait que le mot « est » soit transposé au début de l'énoncé en *Metaph.* Δ 7, 1017a33-34, non seulement pour l'énoncé affirmatif « Socrate <est> musicien », mais aussi pour l'énoncé négatif « Socrate <est> non-blanc », indique qu'il s'agit dans les deux cas d'un être, et précisément de l'être comme vrai[2].

À la ligne 1027b19, le mot « puisque » (ἐπειδὴ) introduit la protase d'une période qui n'a pas d'apodose, de même qu'au début du chapitre 2. Martineau considère qu'il s'agit d'« une catastrophe grammaticale, l'apodose se révélant introuvable »[3]. Bonitz et Jaeger, au contraire, font commencer l'apodose à la ligne 1027b28, et Ross la fait commencer à la ligne 1027b33. Comme dans le cas du chapitre 2, il ne faut pas s'étonner de ces imperfections formelles, parce qu'il s'agit d'un texte qui, comme pour tous les autres livres des traités d'Aristote, n'est pas destiné à la publication, mais est fondamentalement un instrument didactique, destiné à l'enseignement.

À la ligne 1027b19, les manuscrits plus anciens (E, J, Aᵇ), suivis par le pseudo-Alexandre, ont παρὰ, au lieu de περὶ, qui se retrouve dans des manuscrits plus récentes et chez Asclépius. Les éditeurs modernes sont divisés : Ross suit les manuscrits anciens, tandis que Bekker, Bonitz, Christ et Jaeger suivent les plus récents. La question n'est pas sans importance,

1. G. Pearson, « Aristotle on Being-As-Truth », *Oxford Studies in Ancient Philosophy*, 28, 2005, p. 201-231, en particulier la note 9.

2. S. Menn, *The Aim*, *op. cit.*, Iγ1c.

3. E. Martineau, « De l'inauthenticité », *op. cit.*, p. 493.

parce que, si on lit παρὰ, le sens est que l'être comme vrai et le non-être comme faux « dépendent de » l'union et de la division, sans préciser de quoi (pour le sens causal de παρὰ, Ross, p. 365, renvoie à l'*Index aristotelicus* de Bonitz, d'où il résulte qu'il s'agit d'un usage fréquent chez Aristote) [1]. Si, au contraire, on lit περὶ, le sens est que l'être et le non-être en question « consistent dans » l'union et la division, qui dans ce cas ne peuvent être qu'union et division des mots, ou des notions [2]. En effet, certains interprètes qui ont défendu la version παρὰ l'ont utilisée afin de montrer que, pour Aristote, la vérité se trouve avant tout dans les choses et seulement d'une manière secondaire et dérivée dans la pensée, c'est-à-dire dans le jugement [3]. Cette conception de la vérité remonte, comme il est bien connu, à Heidegger, qui cependant ne s'est pas arrêté sur ce détail du texte [4]. D'autres interprètes, au contraire, tout en gardant la version παρὰ, on jugé qu'elle n'implique pas l'identification de la vérité avec les choses, mais seulement la dépendance de la vérité par rapport aux choses [5]. Je suis d'accord avec cette dernière interprétation, parce qu'elle conserve la signification de l'être comme vrai et du non-être comme faux en tant qu'existants seulement dans la pensée – thèse d'Aristote dans ce chapitre –, mais en même temps affirme la dépendance de la vérité, et de l'être comme vrai, par rapport à l'être au sens principal du terme, c'est-à-dire par rapport à l'être par soi, constitué par les catégories et l'être en puissance et en acte.

Il est vrai qu'Aristote connaît aussi une signification de « faux » comme attribut de choses, qui pourrait suggérer un « vrai » conçu lui aussi comme attribut des choses. Il la mentionne en *Metaph.* Δ 29, comme première signification de « faux », suivie par la signification de discours faux et d'homme faux : dans ce sens une chose fausse est ou bien une chose impossible, comme une diagonale commensurable, ou bien une chose qui apparaît n'être pas telle qu'elle est, comme il arrive dans la peinture en

1. H. Bonitz, *Index aristotelicus*, 2e éd., Graz, Akademische Druck- u. Verlaganstalt, 1955 (1re éd. Berlin, 1870), p. 562 a 7-21.

2. En effet, Apostle, qui se range de ce côté, écrit que les combinaisons et les divisions en question sont des affections de l'âme ou de la pensée (Aristotle's *Metaphysics*, *op. cit.*, p. 321, note 1).

3. P. Crivelli, *Aristotle on Truth*, Cambridge, Cambridge University Press, 2004, p. 62-63. Crivelli cite en l'approuvant un manuscrit dactylographié et non publié de J. Thorp, *« Being in the Strictest Sense » : Aristotle on Truth, Reality and Existence*, qui semble soutenir la même interprétation.

4. M. Heidegger, *Logik : Die Frage nach der Wahrheit*, W. Biemel (hrsg.), (*GA* II 21), Frankfurt a. M., Klostermann, 1976 (2e éd., 1995), p. 162-173 ; *Vom Wesen der menschlichen Freiheit. Einleitung in die Philosophie*, H. Tietjen (hrsg.), (*GA* II 31), Frankfurt a. M., Klostermann, 1982 (2e éd. 1994), p. 77-109.

5. G. Pearson, « Aristotle on Being-as-Truth », *op. cit.*

trompe-l'œil ou dans les rêves (1024b17-26). À ce propos, Thorp, se fondant surtout sur *Metaph.* Δ 29, soutient que l'être comme vrai est la réalité des choses, c'est-à-dire leur existence réelle[1]. Mais il s'agit évidemment d'un usage du mot « faux » qui, tout étant présent dans le langage commun, ne correspond pas à l'usage technique qu'en fait Aristote lorsqu'il définit le non-être comme faux, et qui, en tout cas, comme Wolff l'a bien montré, présuppose l'application du mot « faux » à un énoncé, l'énoncé qui exprime la fausse apparence[2]. Les autres passages habituellement cités comme étant les signes d'un vrai coïncidant avec l'être ou avec les choses, peuvent être aussi interprétés différemment. *Metaph.* α 1, 993b30-31 (« chaque chose se comporte à propos de la vérité de même qu'elle se comporte à propos de l'être »), que Thomas d'Aquin et les interprètes d'orientation thomiste, admettant une gradation dans l'être, ont référé à Dieu et aux causes premières[3], peut être référé aux principes propres des sciences, qui sont des énoncés[4]; et *Metaph.* Θ 10, 1051b1-3 (« ce sens-ci est à cause de l'être uni ou divisé au niveau des choses »), que Crivelli considère comme le passage le plus important concernant le sens premier du vrai, c'est-à-dire le vrai des objets conçus comme des états de choses, dont le vrai du discours dépend[5], peut être interprété, comme l'a montré Pearson, de la même manière que *Metaph.* E 4, c'est-à-dire comme l'affirmation que la vérité du discours dépend de l'union ou de la séparation des choses, sans que celles-ci soient dites vraies elles-mêmes[6].

1. J. Thorp, « Aristotle on Being and Truth », *De philosophia*, 3, 1982, p. 1-9.

2. F. Wolff, « Proposition, être et vérité : Aristote ou Antisthène ? (À propos de *Métaphysique* Δ 29) », dans Ph. Büttgen, S. Diebler et M. Rashed (éd.), *Théories de la phrase et de la proposition de Platon à Averroès*, Paris, Éditions Rue d'Ulm – Presses de l'École Normale Supérieure, 1999, p. 43-63. En effet, dans *Metaph.* Δ 29, 1024b19, comme exemple d'une chose fausse, Aristote prend l'énoncé (λέγεται) que la diagonale est commensurable.

3. P. Wilpert, « Zum aristotelischen Wahrheitsbegriff », *Philosophisches Jahrbuch der Görres-Gesellschaft*, 53, 1940, p. 3-16, réimpr. *in* F.-P. Hager (hrsg.), *Logik und Erkenntnislehre des Aristoteles*, Darmstadt, Wissenschaftliche Buchgesellschaft, 1972, p. 106-121. Wilpert soutient qu'Aristote est passé d'une conception « ontologique » de la vérité, remontant à Platon et présente en *Metaph.* α, 1, à une conception « logique » de la vérité présente en *Metaph.* E 4 et Θ 10.

4. Voir K. Bärthlein, *Die Transzendentalienlehre der alten Ontologie*, I. Teil : *Die Transzendentalienlehre im Corpus Aristotelicum*, Berlin, W. de Gruyter, 1972, p. 22-76; E. Berti, « Aristotélisme et néoplatonisme dans le commentaire de Saint Thomas sur la *Métaphysique* », dans C. Chiesa, L. Freuler (éd.), *Métaphysiques médiévales. Études en l'honneur d'André de Muralt*, Genève-Lausanne-Neuchâtel, Cahiers de la *Revue de théologie et de philosophie*, 1999, p. 69-82 (réimpr. dans E. Berti, *Dialectique, physique et métaphysique, op. cit.*, p. 311-328).

5. P. Crivelli, *Aristotle on Truth, op. cit.*, p. 50-51 et 238.

6. G. Pearson, « Aristotle on Being-as-Truth », *op. cit.*, p. 212. Pearson, comme Crivelli (dont Pearson n'a pas eu le temps de connaître le livre), attribue lui aussi la thèse de la vérité

En tout cas, l'interprétation traditionnelle, selon laquelle l'être comme vrai et le non-être comme faux concernent les énoncés, ou les jugements, plutôt que les choses, est partagée non seulement par toutes les études antérieures au livre de Crivelli (sauf celles de Heidegger), mais aussi par les études postérieures[1].

1027b19-23 : «[…] tandis que l'ensemble <des deux> concerne la partition de la contradiction, car le vrai comporte l'affirmation sur ce qui est uni et la négation sur ce qui est divisé, tandis que le faux <comporte> la contradiction de cette partition».

Ce passage, bien que compliqué dans son expression, peut être expliqué d'une manière assez claire. Après avoir dit que l'être comme vrai et le non-être comme faux dépendent de l'union et de la division des choses, Aristote dit maintenant en quoi ils consistent : l'être comme vrai, c'est-à-dire l'usage du mot « il est » dans le sens de « il est vrai que », peut être référé aux deux parties de la contradiction, c'est-à-dire à l'affirmation et à la négation (voir *De interpretatione* 6). Chacun de ces deux énoncés, en effet, en tant que respectivement union et division de termes (le sujet et le prédicat), peut exprimer une vérité, si les choses auxquelles les termes se réfèrent sont effectivement unies ou divisées. Par conséquent, on peut dire « il est », dans le sens de « il est vrai que », aussi bien de l'affirmation « x est y » que de la négation « x n'est pas y ». Mais cela vaut aussi pour le non-être comme faux, c'est-à-dire pour l'usage de l'expression « il n'est pas » dans le sens de « il est faux », qui peut être référée aussi bien à l'affirmation « x est y », si les choses appelées x et y ne sont pas unies, qu'à la négation « x n'est pas y », si ces choses ne sont pas divisées. Dans leur ensemble l'être

des choses à Thorp, dont il cite l'article « Aristotle on Being and Truth », *De Philosophia*, 3, 1982, p. 1-9. Il faut en tout cas signaler que Pearson lit la ligne 1051b2 comme les éditeurs modernes, tandis que Crivelli préfère la version des manuscrits E et J, qui semblent lui donner raison. Je n'entre pas dans ce problème textuel, qui concerne le livre Θ.

1. Voir K. J. Williams, « Aristotle's Theory of Truth », *Prudentia*, 10, 1978, p. 67-76 ; E. Tugendhat, « Der Wahrheitsbegriff bei Aristoteles », in *Philosophische Aufsätze*, Frankfurt a. M., Suhrkamp, 1992, p. 251-260 ; G. Negro, « Alcune note sul *vero* in Aristotele. L'ἀλήθεια come isomorfismo di essere e conoscere », *Atti dell'Istituto Veneto di Scienze, Lettere ed Arti*, 155, 1996-1997, Classe di scienze morali, lettere ed arti, p. 335-357 ; K. Pritzl, O.P., « Being True in Aristotle's Thinking », *Proceedings of the Boston Area Colloquium in Ancient Philosophy*, 14, 1998, p. 177-201 ; F. Wolff, « Proposition, être et vérité », *op. cit.* ; F. Fiorentino, « Il problema della verità in Aristotele », *Sapienza*, 54, 2001, p. 257-302 ; W. Künne, *Conceptions of Truth*, Oxford, Clarendon Press, 2003, p. 94-112 et 151-157 ; W. Cavini, « Vero e falso nelle *Categorie* », in M. Bonelli, F. G. Masi (eds), *Studi sulle Categorie di Aristotele*, Amsterdam, Hakkert, 2011, p. 371-406 ; S. Menn, *The Aim, op. cit.*

comme vrai et le non-être comme faux concernent donc « la partition de la contradiction », au sens où l'être comme vrai comprend aussi bien l'affirmation que la négation, et où le sens du non-être comme faux comprend lui aussi l'affirmation et la négation contradictoires par rapport aux deux premières. La dépendance de ces deux sens de l'être et du non-être par rapport à l'être et au non-être par soi est exprimée par la référence à « ce qui est uni » et « ce qui est divisé », qui sont des êtres par soi, c'est-à-dire des états des choses[1].

Pour terminer notre commentaire de ce passage, observons qu'Aristote, aux lignes 20-23, introduit directement les termes « vrai » et « faux », en disant que l'un comprend aussi bien l'affirmation sur ce qui est uni que la négation sur ce qui est divisée, tandis que l'autre comprend les énoncés qui leur sont contradictoires. Il ne faut pas confondre le vrai et le faux, dont Aristote parle dans ces lignes, avec l'être comme vrai et l'être comme faux mentionnés aux lignes 18-19 : ces derniers se situent, pour ainsi dire, à un niveau supérieur par rapport au vrai et au faux, au sens où ils sont comme des énoncés restreints aux énoncés qui sont respectivement vrais et faux. L'être comme vrai, en effet, consiste à dire qu'un énoncé vrai est vrai, et l'être comme faux consiste à dire qu'un énoncé faux est faux. Il y a, en somme, trois niveaux : le premier, et le plus fondamental, est celui des choses, qui est constitué par l'union et la séparation des choses, c'est-à-dire par des états de choses ; le deuxième est celui de la pensée rationnelle et du langage, qui est constitué par les jugements formulés par la pensée rationnelle, ou par les énoncés formulés par la voix, c'est-à-dire par l'affirmation et la négation ; le troisième est celui de l'être comme vrai et du non-être comme faux, qui est une sorte de métalangage, où l'on formule des

---

1. Je partage entièrement l'indication donnée par Crivelli (*Aristotle on Truth*, *op. cit.*, p. 46-62) selon laquelle les états de choses (*states of affairs*) sont objets des jugements vrais et faux, mais je ne partage pas son interprétation selon laquelle ces états des choses sont des « porteurs de vérité ou de fausseté » (*bearers of truth or falsehood*), c'est-à-dire sont eux-mêmes vrais ou faux. Les *states of affairs* sont, à mon avis, simplement des unions ou des divisions de choses, dont dépend la vérité ou la fausseté des énoncés qui les concernent. Plutôt que « porteurs » de vérité ou de fausseté, je dirais que les états de choses sont des causes de vérité ou de fausseté. L'attribution à Aristote de la notion d'état de choses (*states of affairs*) se rencontre chez G. Nuchelmans, *Theories of the Proposition : Ancient and Mediaeval Conceptions of the Bearers of Truth and Falsity*, Amsterdam-London, North Holland Publishing Company, 1973, p. 227-241 et chez P. Simons, « Aristotle's Concept of State of Affairs », *in* O. Gigon, M. Fischer (eds), *Antike Rechts-und Sozialphilosophie*, Frankfurt a. M.-Bern-New York-Paris, Peter Lang, 1988, p. 97-112. Elle a été contestée par W. Cavini, « Vero e falso nelle *Categorie* », *op. cit.*, selon lequel la référence des jugements vrais est constituée par les substances individuelles et leurs affections.

jugements sur les jugements, ou des énoncés sur les énoncés, au sens où l'on dit « il est » des énoncés vrais et « il n'est pas » des énoncés faux.

1027b23-25 : « quant à la manière selon laquelle il arrive de penser simultanément ou de <penser> séparément, <cela relève d'> un autre discours – par <penser> simultanément et <penser> séparément, je veux dire <penser> de telle sorte que se produise non une succession, mais quelque chose d'un ».

Plus qu'Asclépius et le pseudo-Alexandre, c'est Thomas d'Aquin qui explique clairement ce passage. Le « penser simultanément » et le « penser séparément » sont les deux actes que l'intellect accomplit lorsqu'il formule une affirmation, jugeant que deux choses sont unies, ou une négation, jugeant qu'elles sont divisées. Dans ce passage, selon Thomas, le mot « simultanément » (*simul*) n'a pas une signification temporelle, mais signifie l'unité du sujet et du prédicat qui constitue le jugement. Lorsqu'Aristote nous dit que l'intellect pense simultanément, il veut dire qu'il pense, par exemple, l'homme et l'animal comme formant un seul jugement, affirmatif ou négatif (c. 1227-1229). Asclépius précise que ces pensées ne consistent pas dans la pensée d'une série d'objets, tels que « homme, cheval, chien, etc. », parce qu'aucun de ces objets, selon Aristote, n'est ni vrai ni faux, mais qu'elles consistent dans la formulation d'un jugement comme « l'homme est animal », dans le cas de l'affirmation, ou « l'homme n'est pas animal », dans le cas de la négation (p. 374,1-4). Le pseudo-Alexandre, pour illustrer la pensée d'une succession, qui doit être exclue, prend l'exemple de l'*Iliade*, qui est composée d'une série de livres. Il ajoute que l'expression « un autre discours » renvoie « au livre suivant », c'est-à-dire à *Metaph.* Z (p. 457,10-20). Thomas d'Aquin, au contraire, y voit une référence au *De anima*.

Parmi les modernes, Schwegler interprète le « penser simultanément » come un acte d'union, et le penser séparément comme un acte de division, précisant qu'il s'agit dans les deux cas d'un acte unique (IV, p. 31). Bonitz, qui partage cette interprétation, précise la référence du pseudo-Alexandre au livre Z et indique qu'il s'agit du chapitre 12 (p. 293). Ross, au contraire, observe que *Metaph.* Z 12 ne traite que de l'unité de la définition et, par conséquent, préfère référer le renvoi, comme Thomas d'Aquin, au *De anima*, en mentionnant les chapitres 2, 6 et 7 du livre III. Tricot et Reale suivent Bonitz. Je crois que la référence exacte est à *De anima* III 6, parce que, dans ce chapitre, Aristote analyse l'intellection des divisibles et des indivisibles[1]. Kirwan remarque lui aussi (p. 199), comme Thomas d'Aquin, que dans ce passage le mot ἅμα («simultanément») signifie «ensemble» (*together*), précisément l'opposé de χωρὶς («séparément»).

1027b25-28: «En effet, le faux et le vrai ne sont pas dans les choses, comme <si>, par exemple, le bien <était tout de suite> vrai et le mal tout de suite faux, mais il sont dans la pensée rationnelle, et à propos des choses simples et des essences, <ils ne sont> pas même dans la pensée rationnelle.»

Aristote ne parle pas ici encore de l'être comme vrai et du non-être comme faux, mais simplement du vrai et du faux, c'est-à-dire du deuxième des niveaux précédemment distingués. Il dit que le vrai et le faux, c'est-à-dire les jugements, ou les énoncés, respectivement vrais et faux, ne sont pas dans les choses, c'est-à-dire ne doivent pas être confondus avec l'union et la division des choses, qui se situent au premier niveau, le niveau des états de choses.

Asclépius interprète l'affirmation selon laquelle le vrai et le faux sont dans la pensée rationnelle (διάνοια) dans le sens où ils sont dans les discours (λόγοι), c'est-à-dire dans les énoncés; il en donne comme preuve les exemples suivants: «le vrai est bon, tandis que le faux est mauvais» (p. 374, 5-6). Il me semble qu'Aristote, au contraire, utilise ces exemples dans le sens inverse (le bien est vrai, le mal est faux), comme des expressions de la thèse opposée à la sienne, afin de l'exclure. Asclépius lisait probablement un texte identique à celui des manuscrits plus anciens (E et J), qui ne contient pas l'expression «tout de suite» (εὐθὺς). Selon Asclépius, en outre, le vrai et le faux des jugements sont dans la pensée rationnelle (διάνοια), tandis que les choses simples et les essences ne sont pas l'objet de la pensée rationnelle, mais de l'intellect (νοῦς). En fait, cette opposition entre pensée rationnelle, ou discursive, et intellect, conçu comme une pensée non discursive, mais immédiate, directe, simple, n'est pas attestée chez Aristote. Le pseudo-Alexandre semble comprendre mieux l'exemple du bien et du mal: il affirme en effet que, si le bien et le mal étaient dans les choses, celui qui dit «bien» entendrait tout de suite le vrai, de manière que le bien serait vrai et que le mal serait faux (p. 457,

---

1. À ce propos, je me permets de renvoyer à mon article «Réconsidérations sur l'intellection des "indivisibles" selon Aristote, *De anima* III 6», dans G. Romeyer-Dherbey (dir.), *Corps et âme. Sur le* De anima *d'Aristote*, études réunies par C. Viano, Paris, Vrin, 1996, p. 390-404 (rémpr. dans E. Berti, *Dialectique, physique et métaphysique. Études sur Aristote*, Louvain-la-Neuve, Peeters, 2008, p. 115-128).

20-36). Évidemment le texte que le pseudo-Alexandre lit correspond à celui du manuscrit A^b, qui contient l'expression « tout de suite ». Celle-ci conduit à penser que, selon cette thèse, le bien et le mal sont immédiatement, c'est-à-dire directement, vrai et faux, de sorte que le vrai et le faux seraient dans des choses, telles que le bien et le mal. Mais, comme nous l'avons vu, Aristote refuse cette thèse, sans cependant exclure que, de quelque façon, c'est-à-dire non immédiatement, le vrai et le faux soient respectivement un bien et un mal.

Thomas d'Aquin explique que, parmi les choses qui sont dites par la voix, quelques unes sont dans la réalité extérieure à l'âme, comme par exemple le blanc et le noir, tandis que d'autres ne sont que dans l'âme, ce qui est le cas du vrai et du faux. Il interprète l'exemple du bien et du mal comme une possible objection à la thèse d'Aristote, c'est-à-dire comme une preuve que le vrai et le faux sont dans les choses, car le vrai, en tant que perfection de la raison, peut être considéré comme un bien, et le faux, en tant que défaut, peut être considéré comme un mal. Mais, observe Thomas, Aristote nie cette possibilité en affirmant que le vrai et le faux ne sont que dans l'intellect. À ce propos, Thomas distingue deux opérations de l'intellect, l'intellection des indivisibles, qui produit les simples concepts des choses, et le jugement, qui unit et divise ces concepts. Le vrai et le faux sont seulement dans cette dernière opération, parce que, dans la première, il n'y a pas d'alternative entre vrai et faux, comme Aristote l'affirme en *Metaph.* Θ 10, dans le *De anima* et dans les œuvres de logique (« *in logicalibus* »), parce que, selon Thomas, toute la logique concerne l'être et le non-être conçus en ce sens-ci. Cependant, ajoute-t-il, à la fin du livre V (*Metaph.* Δ, 29), Aristote dit aussi qu'une chose peut être fausse, ou parce qu'elle n'existe point, comme une diagonale commensurable, ou parce qu'elle apparaît différente de ce qu'elle est. En somme, conclut Thomas, rien n'empêche que le vrai soit aussi un bien et le faux un mal, mais il s'agit d'un bien et d'un mal qui sont dans l'intellect (c. 1230-1240).

Pour ce qui concerne les simples, Schwegler renvoie à *Metaph.* Θ 10 et *De anima* III 6 et ajoute que le mot διάνοια, pris en son sens étroit, indique l'activité de l'intellect qui unit et sépare (IV, 32 et 5). Bonitz dit la même chose. Mais le traité le plus ample consacré par les modernes à ce problème est le chapitre de la dissertation de Brentano sur l'être comme vrai. Le philosophe allemand distingue avant tout le vrai et le faux, d'un côté, de l'être comme vrai et, de l'autre, du non-être comme faux. Le vrai et le faux, observe-t-il, se trouvent aussi bien dans le jugement que dans la perception sensible, dans l'imagination, dans les choses et dans l'homme (à ce propos, il renvoie à *Metaph.* Δ 29). Cela ne contredit pas, selon Brentano, la thèse de *Metaph.* E 4, parce qu'il s'agit de significations analogues : le sens primaire du vrai et du faux est celui du jugement, tandis que celui de la perception, de la chose et de l'homme sont des sens dérivés du premier[1]. Quant à l'être comme vrai, dont Aristote parle en *Metaph*. E 4, il n'est pas la simple copule du jugement, employée pour dire que c'est vrai, dont Aristote parlerait, selon Brentano, en *Metaph*. Δ 7, mais c'est un être prédiqué, comme nous l'avons déjà vu, du jugement tout entier. Toutefois, celui-ci, toujours selon Brentano, n'exclut pas le précédent, mais l'inclut, bien que cela ne soit pas dit très clairement. L'être comme vrai, de même que l'être par accident, n'est pas l'objet de la métaphysique, mais, à la différence de l'être par accident, il est l'objet de considérations qui relèvent de la métaphysique, et qui appartiennent, selon Brentano (comme déjà selon Thomas d'Aquin), à la logique[2].

Le problème de l'être comme vrai mentionné en *Metaph*., E 4 a attiré l'attention d'autres philosophes et philologues modernes. Ainsi Natorp considère la discussion de E 4 comme inventée de toutes pièces, parce qu'elle exclut de la métaphysique la considération de ce sens de l'être alors qu'il est dit, en *Metaph*. Θ 10, « le plus authentique »[3]. Jaeger, dans ses *Studien* de 1912, considère les lignes 1027b25-29 (sur les simples) comme un renvoi à *Metaph*. Θ 10, qui aurait été introduit par Aristote après la composition du livre E[4]; il confirme ce soupçon dans son *Aristoteles* de 1923[5] et dans l'apparat critique de son édition de la *Métaphysique* de 1957. Ross pense que la supposition de Jaeger est probable, bien que non certaine, et il interprète aussi les lignes 1027b28-29 (« Ce qu'on doit donc soutenir exactement à propos de l'être et du non-être conçus en ce sens-ci, il faut l'examiner ensuite ») comme un renvoi à *Metaph*. Θ 10, 1051b17-1052a4 (p. 365). Heidegger revient à plusieurs reprises sur la question de l'être comme vrai, en le considérant comme la signification fondamentale de l'être distinguée par Aristote et en l'interprétant, sur la base de *Metaph*. Θ 10, comme la vérité des choses, selon sa conception bien connue de la vérité comme « manifestation » (*Unverborgenheit*). Dans cette perspective, l'affirmation de *Metaph*. E 4, selon laquelle le vrai et le faux ne sont que dans la pensée, perd toute importance, parce qu'elle ne concerne que la vérité de la pensée rationnelle (διάνοια), qui n'est pas la

1. F. Brentano, *Aristote, op. cit.*, p. 36-46.
2. *Ibid.*, p. 46-51.
3. P. Natorp, « Thema und Disposition », *op. cit.*, p. 553 et 557. Natorp se réfère à *Metaph*. Θ, 10, 1051b1, où Aristote emploie, à propos de l'être comme vrai, l'adverbe κυριώτατα, dont la signification a fait l'objet de plusieurs discussions.
4. W. Jaeger, *Studien zur Entstehungsgeschichte der* Metaphysik *des Aristoteles*, Berlin, Weidmann, 1912, p. 21-28.
5. W. Jaeger, *Aristoteles, op. cit.*, p. 212.

signification principale de l'être comme vrai[1]. Wilpert, comme nous l'avons déjà vu, considère la thèse de *Metaph*. E 4 comme une conception « logique » de la vérité, qui suit chronologiquement la conception « ontologique » dérivée de Platon et professée par Aristote en *Metaph*. α 1[2]. Reale dit que l'objet de *Metaph*. E 4 est seulement l'aspect « logique » de l'être comme vrai, qu'il conçoit comme un simple *ens rationis* (« être de raison »), dont l'étude, comme l'a dit Brentano, appartient à la logique, mais il ajoute qu'Aristote a parlé aussi d'un vrai et d'un faux « ontologiques » en *Metaph*. α 1 et Δ 29[3]. Kirwan trouve que la conception du vrai comme existant seulement dans la pensée contraste avec celle de *Metaph*. Δ 29, qui parle de la fausseté des choses, et avec celle de *Metaph*. Θ 10, qui considère ce sens de l'être comme le plus fondamental, mais il admet que, pour Aristote, les pensées sont les réceptacles de la vérité, dont la cause est constituée par les faits[4]. Martineau, qui considère que le livre E n'est pas authentique et qu'il est une œuvre d'Andronicos de Rhodes (l'éditeur du *corpus aristotelicum* au Iᵉʳ siècle avant J.C.), pense qu'Andronicos a introduit en E, à propos des objets « simples », un renvoi à Θ 10, mais qu'il a voulu en même temps démentir ce qu'Aristote affirme dans ce dernier chapitre, c'est-à-dire la localisation de la vérité dans les choses, pour affirmer sa localisation dans la pensée[5]. Pritzl observe justement que l'affirmation d'Aristote, selon laquelle le vrai et le faux sont dans la pensée rationnelle, montre que le véritable lieu de la vérité pour Aristote est le domaine de la pensée plutôt que celui de la langue, mais il soutient, se rapprochant ainsi de Heidegger, que la vérité noétique des indivisibles est le fondement de la vérité propositionnelle des composés[6].

Ces dernières années, la discussion sur la véritable signification de la vérité pour Aristote a été reprise dans les travaux de Crivelli, Pearson et Long. Crivelli, comme nous l'avons déjà vu, pense que les premiers porteurs (*bearers*) de la vérité et de la fausseté sont les états de choses (*states of affairs*) et il trouve le principal appui de cette thèse en *Metaph*. Θ 10, 1051a34-b9; il interprète, en effet, ce que, dans les lignes 1051b1-2,

1. M. Heidegger, *Logik: Die Frage nach dem Wahrheit*, *op. cit.*, p. 162-173; *Die Grundbegriffe der antiken Philosophie*, V. K. Blust (hrsg.), (*GA* II 22), Frankfurt a. M., Klostermann, 1995, p. 305-306; *Vom Wesen der menschlichen Freiheit. Einleitung in die Philosophie*, *op. cit.*, p. 105-106.

2. P. Wilpert, « Zum aristotelischen Wahrheitsbegriff », *op. cit.*

3. G. Reale, Aristotele, *Metafisica*, *op. cit.*, p. 310-311.

4. C. Kirwan, « Further Comments (1992) », *in* Aristotle, *Metaphysics*, *op. cit.*, p. 199-200.

5. E. Martineau, « De l'inauthenticité », *op. cit.*, p. 494.

6. K. Pritzl, « Being True », *op. cit.*

Aristote appelle τὸ κυριώτατα ὂν ἀληθὲς ἢ ψεῦδος comme « l'être vrai
ou faux dans le sens le plus étroit » (« being in the strictest sense true or
false »), c'est-à-dire non comme la signification principale de l'être, mais
comme la signification principale de l'être *comme vrai ou faux*. Selon
Crivelli, celle-ci est indiquée par Aristote au niveau des choses par l'être
uni ou l'être divisé ; par conséquent, le vrai et le faux se trouvent avant tout
dans les choses, conçues comme des états de choses [1]. Quant à *Metaph.* E 4,
Crivelli reconnaît qu'Aristote situe dans ce texte le vrai et le faux non dans
les choses, mais dans la pensée, mais il estime qu'ici le Philosophe n'est
pas en train de parler de la signification principale du vrai et du faux, mais
d'une signification dérivée, et que, pour la signification principale, c'est-à-
dire le vrai et le faux des choses, E 4 renvoie à Θ 10. Cette interprétation
élimine toute différence possible entre les deux textes et permet de
considérer Θ 10 comme la pleine réalisation de la promesse faite en E 4 [2].
Pour ce qui concerne le rapport entre le vrai et le faux, d'un côté et le bien et
le mal, de l'autre, Crivelli cite *Eth. Nic.* III 4, 1111b33-34, où cependant
Aristote exclut une coïncidence entre ces termes, affirmant que le vrai et le
faux sont l'objet de l'opinion, tandis que le bien et le mal sont l'objet du
choix. Mais Crivelli observe qu'Aristote admet dans d'autres passages une
connexion du type vrai-faux et bien-mal, parce que le vrai est un succès et
le mal un échec, et il cite à l'appui de cette thèse le commentaire de Thomas
d'Aquin [3].

Pearson soutient une thèse opposée à celle de Crivelli [4] ; il comprend en
effet que, pour Aristote, le vrai et le faux ne sont pas dans les choses et sont
seulement dans la pensée, même s'ils dépendent de l'union et de la
séparation des choses. Par conséquent, il interprète *Metaph.* E 4 comme
portant sur la seule signification de l'être comme vrai – qui, selon Pearson,
n'est cependant pas celle mentionnée par Aristote en *Metaph.* Δ –,
signification qui consiste dans l'union et dans la division des êtres dans la
pensée, de manière que l'on pense des choses qui sont, qu'elles sont et des
choses qui ne sont pas, qu'elles ne sont pas [5]. Quant à *Metaph.* Θ 10,
Pearson n'y voit pas une référence à une vérité existant dans les choses [6],

1. P. Crivelli, *Aristotle on Truth, op. cit.*, p. 50-57 et 234-237.

2. *Ibid.*, p. 62-71.

3. *Ibid.*, p. 63, note 62.

4. On a vu plus haut que Pearson ne connaissait pas le livre de Crivelli au moment où il a
écrit son étude.

5. G. Pearson, « Aristotle on Being-as-Truth », *op. cit.*, p. 203.

6. *Ibid.*, p. 212, où il attribue cette thèse à J. Thorp, « Being and Truth », *op. cit.* Il s'agit de
la même thèse que celle qui est soutenue par Crivelli, qui l'attribue lui aussi à Thorp, mais en
citant un travail inédit de celui-ci (*Being in the Strictest Sense*).

mais seulement une mention de l'union et de la séparation des choses comme cause de la vérité ou de la fausseté de la pensée. Pour lui aussi, comme pour Crivelli, Θ 10 est la réalisation du programme annoncé en E 4, traitant dans la première partie de la vérité des réalités composées (le jugement concernant les états de choses) et, dans la seconde partie, de la vérité des réalités non composées (les formes ou les essences des substances matérielles). Lui aussi pense, comme Ross, que les lignes 1027b27-29 renvoient à Θ 10 et ne concernent pas l'étude de l'être comme vrai dans son ensemble, mais seulement l'étude de l'être comme vrai dans les objets simples[1].

Enfin, Long affirme que « la vérité n'appartient ni à la pensée ni aux choses, mais à leur rencontre – une rencontre où la vérité est toujours matière à responsabilité ontologique, c'est-à-dire à justice écologique »[2]. Dans son analyse de *Metaph*. E 4, il suggère que la thèse du chapitre, selon laquelle le vrai et le faux sont seulement des propriétés des choses, ne doit pas être interprétée comme s'ils étaient des propriétés des propositions prises isolément des choses qu'elles articulent. Les propositions, selon Long, cherchent à dire les choses comment celles-ci se montrent. Cette sorte de « dire » fait partie d'une écologie organique de la rencontre, dans laquelle et grâce à laquelle la pensée vit ensemble avec les choses[3]. Pour ce qui concerne *Metaph*. Θ 10, Long semble partager la thèse de Heidegger, selon laquelle l'être comme vrai est la signification principale de l'être, même s'il ne l'entend pas comme une vérité appartenant uniquement aux choses[4].

La conclusion de cette longue discussion, à mon avis, peut être la suivante. Dans les lignes que nous sommes en train de commenter, Aristote dit clairement que le vrai et le faux ne sont pas dans les choses, mais dans la pensée rationnelle. Celle-ci, comme nous l'avons vu, est la pensée qui affirme et qui nie, c'est-à-dire qui formule des jugements, ou des énoncés, qui peuvent unir ou diviser des termes indiquant des choses qui sont réellement unies ou divisées, ou bien des termes indiquant des choses qui ne sont pas réellement unies ou divisées. Cela n'exclut pas, mais au contraire implique, que le fondement de la vérité ou de la fausseté des jugements soient les connexions et les divisions qui existent dans les choses, c'est-à-dire les état de choses, qui ne sont pas eux-mêmes la vérité

1. G. Pearson, « Aristotle on Being-as-Truth », *op. cit.*, p. 227-230.
2. Ch. P. Long, *Aristotle on the Nature of Truth*, Cambridge-New York, Cambridge University Press, 2011, p. 11.
3. *Ibid.*, p. 171.
4. *Ibid.*, p. 172-173, note 45.

mais ce dont la vérité dépend, ou encore la cause de la vérité et de la fausseté. Aristote exprime très clairement ce concept en *Metaph.* Θ 10, 1051b6-9 : « Tu n'es pas blanc parce que nous pensons vraiment que tu es blanc, mais, nous qui affirmons cela, nous disons vrai parce que tu es blanc »[1].

Cela vaut, évidemment, pour les objets « composés », c'est-à-dire pour les états de choses, où il est question d'une union ou d'une division entre deux choses, ou pour les événements, où il est question d'une union ou d'une division entre une chose et une action, ou une passion. Pour les objets « simples », ou « non composés », c'est-à-dire pour les essences des choses, où il n'y a aucune union ou division, l'être comme vrai et le non-être comme faux ne sont, dit Aristote, pas même dans la pensée rationnelle. Cette affirmation peut avoir deux significations : 1) comme Aristote le dit en *Metaph.* Θ 10, 1051b17-26, dans le cas des non composés, il n'y a pas d'alternative entre le vrai et le faux ; la seule alternative possible est entre saisir l'essence et l'exprimer au moyen de sa définition, qui équivaut au vrai, et ne pas saisir l'essence, qui équivaut à l'ignorer ; dans ce cas, dans la pensée rationnelle (διάνοια), il n'y a que l'être comme vrai, et donc il n'y a pas le vrai et le faux ; 2) si nous interprétons la pensée rationnelle (διάνοια) uniquement comme pensée discursive, propositionnelle, et si nous admettons l'existence d'une pensée non discursive, mais intuitive, et lui réservons le nom d'« intellect » (νοῦς), comme l'a fait Asclépius le premier dans son commentaire, nous pouvons interpréter ce qu'Aristote dit en *Metaph.* Θ 10, 1051b26-33 des substances non composées (on peut seulement les penser ou non, νοεῖν ἢ μή), comme se référant à l'intellect, et donc expliquer le passage de *Metaph.* E 4, 1027b27-28 (« pas même dans la pensée rationnelle ») comme impliquant qu'à propos des choses simples et des essences, la vérité n'est pas dans la pensée rationnelle parce qu'elle est dans l'intellect. J'avoue préférer la première explication, parce qu'Aristote n'oppose jamais la pensée rationnelle à l'intellect, conçu comme pensée intuitive, et parce que, même en 1051b33, où il mentionne la pensée des substances non composées (νοεῖν), il ajoute : « mais, à leur propos, on cherche ce qu'elles sont, si elles sont de telle sorte ou non » ; il fait donc référence à une définition qui est, dans tous les cas, un discours,

---

1. Nous citons la traduction de Duminil et Jaulin. Pour cette raison, je ne dirais pas qu'Aristote, en *Metaph.* E 4, semble se diriger vers une conception cohérentiste de la vérité et que ce chapitre soit un développement de *Metaph.* Θ 10, comme le fait S. Maso (« La verità di Aristotele. Intorno a *Epsilon* 4 », *in* L. Cortella, F. Mora, I. Testa (eds), *La socialità della ragione. Scritti in onore di Luigi Ruggiu*, Milano-Udine, Mimesis, 2011, p. 89-102). Je partage en revanche la conviction de cet article qu'Aristote, en *Metaph.* E 4, opère une critique de la sophistique, c'est-à-dire de l'auteur des *Dissoi logoi*.

précisément le discours qui exprime l'essence[1]. L'expression employée par Aristote en 1027b27-28, « à propos des choses simples et des essences, <le faux et le vrai ne sont> *pas même* (οὐδ᾽) dans la pensée rationnelle », semble impliquer en tout cas qu'ils ne sont nulle part, comme Aristote le dit à propos des noms et des verbes en *De interpretatione* 1, 13a13-16, où il affirme que « *homme* ou *blanc*, sans aucun ajout, ne sont ni vrai ni faux ».

1027b28-29 : « Ce qu'on doit donc soutenir exactement à propos de l'être et du non-être conçus en ce sens-ci, il faut l'examiner ensuite. »

Le renvoi à une recherche ultérieure formulé dans ces lignes semble concerner le problème général de l'être comme vrai et du non-être comme faux et se référer à Θ 10 dans son ensemble, comme l'ont soutenu le pseudo-Alexandre, Thomas d'Aquin, Bonitz, Ross et Crivelli. Deux lignes après, en effet, Aristote emploie la même expression (« l'être conçu dans ce sens-ci ») qui se réfère clairement à l'être comme vrai (1027b31). Mais ce renvoi semble contredire ce qu'Aristote dira aux lignes 33-34 (« l'être par accident et l'être comme vrai doivent être mis de côté »), et c'est probablement pour cette raison que d'autres commentateurs (Schwegler, Christ, Jaeger, Tricot) ont soutenu qu'il concerne seulement le cas des objets simples, qui sera traité pour la première fois en Θ 10, 1051b17-33. Il est significatif qu'Asclépius évite la contradiction en lisant, au lieu de « l'être conçu dans ce sens-ci » (τὸ οὕτως ὄν), l'être qui est réellement (τὸ ὄντως ὄν), et en l'interprétant comme l'être par soi (p. 374, 8-10). De cette manière, la recherche ultérieure, à laquelle le texte renvoie, ne concerne plus l'être comme vrai, mais l'être des catégories qui est effectivement traité aux livres Z et H; mais il pourrait aussi s'agir d'une erreur de transcription du manuscrit employé par Asclépius. L'expression τὸ οὕτως ὄν peut être interprétée aussi, comme Claudio Veloso me l'a suggéré à l'occasion d'une discussion publique, dans le sens de « l'être ainsi » ou de « ce qui est ainsi », qui équivaut à « ce qui est vrai »[2].

La contradiction entre le renvoi à une recherche ultérieure (1027b28-29) et la « mise de côté » de l'être comme vrai et du non-être

---

1. Voir E. Berti, « Heidegger e il concetto aristotelico di verità », dans R. Brague, J.-F. Courtine, *Herméneutique et ontologie. Mélanges en hommage à Pierre Aubenque*, Paris, P.U.F., 1990, p. 97-120.
2. Voir aussi C. W. Veloso, « Signifier ce qui n'est pas selon Aristote », *Cahiers de Philosophie de l'Université de Caen*, n° 43, 2007, p. 49-83, où l'auteur se rattache aux résultats de l'article de G.E.L. Owen, « Aristotle on the Snares of Ontology », dans R. Bambrough (ed.), *New Essays on Plato and Aristotle*, London, Routledge & Kegan Paul, 1965, p. 69-95.

comme faux (1027b30-34) relevée par Christ et interprétée par lui comme l'effet d'une double recension de *Metaph*. E 4 («*ex duplici recensione*»), expliquée par Jaeger comme si le renvoi à une recherche ultérieure avait été introduit par Aristote après l'insertion du chapitre 10 dans le livre Θ, cette contradiction peut être éliminée si l'on réfère le renvoi seulement au cas des objets simples, qui est effectivement examiné en Θ 10. Cette possibilité est également admise par Menn[1]. Dans ce cas, le renvoi servirait à corriger l'affirmation faite aux lignes 1027b27-28 («à propos des choses simples et des essences, <le faux et le vrai ne sont> pas *même* (οὐδ') dans la pensée rationnelle»), qui n'est pas encore une allusion à Θ 10, comme le prétend au contraire Jaeger lorsqu'il commente l'affirmation d'Aristote en écrivant: «*nicht in der* διάνοια, *sondern im* νοῦς θιγγάνων ἢ οὐ («non dans la pensée rationnelle, mais dans l'intellect qui touche ou ne touche pas», comme le dit Θ 10)[2].

Pour ce qui concerne la question plus générale des rapports entre le livre E et le livre Θ, je renvoie à mon introduction.

1027b29-34: «Mais, puisque la composition et la division sont dans la pensée rationnelle et ne sont pas dans les choses, et que l'être conçu dans ce sens-ci est différent des êtres conçus dans les sens principaux (la pensé rationnelle, en effet, ajoute ou soustrait ou bien ce qu'<une chose> est, ou qu'elle a une qualité, ou qu'elle a une quantité, ou autre chose), l'être par accident et l'être comme vrai doivent être mis de côté».

C'est ici, c'est-à-dire à la ligne 1027b29 («Mais, puisque»), que se situe, à mon avis, l'apodose annoncée par le «puisqu'ils dépendent» de la ligne 1027b19: ici, en effet, Aristote résume ce qu'il a dit dans toute la partie précédente et en tire la conclusion. Il rappelle d'abord que la composition et la division, c'est-à-dire l'affirmation et la négation, conçues comme les énoncés qui décrivent l'union et la séparation des choses (premier niveau), sont dans la pensée rationnelle, où elles donnent lieu au vrai et au faux (deuxième niveau), et par conséquent que l'être comme vrai («l'être conçu dans ce sens»), en tant que jugement restreint à des énoncés (troisième niveau) est lui aussi, et on pourrait dire à plus forte raison, dans la pensée rationnelle. Cela implique que l'être comme vrai («l'être conçu dans ce sens-ci») soit différent «des êtres conçus dans les sens

---

1. S. Menn, *The Aim*, op. cit., Iγ1c. Le fait que Menn accepte cette possibilité est important, parce qu'il tend normalement à justifier presque tous les renvois présents dans la *Métaphysique*.

2. W. Jaeger, *Studien, op. cit.*, p. 23.

principaux », c'est-à-dire dans le sens des catégories, indiquées au début du chapitre 2 comme formant l'être par soi mentionné en *Metaph.* Δ 7, 1017a22-23. À ce propos, il ne me semble pas nécessaire de corriger le texte des manuscrits E et J à la ligne 31, « les sens principaux » (κυρίων), comme semblent le faire le manuscrit A[b] et tous les commentateurs anciens et modernes, qui lisent « dans le sens principal » (κυρίως). Les êtres des catégories, ou les catégories elles-mêmes, sont qualifiés d'« êtres conçus dans les sens principaux », c'est-à-dire l'être par soi et l'être selon la puissance et l'acte, parce qu'ils constituent le premier niveau, celui de la réalité, dont l'être comme vrai, en tant qu'existant seulement dans la pensée rationnelle (deuxième et troisième niveau), dépend.

De même, il ne me semble pas nécessaire de corriger, à la ligne 33, « soustrait » (ἀφαιρεῖ), reporté par tous les manuscrits et édité par Bekker et Ross, en « divise » (διαιρεῖ), suggéré par le pseudo-Alexandre et la traduction latine de Moerbeke, et accepté par Bonitz, Schwegler, Christ et Jaeger. La raison de cette correction, selon laquelle le verbe ἀφαιρεῖν (« soustraire ») est normalement employé par Aristote pour indiquer l'abstraction, ne me semble pas décisive. La pensée rationnelle, en effet, au moment où elle unit ou divise le sujet et le prédicat d'un énoncé, « ajoute » une catégorie à un sujet ou la « soustrait », qu'il s'agisse de l'essence ou d'une autre catégorie (qualité, quantité, etc.). Asclépius (p. 374, 10-17) explique cette adjonction ou soustraction faite par la pensé rationnelle comme une adjonction de la substance à la quantité, ou à la qualité, ou à la relation, qui a lieu lorsque, par exemple, on dit qu'Achille (substance) est de cinq coudées (quantité), ou qu'il est blanc (qualité), ou qu'il est père (relation). Le pseudo-Alexandre identifie les êtres conçus dans le sens principal avec les substances individuelles, c'est-à-dire avec les « intelligibles » dont Aristote parle au livre suivant (il pense probablement aux formes dont s'occupe *Metaph.* Z)[1]. Il ajoute que la pensé rationnelle unit les substances avec les substances, ou les substances avec les qualités, ou les substances avec les quantités, ou qu'elle les divise (il lit διαιρεῖ) (p. 458, 1-10). Thomas d'Aquin observe que l'être comme vrai est différent des êtres qui sont des êtres au sens propre, c'est-à-dire qui sont en dehors de l'âme (c. 1241).

La conclusion d'Aristote est que cet être, c'est-à-dire l'être comme vrai, doit être « mis de côté », de même que l'être par accident, parce que tous les deux ne sont pas les sens principaux de l'être, c'est-à-dire l'être par

---

1. Cette interprétation est explicitement approuvée par le pseudo-Philopon, qui cite le pseudo-Alexandre en l'appelant *Ephesius*, c'est-à-dire Michel d'Éphèse, en montrant de cette manière qu'il connait sa véritable identité (p. 25 recto).

soi, ou l'être en tant qu'être. Ici «mis de côté» signifie «laissés de côté» par la science de l'être en tant qu'être. L'être comme vrai peut être l'objet d'une autre science, par exemple de la logique, comme le voulaient Thomas d'Aquin et Brentano, ou bien de la psychologie. En effet, le vrai et le faux sont traités dans les *Catégories* (c. 10), dans le *De interpretatione* (c. 7) et dans le *De anima* (III 6-8), mais aussi dans d'autres livres de la *Métaphysique* (Γ 7).

1027b34-1028a4 : «car la cause de l'un est indéterminée et celle de l'autre est une affection de la pensée rationnelle, et tous les deux concernent le genre restant de l'être, et ne manifestent aucune nature déterminée existant en dehors de l'être. Pour cette raison, mettons ces sens-ci de côté; on doit en revanche chercher les causes et les principes de l'être lui-même, en tant qu'être.»

La première phrase de ce passage ne pose aucun problème : que la cause de l'être par accident soit une cause indéterminée, Aristote l'a déjà expliqué au chapitre 2, où il dit que cette cause est la matière, qui «peut être autrement qu'<elle n'est> dans la plupart des cas» (*Metaph.* E 2, 1027a13-15). Cela a été rappelé très clairement par Schwegler (IV, p. 33). Pour cette raison, comme nous l'avons vu, l'être par accident ne peut être l'objet d'aucune science. Que la cause de l'être comme vrai soit «une affection de la pensée rationnelle» résulte du fait que cet être, comme nous l'avons dit, est une sorte de jugement restreint, qui est formulé par la pensée rationnelle. Le pseudo-Alexandre l'a très bien dit, précisant que par «affection» (πάθος), on doit entendre une «décision» (βούλημα) de la pensée rationnelle (p. 458, 14). Thomas d'Aquin aussi a expliqué que l'affection en question est l'opération de l'intellect qui compose et divise, et que, pour cette raison, l'être comme vrai doit faire l'objet de la science de l'intellect, sans plus préciser si cette dernière est la logique ou la psychologie (c. 1242). L'affirmation en question, selon laquelle la «cause» de l'être comme vrai est une affection de la pensée, semble à première vue contredire la dépendance de l'être comme vrai par rapport à l'union et à la séparation des choses, affirmée plusieurs fois par Aristote. Mais, en réalité, comme l'observe Menn, la cause de la vérité d'un énoncé est le fait que les choses sont unies ou séparées dans la pensée comme elles le sont dans la réalité, c'est donc un fait qui a lieu dans la pensée, même si sa vérité dépend de l'état des choses[1]. On pourrait expliquer ce passage en interprétant le

---

1. Ce point est bien expliqué par S. Menn, *The Aim, op. cit.*

mot « cause » dans le sens de l'« explication conceptuelle » (« *conceptual explanation* ») dont parle Künne[1].

Un problème pourrait être soulevé par l'affirmation que tous les deux, c'est-à-dire l'être par accident et l'être comme vrai, « concernent le genre restant de l'être ». Cette phrase, en effet, peut être interprétée de deux manières, qui sont implicites, me semble-t-il, dans les deux traductions françaises les plus répandues de ce texte. Tricot traduit : « ces deux sortes d'être roulent sur l'autre genre de l'Être », précisant dans une note que cet autre genre est « l'Être proprement dit, au sens plein ($\kappa\nu\rho\acute{\iota}\omega\varsigma$), avec les catégories, mentionné dans la parenthèse qui précède » (p. 345, note 2). Selon cette interprétation, l'être par accident et l'être comme vrai, sans avoir pour objet direct l'être par soi, ont un objet qui dépend de celui-ci, parce que la cause de l'être par accident, comme on vient de le dire, est la matière, et l'être comme vrai concerne un jugement dont la vérité dépend, comme Aristote l'a dit aux lignes 1027b31-33, de la connexion ou de la séparation des choses, ou bien des catégories. Duminil et Jaulin, de leur côté, traduisent : « l'un et l'autre concernent le genre restant de l'être » (p. 231), ce qui ouvre la possibilité de penser que le genre restant de l'être ne soit pas l'être par soi mais l'objet direct de ces deux genres, c'est-à-dire la connexion accidentelle entre deux êtres par soi, dans le cas de l'être par accident, et le jugement formulé par la pensée rationnelle, dans le cas de l'être comme vrai. Le résultat de cette seconde interprétation est donc le contraire exact de celui de la première. Il faut dire que l'expression employée par Aristote pour indiquer l'être en question, c'est-à-dire « le restant » ($\tau\grave{o}\ \lambda o\iota\pi\grave{o}\nu$), traduite à la lettre par Duminil et Jaulin, semble faire allusion à un être diminué, secondaire, dérivé, et donc soutenir la seconde interprétation. Cependant, cette seconde interprétation semble dépendre de l'interprétation qu'on donne de la ligne suivante (« et ne manifestent aucune nature déterminée existant en dehors »), qui elle-même a donné lieu à deux interprétations différentes, comme nous allons le voir tout de suite.

Avant d'aborder cette discussion, rappelons que presque tous les commentateurs ont choisi la première interprétation de l'être « restant », c'est-à-dire qu'ils l'ont interprété comme l'être par soi. Asclépius dit explicitement que le « genre restant » de l'être est l'être par soi et que l'être par accident et l'être comme vrai « tournent » ($\sigma\tau\rho\acute{\epsilon}\phi o\nu\tau\alpha\iota$) autour de celui-ci (p. 374, 17-25). Le pseudo-Alexandre (p. 458, 17) aussi dit que le « genre restant » de l'être est l'être conçu dans le sens principal ($\kappa\nu\rho\acute{\iota}\omega\varsigma$). Schwegler, Ross et Calvo sont de la même opinion, ainsi que Martineau.

---

1. W. Künne, *Conceptions of Truth*, Oxford, Clarendon Press, 2003, p. 155-157.

Le deuxième problème soulevé par le passage en question concerne la signification de l'expression, employée encore à propos de l'être par accident et de l'être comme vrai, selon laquelle ils « ne manifestent aucune nature déterminée existant en dehors » (1028a2). On peut se demander, en effet, en dehors de quoi est cette nature, qui n'est pas manifestée par les deux êtres en question. Il y a, sur ce point encore, deux interprétations possibles. Selon une première interprétation, l'être par accident et l'être comme vrai ne manifestent aucune nature « en dehors de la pensée ». Cette fois les deux traductions françaises mentionnées ci-dessus semblent être d'accord. Tricot, en effet, traduit « ne manifestent, ni l'un, ni l'autre, l'existence de quelque nature objective d'être », même si le mot « objective » n'est pas d'Aristote. « Objectif » est le contraire de « subjectif », qui signifie appartenant au sujet conçu au sens moderne de sujet de la connaissance. Duminil et Jaulin introduisent dans leur traduction une explication entre crochets obliques : « ils ne montrent pas qu'il y ait, en dehors <de la pensée>, une certaine nature de l'être ». Cette interprétation, qui est complètement absente des commentateurs anciens et médiévaux, a été accueillie par plusieurs commentateurs modernes, dont le premier, Schwegler, fut suivi par Brentano, Ross, Wilpert, Reale et d'autres [1].

Selon une autre interprétation, l'être par accident et l'être comme vrai ne manifestent aucune nature « en dehors de l'être par soi ». Tel est l'avis d'Asclépius, qui, comme nous l'avons déjà dit, pense que les deux genres en question « tournent autour » de l'être par soi et donc n'y ajoutent rien. Le pseudo-Alexandre aussi pense que les deux genres en question ne manifestent aucune nature extérieure et supérieure par rapport à l'être conçu dans le sens principal, et qu'ils dépendent de celui-ci. Thomas d'Aquin est encore plus explicite et donne les raisons de son interprétation : l'être par accident et l'être comme vrai ne montrent aucune autre nature de l'être existant en dehors des êtres par soi, parce que l'être par accident résulte du concours accidentel d'êtres qui sont « en dehors de l'âme » (« *extra animam* »), dont chacun est un être par soi, et l'être comme vrai concerne les compositions et les divisions faites par l'intellect à propos de choses qui sont contenues dans les catégories (c. 1243). Parmi les commentateurs modernes, Bonitz pense que l'être par accident et l'être comme vrai n'ont aucune nature séparée de « celui-là », c'est-à-dire de ce qu'il appelle « l'être lui-même » (« *ipsum ens* »), expression qui soulève, comme nous le verrons, un nouveau problème (p. 294). Natorp, revenant sur *Metaph.* E

---

1. Un tableau très clair des interprétations possibles de ce passage, avec l'indication de tous les auteurs qui s'en sont occupés, est fourni par Crivelli dans *Aristotle on Truth, op. cit.*, p. 98.

dans son article sur l'inauthenticité du livre K, a soutenu que « en dehors » signifie « en dehors des catégories », parce que l'opposition entre un être intellectif et un être « en dehors de nous » est complètement étrangère à Aristote[1]. Ross a répondu que cette interprétation est possible, mais que nous devrions alors attendre une expression comme « en dehors *de celui-ci* » ; il préfère donc interpréter « en dehors » avec un sens objectif et cite, à l'appui de cette version, *DA* II 5, 417b20, où Aristote parle d'objets qui sont « en dehors » de l'âme (p. 366). Tricot et Reale suivent Ross, tandis que Heidegger, Kirwan et Viano sont de la même opinion que Bonitz et Natorp[2]. Le problème a été résolu, à mon avis, par Crivelli, qui a observé que l'interprétation du « en dehors » comme « en dehors de la pensée » peut s'appliquer à l'être comme vrai, mais qu'elle ne s'applique pas à l'être par accident, dont l'objet est bien en dehors de la pensée[3]. Mais cette solution emporte une décision en faveur de l'interprétation du « genre restant de l'être », mentionné à la ligne 1028a1, comme l'être qui reste en dehors de l'être par soi. En effet, c'est par rapport à celui-ci qu'Aristote vient d'affirmer que l'être par accident et l'être comme vrai ne montrent aucune nature existant en dehors. Pour cette raison, j'ai proposé de traduire l'expression « de l'être », à la fin de la ligne 1028a2, en la référant à « en dehors » plutôt qu'à « aucune nature déterminée », comme le font la plupart des traducteurs[4]. En tout cas, indépendamment de cette traduction, le sens du passage me semble clair : l'être par accident et l'être comme vrai n'ajoutent rien au domaine de l'être par soi, parce que les objets dont ils traitent dépendent, d'une manière ou d'une autre, de celui-ci.

Il y a un troisième problème, qui concerne les lignes qui suivent celles que nous venons de commenter, à savoir les lignes 1028a3-4, et qui jusqu'à présent n'a, semble-t-il, été soulevé par personne. Il s'agit de l'expression τοῦ ὄντος αὐτοῦ, qu'Aristote emploie pour indiquer l'objet dont il faut s'occuper après avoir « mis de côté » (dans le sens « avoir terminé de parler de ») l'être par accident et l'être comme vrai : « on doit en revanche de l'être lui-même chercher les causes et les principes en tant qu'être ». En effet, selon Aristote (B 4, 1001a22, 27, 30), les Pythagoriciens et Platon auraient admis l'existence d'un « être lui-même » (αὐτὸ ὄν) ; ils auraient affirmé

---

1. P. Natorp, « Über Aristoteles'*Metaphysik* K 1-8, 1065 a 26 », *Archiv für Geschichte der Philosophie*, 1, 1888, p. 178-193, en particulier p. 192.

2. Voir les références bibliographiques dans P. Crivelli, *Aristotle on Truth*, *op. cit.*, p. 98, notes 60 et 61.

3. C'est la solution de Thomas d'Aquin, reprise par Calvo (*op. cit.*, p. 276-277, note 21).

4. E. Martineau, « De l'inauthenticité », *op. cit.*, p. 495, trouve lui aussi que l'expression « nature de l'être », attribuée par lui à Andronicos et interprétée comme signifiant « genre de l'être », pose quelque problème.

précisément l'existence d'un Être dont l'essence est l'être lui-même et d'un Un dont l'essence est l'un lui-même. Mais cette thèse de Platon et des Pythagoriciens est critiquée par Aristote, en tant qu'impliquant comme sa conséquence le monisme de Parménide, c'est-à-dire la doctrine selon laquelle tous les êtres se réduisent à un seul, précisément l'être lui-même [1]. Malgré la critique d'Aristote, la conception d'un Être ayant comme essence l'être lui-même a été reprise par le platonisme ancien et médiéval (Philon d'Alexandrie, Plutarque, Porphyre, Augustin), qui a identifié cet Être avec le Dieu de la Bible, y voyant une allusion dans le passage de l'*Exode* où Dieu dit a Moïse : « je suis celui qui suis » (*Ex.* 3, 14). Or, Thomas d'Aquin aussi, sous l'influence de cette tradition, conçoit Dieu comme l'Être lui-même (« *Esse ipsum* ») et il attribue cette conception à Aristote [2]. Mais, dans son commentaire à notre passage, Thomas, tout en parlant de « l'être lui-même dit par soi » (« *ipsius entis per se dicti* »), ne l'identifie pas avec Dieu, parce qu'il admet qu'il faut chercher les causes et les principes de cet être (c. 1244), ce qui n'aurait aucun sens à propos de Dieu. Par conséquent, il faut éviter de voir dans l'expression « être lui-même » une allusion à un être ayant comme essence l'être lui-même, pour ne pas attribuer à Aristote une thèse qu'il a critiquée. L'être lui-même dont on doit chercher les causes et les principes est « l'être par soi », constitué par les catégories, qui a été mentionné à la ligne précédente, par rapport auquel l'être comme vrai et l'être par accident sont « le genre restant de l'être ».

De cet être-là, on doit chercher les causes et les principes, en le considérant « en tant qu'être », puisque, comme le remarque justement Kirwan, l'expression « en tant qu'être » doit être prise comme modifiant le verbe « chercher » et non comme une glose à « lui-même » (p. 200). Mais cette précision montre, comme l'a remarqué Reale, que l'être en tant qu'être comprend seulement les sens principaux de l'être, c'est-à-dire l'être des catégories et l'être en puissance et en acte, excluant l'être par

1. Sur ce sujet voir E. Berti, « Le problème de la substantialité de l'être et de l'un dans la *Métaphysique* d'Aristote », dans P. Aubenque (éd.), *Études sur la* Métaphysique *d'Aristote*, Actes du VIᵉ Symposium Aristotelicum, Paris, Vrin, 1979, p. 89-129 (réimpr. dans E. Berti, *Dialectique, physique et métaphysique. Études sur Aristote*, Louvain-la-Neuve, Peeters, 2008, p. 161-208).

2. Voir E. Berti, « Aristotélisme et néoplatonisme dans le commentaire de Saint Thomas sur la *Métaphysique* », *in* C. Chiesa, L. Freuler (éd.), *Métaphysiques médiévales. Études en l'honneur d'André de Muralt*, Genève-Lausanne-Neuchâtel, Cahiers de la *Revue de philosophie et théologie*, 1999, p. 69-82 (réimpr. dans E. Berti, *Dialectique, physique et métaphysique. Études sur Aristote*, Louvain-la-Neuve, Peeters, 2008, p. 311-328).

accident et l'être comme vrai[1]. Donc il ne coïncide pas avec l'être dit
« simplement », qu'Aristote mentionne en *Metaph.* E 2, 1026a33-b2, qui
comprend les quatre significations de l'être, y compris l'être par accident et
l'être comme vrai.

1028a4-6 : « [Il est évident que, dans ce que nous avons défini <pour
montrer> en combien de sens se dit chaque chose, l'être se dit en plusieurs
sens.] »

Ce passage est présent dans tous les manuscrits; quelques uns (E et J) y
rattachent aussi les mots « puisque l'un signifie l'essence », c'est-à-dire les
lignes 1028b11-12, qui font partie du début du livre Z. Les manuscrits E et
J, en outre, y ajoutent : « cela semble être inachevé »[2]. Asclépius ignore le
passage en question, mais son éditeur (Hayduck) pense qu'il faudrait
l'ajouter à son texte. Le pseudo-Alexandre, au contraire, le reporte, sans le
commenter (p. 458, 23-24). Thomas d'Aquin (c. 1244) remarque qu'il
coïncide avec le début du livre VII (Z).

Parmi les éditeurs modernes, Bekker édite ces lignes, Schwegler
observe qu'elles renvoient au livre Δ, chapitre 7, et que l'expression « Sur
les choses dites dans un certain nombre de sens » est reportée dans le catalogue de Diogène Laërce comme titre d'une œuvre d'Aristote. Il ajoute que
cette conclusion du livre E coïncide avec le début du livre Z, qui devait suivre immédiatement le livre E (IV, p. 33). Bonitz fait la même remarque,
mais observe qu'il n'est pas impossible que ces derniers mots du livre E
aient été ajoutés par ceux qui ont séparé le livre E du livre Z, ou par d'autres
comme fin du livre E ou début du livre Z (p. 194). Christ, dans son apparat
critique, écrit qu'il n'est pas vraisemblable que ces lignes soient d'Aristote
et qu'elles semblent avoir été ajoutées par un rédacteur. Jaeger, dans ses
Studien de 1912, observe que de telles répétitions sont aussi présentes dans
les *Éthiques* et dans la *Politique*, mais qu'elles sont, dans ces œuvres,
littérales, tandis que celle qui est à la fin du livre E est « libre ». À son avis,
celle-ci n'est pas l'œuvre des « gardiens » (*custodes*) de la technique des
scribes ultérieurs, mais d'un auteur qui pouvait encore se permettre des

---

1. G. Reale, *Il concetto di filosofia prima e l'unità della Metafisica di Aristotele*, Milano,
Vita e Pensiero, 1967³ (1ʳᵉ éd. 1961), p. 163. Je ne suis pas d'accord, cependant, avec la
réduction, faite par Reale, de l'être des catégories à la seule substance.

2. Selon M. Hecquet-Devienne, « Introduction », dans Aristote, *Métaphysique* Gamma,
introduction, texte grec et traduction par M. Hecquet-Devienne, Onze études réunies par
A. Stevens, Louvain-la-Neuve, Peeters, 2008, p. 25, il s'agit du vestige d'une réclame, qui
annonçait à la fin d'un rouleau le début du texte qu'on pouvait lire dans le rouleau suivant.

interventions dans le texte [1]. Il semble donc qu'il la considère comme une intervention faite par Aristote lui-même après la rédaction du livre E, au moment de le relier au livre Z. Mais, dans son édition de la *Métaphysique*, tout en renvoyant aux *Studien*, Jaeger imprime ces lignes entre crochets droits, ce qu'il fait normalement pour indiquer des mots qui ne sont pas d'Aristote. Ross les considère lui aussi comme une addition postérieure, visant à indiquer la connexion des deux livres (p. 366) et il les édite par conséquent entre crochets droits. Tricot parle d'un passage douteux, qui pourrait être une addition postérieure. Martineau rapporte le jugement formulé par Jaeger dans ses *Studien*, mais le critique en observant que Jaeger semble avoir oublié sa propre découverte, c'est-à-dire que l'ordre actuel des livres de la *Métaphysique* ne remonte pas à Aristote, mais à son éditeur. Selon Martineau, non seulement les derniers mots du livre E sont l'œuvre d'un éditeur, mais le livre E tout entier a été fabriqué par Andronicos de Rhodes, afin de relier les livres ABΓ au groupe ZHΘ [2]. Duminil et Jaulin omettent complètement le passage et Zanatta se déclare d'accord avec Jaeger et Ross.

Nous avons vu qu'au début du chapitre 2 du livre E, Aristote expose sa théorie de la multiplicité des significations de l'être sans citer *Metaph.* Δ 7 et en disposant ces significations dans un ordre différent par rapport à celui de Δ 7 (1026a33-b1), c'est-à-dire dans l'ordre selon lequel elles sont discutées dans les livre E, Z, H et Θ. Cela signifie, à mon avis, qu'il y a eu un moment, ou une période, où le livre Δ ne précédait pas le livre E, c'est-à-dire ne faisait pas encore partie de la *Métaphysique*. Il s'agit probablement de la même période pendant laquelle l'auteur du livre K – qui selon plusieurs interprètes n'est pas Aristote, mais un péripatéticien postérieur – a résumé les livres BΓΔ dans la première partie de K, en ignorant Δ. Le début du livre Z, au contraire, rappelle la doctrine de la pluralité des significations de l'être, en renvoyant à ce qu'on a dit « précédemment » (πρότερον) « Sur les choses dites dans un certain nombre de significations » (ἐν τοῖς περὶ τοῦ ποσαχῶς, 1028a10-12), titre qui s'applique sûrement au livre Δ, mais qui ne suppose pas nécessairement que celui-ci ait déjà fait partie de la *Métaphysique*. En outre, la distinction des significations de l'être présentée au début de *Metaph.* Z n'est pas celle de Δ 7, mais elle correspond à la distinction des catégories, qui, en Δ 7, fait partie de l'être par soi [3]. On peut par conséquent affirmer que même le début du livre

1. W. Jaeger, *Studien, op. cit.*, p. 168.
2. E. Martineau, « De l'inauthenticité », *op. cit.*, p. 497-498.
3. Cela me semble être un argument en faveur des doutes sur l'authenticité du « précédemment » (πρότερον) soulevés par Frede et Patzig (*Aristoteles 'Metaphysik Z'*, Text,

Z ne présuppose pas nécessairement la présence du livre Δ dans la *Métaphysique*. Puisque l'ordre actuel des livres de cet ouvrage, c'est-à-dire celui qui nous a été transmis par tous les manuscrits, remonte à l'édition faite par Andronicos de Rhodes à Rome dans la deuxième moitié du Ier siècle avant J. C. [1], on peut supposer que le livre Δ a été introduit dans la *Métaphysique* par ce dernier. Il est par conséquent probable que quelque rédacteur postérieur à Andronicos (ou Andronicos lui-même) ait ajouté les derniers mots du livre E en rappel de la distinction des significations de l'être établie au livre Δ et comme un raccord entre les livres E et Z, de manière à confirmer la succession Δ-E-Z. Cela expliquerait la présence de ces mots dans les manuscrits commentés par le pseudo-Alexandre, c'est-à-dire Michel d'Éphèse (XIe siècle), et traduits en latin par Guillaume de Moerbeke (XIIIe siècle).

Übersetzung und Kommentar, München, Beck, 1988, II, p. 10), même si cette expression semble confirmée par la traduction arabe (voir L. Bauloye, « La traduction arabe de la *Métaphysique* et l'établissement du texte grec », *in* A. Motte, J. Denooz (éd.), *Aristotelica secunda. Mélanges offerts à Christian Rutten*, Liège, C.I.P.L., 1996, p. 281-290).

1. Voir P. Moraux, *Der Aristotelismus bei den Griechen von Andronikos bis Alexander von Aphrodisias*, I. : *Die Renaissance des Aristotelismus im I. Jh. v. Chr.*, Berlin-New York, W. de Gruyter, 1973, p. 58-94, avec les réserves de J. Barnes, « Roman Aristotle », dans J. Barnes, M. Griffin (eds.), *Philosophia togata*, II : *Plato and Aristoteles at Rome*, Oxford, Clarendon Press, 1997, p. 1-69, d'ailleurs en partie résolues par O. Primavesi, « Ein Blick in der Stollen von Skepsis : vier Kapitel zur frühen Überlieferung des *corpus aristotelicum* », *Philologus*, 151, 2007, p. 51-77.

BIBLIOGRAPHIE

TEXTES ET TRADUCTIONS

ARISTOTELIS, *Opera*, ex recensione I. Bekker edidit Academia Regia Borussica, editio altera quam curavit O. Gigon, Berlin, W. de Gruyter, 1960 (1 ʳᵉ éd. 1831).

The Complete Works of Aristotle, The Revised Oxford Translation edited by J. Barnes, Princeton, Princeton University Press, 1984.

ARISTOTELIS, THEOPHRASTI, *Metaphysica*, ad veterum codicum manuscriptorum fidem recensita a Ch. A. Brandis, 2 volumes, Berlin, Reimer, 1823.

ARISTOTELES, *Metaphysik*, übersetzen von Dr. E. W. Hengstenberg, mit Anmerkungen und erläuternden Abhandlungen von Dr. Ch. A. Brandis, Erster Teil, Bonn 1824.

ARISTOTELIS, *Metaphysica*, éd. H. Bonitz, 2 volumes, Bonn, Narcus, 1848-1849 (réimpr. Hildesheim, Olms, 1960).

ARISTOTELIS, *Metaphysica*, recognovit W. Christ, Leipzig, Teubner, 1886 (nouv. éd. 1895).

ARISTOTELIS, *Metaphysica*, recognovit brevique adnotatione critiqua instruxit W. Jaeger, Oxford, Clarendon, 1963 (1 ʳᵉ éd. 1957).

ARISTOTELES, *Metaphysica*, Lib. I-XIV, Recensio et Translatio Guillelmi de Moerbeka, éd. G. Vuillemin-Diem, I, Editio textus (*Aristoteles Latinus*, XXV, 3, 2), Leiden-New York-Köln, Brill, 1995.

ARISTOTE, *La Métaphysique*, Introduction, traduction, notes et index, nouvelle éd. par J. Tricot, Paris, Vrin, 1986 (1 ʳᵉ éd. 1933).

ARISTOTE, *Catégories. Sur l'interprétation, Organon I-II*, Introduction générale à l'*Organon* par P. Pellegrin, Présentations et traductions par M. Crubellier, C. Dalimier et P. Pellegrin, Paris, Flammarion, 2007.

– *Seconds Analytiques*, Présentation et traduction par P. Pellegrin, Paris, Flammarion, 2005.

– *Topiques*, tome II, Livres V-VIII, texte établi et traduit par J. Brunschwig, Paris, Les Belles Lettres, 2007.

– *Physique*, traduction et présentation par P. Pellegrin, Paris, Flammarion, 2000.

– *Métaphysique*, Présentation et traduction par M.-P. Duminil et A. Jaulin, Paris, Flammarion, 2008.

ARISTOTELE, *La Metafisica*, a cura di C. A. Viano, Torino, UTET, 1974.

– *Metafisica*, Saggio introduttivo, testo greco con traduzione a fronte e commentario a cura di G. Reale, Milano, Vita e pensiero, 1993 (1 re éd. Napoli, Loffredo, 1968).

– *Metafisica*, introduzione, traduzione e note a cura di M. Zanatta, Milano, BUR, 2009.

ARISTOTELES, *Metaphysik*, in der Übersetzung von H. Bonitz, neu bearbeitet, mit Einleitung und Kommentar hrsg. von H. Seidl, Hamburg, Meiner, 1978.

ARISTÓTELES, *Metafísica*, introducción, traducción y notas de T. Calvo Martínez, Madrid, Editorial Gredos, 1994.

ARISTOTELES, *Metaphysik*, übersetzt und eingeleitet von T. A. Szlezák, Berlin, Akademie Verlag, 2003.

ARISTOTLE, *Metaphysics*, A Revised Text with Introduction and Commentary by W. D. Ross, Oxford, Clarendon Press, 1953 (1 re éd. 1924).

– *Metaphysics*, translated with Commentary and Glossary by H. Apostle, Bloomington-London, Indiana University Press, 1966.

– *Metaphysics, Books* Γ, Δ, *and* E, translated with notes by C. Kirwan, Oxford, Clarendon Press, 1993 (1 re éd. 1971).

BONGHI R., *La Metafisica di Aristotele*, volgarizzata e commentata da R. B., ristampata e completata con la parte inedita da M. F. Sciacca, 3 vol., Milano, Marzorati, 1942-1945 (1 re éd. 1854).

CASSIN B., NARCY M., *La décision du sens. Le livre* Gamma *de la* Métaphysique *d'Aristote*, Introduction, texte, traduction et commentaire, Paris, Vrin, 1989.

SCHWEGLER, A., *Die* Metaphysik *des Aristoteles*, Grundtext, Übersetzung und Commentar, Frankfurt a. M., Minerva, 1960 (1 re éd. Tübingen, Fues, 1847-1848).

COMMENTAIRES

ALEXANDRI APHRODISIENSIS *in Aristotelis Metaphysica commentaria* (*CAG* I), éd. M. Hayduck, Berlin, Reimer, 1891, traduction italienne dans G. Movia (a cura), Alessandro di Afrodisia, *Commentario alla Metafisica di Aristotele*, Milano, Bompiani, 2007.

AMMONIUS HERMEIAE, *In Porphyrii Isagogen sive V voces* (*CAG* IV, 3), éd. A. Busse, Berlin, Reimer, 1891.

ARISTOTELIS, *Opera cum Averrois Commentariis*, vol. VIII, Venetiis, apud Junctas, 1562-1574 (réimpr. Frankfurt am Main, Minerva G.m.b. H., 1962).

ASCLEPII *in Aristotelis Metaphysicorum libros A-Z commentaria* (*CAG* VI, 2), éd. M. Hayduck, Berlin, Reimer, 1888.

AVERROÈS, *Tafsir ma ba'd at-tabi'at* ou « Grand Commentaire de la *Métaphysique* d'Aristote », Texte arabe inédit, établi par le p. M. Bouyges, S.J., Beyrouth, Imprimerie Catholique, 1952, 4 vol., 1938-1952.

AVERROES, *On Aristotle's Metaphysics. An Annotated Translation of the So-called « Epitome »*, éd. R. Arnzen, Berlin-New York, W. de Gruyter, 2010.

BONITZ H., *Commentarius in Aristotelis Metaphysicam*, Hildesheim-Zürich-New York, Olms, 1992 (1 re éd. 1849).

PACHYMERES G., *Kommentar zur Metaphysik des Aristoteles*, Einleitung, Text, Indices von E. Pappa, Athenai, Akademia Athenon, 2002 (*Corpus Philosophorum Medii Aevi, Commentaria in Aristotelem Byzantina*, vol. 2).

PHILOPONI I. *in Aristotelis Physicorum libros tres priores commentaria* (*CAG* XVI), éd. H. Vitelli, Reimer, Berlin 1887.

PSEUDO-JOHANNIS PHILOPONI *Expositiones in Omnes XIV Aristotelis Libros Metaphysicos*, übersetzt von Franciscus Patritius, Neudruck der ersten Ausgabe Ferrara 1583 mit einer Einleitung von C. Lohr, Stuttgart-Bad Cannstadt, Frommann Verlag, 1991 (*Commentaria in Aristotelem Graeca : versiones Latinae temporis resuscitatarum litterarum*, hrsg v. C. Lohr, Bd. 2).

SIMPLICII *in Aristotelis Physicorum libros quattuor priores commentaria* (*CAG* IX), éd. H. Diels, Reimer, Berlin, 1882.

S. THOMAE AQUINATIS *in duodecim libros Metaphysicorum Aristotelis expositio*, edd. M.-R. Cathala-R. M. Spiazzi, Torino-Roma, Marietti, 1964 (1ʳᵉ éd. Torino-Roma, 1950).

SANCTI THOMAE DE AQUINO *Sententia libri Metaphysicae*, Textum Taurini 1950 editum ac automato translatum a R. Busa S.J. in tenias magneticas denuo recognovit E. Alarcón atque instruxit, http : //www.corpusthomisticum.org.

ZABARELLA J., *In duos Aristotelis libros Posteriorum Analyticorum Commentarius*, Venetiis 1582.

BIBLIOGRAPHIES ET LEXIQUES

AA.Vv., « Aristote de Stagire », dans R. Goulet (dir.), *Dictionnaire des philosophes antiques*, I, Paris, Éditions du CNRS, 1989, p. 413-590.

AA.Vv., « La *Métaphysique* », dans R. Goulet (dir.), *Dictionnaire des philosophes antiques*, Supplément, Paris, Éditions du CNRS, 2003, p. 224-264.

BAILLY M. A., *Dictionnaire grec-français redigé avec le concours de M. E. Egger à l'usage des élèves des lycées et des collèges*, Paris, Hachette, XIᵉ éd. revue, 1933.

BONITZ H., *Index aristotelicus*, 2ᵉ éd., Graz, Akademische Druck- u. Verlaganstalt, 1955 (1ʳᵉ éd. Berlin, 1970).

RADICE R., DAVIES R., *Aristotle's Metaphysics. Annotated Bibliography of the Twentieth-Century Literature*, Leiden-New York-Köln, Brill, 1997.

UEBERWEG F. (Begr.), *Grundriss der Geschichte der Philosophie, Die Philosophie der Antike*, Bd. 3, *Ältere Akademie, Aristoteles, Peripatos*, hrsg. v. H. Flashar, 2ⁿᵈ Rev. Ed., Basel, Schwabe, 2004.

ÉTUDES DE CARACTÈRE GÉNÉRAL

AUBENQUE P., *Le problème de l'être chez Aristote*, Paris, P.U.F., 1966 (1ʳᵉ éd. 1962).

– *Syntaxe et sémantique de l'être dans le poème de Parménide*, dans P. Aubenque (éd.), *Études sur Parménide*, t. II, Paris, Vrin, 1987, p. 102-134.

– *Faut-il déconstruire la métaphysique?*, Paris, P.U.F., 2009.

BAULOYE L., « La traduction arabe de la *Métaphysique* et l'établissement du texte grec », dans A. Motte, J. Denooz (éd.), *Aristotelica secunda. Mélanges offerts à Christian Rutten*, Liège, C.I.P.L., 1996, p. 281-290.

BERTI E., *Studi aristotelici*, L'Aquila, Japadre, 1975 (nuova edizione riveduta e ampliata, Brescia, Morcelliana, 2012).

– *Aristotele : dalla dialettica alla filosofia prima*, Milano, Bompiani, 2004 (1ʳᵉ éd. Padova, Cedam, 1977).

– *Nuovi studi aristotelici*, II, *Fisica, antropologia e metafisica*, Brescia, Morcelliana, 2005.

– *Dialectique, physique et métaphysique. Études sur Aristote*, Louvain-la-Neuve, Peeters, 2008.

BLASS F., « Aristotelisches », *Rheinisches Museum*, N. F., 30, 1875, p. 481-505.

BONELLI M., *Alessandro di Afrodisia e la metafisica come scienza dimostrativa*, Napoli, Bibliopolis, 2002.

BRAGUE R., *Aristote et la question du monde. Essai sur le contexte cosmologique et anthropologique de l'ontologie*, Paris, P.U.F., 1988.

BRENTANO F., *Von der mannigfachen Bedeutung des Seiendes nach Aristoteles*, Freiburg i. B., Herder, 1862 (réimpr. Hildesheim, Olms, 1984, tr. fr. *Aristote, Les significations de l'être*, Paris, Vrin, 1992).

CHERNISS H., *Aristotle's Criticism of Plato and the Academy*, vol. I, Baltimore, John Hopkins Press, 1946.

CRUBELLIER M., PELLEGRIN P., *Aristote. Le philosophe et les savoirs*, Paris, Seuil, 2002.

DÜRING I., *Aristoteles. Darstellung und Interpretation seines Denkens*, Heidelberg, Winter, 1966.

FAZZO S., *Il libro Lambda della Metafisica di Aristotele*, Napoli, Bibliopolis, 2012.

HARLFINGER D., « Zur Überlieferungsgeschichte der Metaphysik », dans P. Aubenque (éd.), *Études sur la Métaphysique d'Aristote. Actes du Vᵉ Symposium Aristotelicum*, Paris, Vrin, 1979, p. 7-36.

HECQUET-DEVIENNE M., « Introduction », dans Aristote, *Métaphysique* Gamma, Introduction, texte grec et traduction par M. Hecquet-Devienne, Onze études réunies par A. Stevens, Louvain-la-Neuve, Peeters, 2008.

IRWIN T. H., *Aristotle's First Principles*, Oxford, Clarendon Press, 1988.

JAEGER W., *Aristoteles. Grundlegung einer Geschichte seiner Entwicklung*, Berlin, Weidmann, 1923 (réimpr. 1955, trad. fr. *Aristote. Fondements pour une histoire de son évolution*, Paris, Éditions de l'Éclat, 1997).

KAHN C., *The Verb 'Be' in Ancient Greek*, Dordrecht-Boston, Reidel, 1973.

MENN S., « Zeller and the Debates about Aristotle's *Metaphysics* », *in* G. Hartung (Hrsg.), *Eduard Zeller ; Philosophie- und Wissenschftsgeschichte im 19. Jahrhundert*, Berlin-New York, W. de Gruyter, 2010, p. 93-122.

MERLAN P., *From Platonism to Neoplatonism*, The Hague, M. Nijhoff, 1960 (1ʳᵉ éd. 1954).

MICHELET K. L., *Examen critique de l'ouvrage d'Aristote intitulé* Métaphysique, Paris, J. A. Mercklein, 1836 (réimpr. Paris 1982).

MOREAU J., *Aristote et son école*, Paris, P.U.F., 1962.

PRIMAVESI O., « Introduction : The Transmission of the Text and the Riddle of the Two Versions », *in* C. Steel (ed.), *Aristotle's* Metaphysics *Alpha. Symposium Aristotelicum*, Oxford, Oxford University Press, 2012, p. 387-399.

ZELLER E., « Bericht über die deutsche Literatur der sokr., platon. u. arist. Philosophie, Dritter Artikel : Aristoteles », *Archiv für Geschichte der Philosophie*, 2, 1889, p. 264-271.

LA SCIENCE DE L'ÊTRE ET LES AUTRES SCIENCES

AUBENQUE P., « Sur l'inauthenticité du livre K de la *Métaphysique* », *in* P. Moraux u. J. Wiesner (eds), *Zweifelhaftes im Corpus aristotelicum. Studien zu einigen Dubia*, Berlin-New York, W. de Gruyter, 1983, p. 318-344 ; reimpr. dans P. Aubenque, *Problèmes aristotéliciens*, Philosophie théorique, Paris, Vrin, 2009, p. 171-195.

BARNES J., « Metaphysics », *in* J. Barnes (ed.), *The Cambridge Companion to Aristotle*, Cambridge, Cambridge University Press, 1995, p. 66-108.

– « The primary sort of science », *in* C. Natali (ed.), *Aristotle : Metaphysics and Practical Philosophy. Essays in Honour of Enrico Berti*, Louvain-la-Neuve, Peeters, 2011, p. 61-76.

BÄRTHLEIN K., *Die Transzendentalienlehre der alten Ontologie*, I. Teil : *Die Transzendentalienlehre im Corpus Aristotelicum*, Berlin, W. de Gruyter, 1972.

BASTIT M., *Les quatre causes de l'être selon la philosophie première d'Aristote*, Louvain-la-Neuve, Peeters, 2002.

BELL I., *Metaphysics as an Aristotelian Science*, Sankt Augustin, Academia Verlag, 2004.

BERTI E., *L'unità del sapere in Aristotele*, Padova, Cedam, 1965.

– « Logical and Ontological Priority among the Genera of Substance in Aristotle », *in* J. Mansfeld, L. M. de Rijk (eds), *Kephalaion. Studies in Greek Philosophy and its Continuation offered to Prof. C. J. de Vogel*, Assen, van Gorcum, 1975, p. 55-69.

– « Le problème de la substantialité de l'être et de l'un dans la *Métaphysique* d'Aristote », dans P. Aubenque (éd.), *Études sur la* Métaphysique *d'Aristote*, Actes du VIᵉ Symposium Aristotelicum, Paris, Vrin, 1979, p. 89-129 (réimpr. dans E. Berti, *Dialectique, physique et métaphysique. Études sur Aristote*, Louvain-la-Neuve, Peeters, 2008, p. 161-208).

– « La *Métaphysique* d'Aristote : "onto-théologie" ou "philosophie première" », *Revue de philosophie ancienne*, 14, 1996, p. 61-85 (réimpr. dans E. Berti, *Dialectique, physique et métaphysique. Études sur Aristote*, Louvain-la-Neuve, Peeters, 2008, p. 269-286).

– « Il concetto di "primo" nella *Metafisica* di Aristotele », *in* A. Alvarez Gomez-R. Martínez Castro (eds), *En torno a Aristóteles. Homenaje al Profesor Pierre Aubenque*, Santiago de Compostela, Universidad de Santiago de Compostela, 1998, p. 131-148 (réimpr. in *Aristotele : dalla dialettica alla filosofia prima*, Milano, Bompiani, 2004).

– « Aristotélisme et néoplatonisme dans le commentaire de Saint Thomas sur la *Métaphysique* », dans C. Chiesa, L. Freuler (éd.), *Métaphysiques médiévales. Études en l'honneur d'André de Muralt*, Genève-Lausanne-Neuchâtel, Cahiers de la *Revue de philosophie et théologie*, 1999, p. 69-82 (réimpr. dans E. Berti, *Dialectique, physique et métaphysique. Études sur Aristote*, Louvain-la-Neuve, Peeters, 2008, p. 311-328).

– « La métaphysique d'Aristote », dans Y. Ch. Zarka, B. Pinchard (éd.), *Y a-t-il une histoire de la métaphysique ?*, Paris, P.U.F., 2005, p. 45-56 (réimpr. dans E. Berti, *Dialectique, physique et métaphysique. Études sur Aristote*, Louvain-la-Neuve, Peeters, 2008, p. 369-380).

– « Aporiai 6-7 », *in* M. Crubellier, A. Laks (eds), *Aristotle's* Metaphysics Beta, Oxford, Oxford University Press, 2009, p. 105-134.

BODÉÜS R., *Aristote et la théologie des vivants immortels*, Montréal, Bellarmin, Paris, Les Belles Lettres, 1992.

BOERI M., « Es el objecto de la ἐπιστήμη aristotélica solo el necesario?, Reflexiones sobre el valor de lo ὡς ἐπὶ τὸ πολύ en el modelo aristotélico de ciencia », *Méthexis*, 20, 2007, p. 29-50.

BRINKMANN K., *Aristoteles'Allgemeine und spezielle Metaphysik*, Berlin-New York, W. de Gruyter, 1979.

BURNYEAT M., *A Map of* Metaphysics Zeta, Pittsburg, Mathesis Publications, 2001.

CLAIX R., « L'objet de la métaphysique selon Aristote », *Tijdschrift voor Filosofie*, 44, 1982, p. 454-472.

CLEARY J. J., « Emending Aristotle's Division of Theoretical Sciences », *Review of Metaphysics*, 48, 1994, p. 33-70.

COURTINE J.-F., *Inventio analogiae. Métaphysique et ontothéologie*, Paris, Vrin, 2005.

DÉCARIE V., « La physique porte-t-elle sur des "non-séparés?" », *Revue des sciences philosophiques et théologiques*, 38, 1954, p. 466-468 (réimpr. dans P. Aubenque *et al.*, *Études aristotéliciennes : métaphysique et théologie*, Paris, Vrin, 1985, p. 7-9).

– *L'objet de la métaphysique selon Aristote*, Montréal, Institut d'études médiévales, Paris, Vrin, 1961.

– « L'authenticité du livre K de la *Métaphysique* », *in* P. Moraux u. J. Wiesner (Hrsg.), *Zweifelhaftes im Corpus aristotelicum. Studien zu einigen Dubia*, Berlin-New York, W. de Gruyter, 1983, p. 295-317.

DESTRÉE P., « "Physique" et "métaphysique" chez Aristote », *Revue philosophique de Louvain*, 90, 1992, p. 422-444.

DHONDT U., « Science suprême et ontologie chez Aristote », *Revue philosophique de Louvain*, 59, 1961, p. 5-30.

DONINI P., *La* Metafisica *di Aristotele. Introduzione alla lettura*, Roma, La Nuova Italia Scientifica, 1995.

DORION L.-A., « Un passage "déplacé"? À propos de *Métaphysique* Γ 2, 1004a2-9 et des rapports entre philosophie et philosophie première », dans Aristote, *Métaphysique* Gamma, *Édition, traduction, études*, Introduction, texte grec et traduction par M. Hecquet-Devienne, Onze études réunies par A. Stevens, Louvain-la-Neuve, Peeters, 2008, p. 323-346.

DUARTE S., « Aristotle's Theology and Its Relation to the Science of Being *qua* Being », *Apeiron*, 40, 2007, p. 267-318.

DUMOULIN B., *Analyse génétique de la* Métaphysique *d'Aristote*, Montréal, Bellarmin, Paris, Les Belles Lettres, 1986.

ELDERS L. « Aristote et l'objet de la métaphysique », *Revue philosophique de Louvain*, 60, 1962, p. 165-183.

FOLLON J., « Le concept de philosophie première dans la "Métaphysique" d'Aristote », *Revue philosophique de Louvain*, 90, 1992, p. 387-421.

– « Le concept de philosophie première chez Aristote. Note complémentaire », *Revue philosophique de Louvain*, 91, 1993, p. 5-13.

FONSECAE P. *Commentariorum in Metaphysicorum Aristotelis Stagiritae libros tomus primus, tomus secundus*, Francofurti, Saur, 1599; *tomus tertius, tomus quartus*, Coloniae, Zetzner, 1604 (réimpr. Hildesheim, Olms, 1964).

FREDE M., « The Unity of General and Special Metaphysics: Aristotle's Conception of Metaphysics », in *Essays in Ancient Philosophy*, Minneapolis, University of Minnesota, 1987, p. 81-95.

— PATZIG G., *Aristoteles 'Metaphysik Z'*, Text, Übersetzung und Kommentar, 2 vol., München, Beck, 1988.

GILL M. L. « First Philosophy in Aristotle », *in* M. L. Gill, P. Pellegrin (eds), *A Companion to Ancient Philosophy*, Malden, Blackwell, 2006, p. 347-373.

GOMEZ LOBO A., « Aristotle's First Philosophy and the Principles of Particular Disciplines. An Interpretation of *Metaph*. E, 1, 1025b10-18 », *Zeitschrift für philosophische Forschung*, 32, 1978, p. 183-194.

HAHN R., « Aristotle as Ontologist or Theologian? Or, Aristotelian Form in the Context of the Conflicting Doctrines of Being in the *Metaphysics* », *Southwestern Journal of Philosophy*, 10, 1979, p. 79-88.

HEIDEGGER M., *Die Grundbegriffe der antiken Philosophie*, éd. V. K. Blust (*GA* II 22), Frankfurt a. M., Klostermann, 1995 (2ᵉ éd., 2004).

JAEGER W., *Studien zur Entstehungsgeschichte der* Metaphysik *des Aristoteles*, Berlin, Weidmann, 1912.

JAULIN A., *Eidos et ousia. De l'unité théorique de la* Métaphysique *d'Aristote*, Paris, Klincksieck, 1999.

– « La philosophie première dans le livre Γ », dans Aristote, *Métaphysique* Gamma, *Édition, traduction, études*, Introduction, texte grec et traduction par M. Hecquet-Devienne, Onze études réunies par A. Stevens, Louvain-la-Neuve, Peeters, 2008, p. 347-360.

KENNY A., « The Stylometric Study of the Aristotelian Writings », *in* A. Kenny, *Essays on the Aristotelian Tradition*, Oxford, Clarendon Press, 2001, p. 127-149.

KRÄMER H.-J., « Zur geschichtlichen Stellung der aristotelischen *Metaphysik* », *Kant-Studien*, 58, 1967, p. 313-354.

LEFEBVRE D., « La question de l'unité d'une science des substances: interprétations de *Métaphysique* Λ, 1, 1069a36-b2 », dans M. Bonelli (éd.), *Physique et métaphysique chez Aristote*, Paris, Vrin, 2012, p. 133-174.

LESZL W., *Aristotle's Conception of Ontology*, Padova, Antenore, 1975.

– « On the Science of Being *qua* Being and its Platonic Background », *in* Aristote, *Métaphysique* Gamma, *Édition, traduction, études*, introduction, texte grec et traduction par M. Hecquet-Devienne, Onze études réunies par A. Stevens, Louvain-la-Neuve, Peeters, 2008, p. 217-265.

LUTZ-BACHMANN M., « Die Frage nach dem Gegenstand der Metaphysik bei Aristoteles », *in* M. Lutz-Bachmann (Hrsg.), *Ontologie und Theologie. Beiträge zum Problem der Metaphysik bei Aristoteles und Thomas von Aquin*, Frankfurt a M., Bern, New York, Paris, Europäischen Hochschulschriften, 1988, p. 9-35.

MANSION A., « L'objet de la science philosophique suprême d'après Aristote, *Métaphysique*, E, 1 », dans *Mélanges de philosophie grecque offerts à Mgr. Diès*, Paris, Vrin, 1956, p. 151-168 (réimpr. dans P. Aubenque *et al.*, *Études aristotéliciennes : métaphysique et théologie*, Paris, Vrin, 1985, p. 35-52).

– « Philosophie première, philosophie seconde et métaphysique chez Aristote », *Revue philosophique de Louvain*, 56, 1958, p. 165-221 (réimpr. dans P. Aubenque *et al.*, *Études aristotéliciennes, op. cit.*, p. 53-109).

MANSION S. « Tὸ σιμόν et la définition physique », *in* I. Düring (hrsg.), *Natur-philosophie bei Aristoteles und Theophrast*, Heidelberg, Stiehm, 1969, p. 124-132.

MARTINEAU E., « De l'inauthenticité du livre E de la *Métaphysique* d'Aristote », *Conférence*, n. 5, automne 1997, p. 445-509.

MENN S., « On Myles Burnyeat's *Map of Metaphysics Zeta* », *Ancient Philosophy*, 31, 2011, p. 161-202.

– *The Aim and the Argument of Aristotle's* Metaphysics (forthcoming).

MERLAN P., « Metaphysik – Name und Gegenstand », *The Journal of Hellenic Studies*, 77, 1957, p. 87-92.

– « ὂν ἧ ὄν und πρώτη οὐσία· Postskript zu einer Besprechung", *Philosophische Rundschau*, 7, 1959, p. 148-153.

MIGNUCCI M., « Ὡς ἐπὶ τὸ πολύ et nécessaire dans la conception aristotélicienne de la science », *in* E. Berti (ed.), *Aristotle on Science. The « Posterior Analytics »*, Proceedings of the Eighth Symposium Aristotelicum held in Padua from September 7 to 15, 1978, Padova, Antenore, 1981.

MODRAK D. K. W., « Aristotle on the Difference between Mathematics and Physics and First Philosophy », *Apeiron*, 22, 1989, p. 121-139.

MUSKENS G.L., « De ente qua ens Metaphysicae Aristoteleae objecto », *Mnemosyne*, IIIe série, 13, 1947, p. 130-140.

NARBONNE J.-M., LANGLOIS, L. (éd.), *La métaphysique : son histoire, sa critique, ses enjeux*, Paris, Vrin, Québec, Les presses de l'Université Laval, 1999.

NARCY M., « Philosophie première, héritage ou reniement du platonisme ? », dans Aristote, *Métaphysique* Gamma : *Édition, traduction, études*, introduction, texte grec et traduction par M. Hecquet-Devienne, Onze études réunies par A. Stevens, Louvain-la-Neuve, Peeters, 2008, p. 361-377.

NATALI C., *Cosmo e divinità. La struttura logica della teologia aristotelica*, L'Aquila, Japadre, 1974.

NATORP P., « Thema und Disposition der aristotelischen *Metaphysik* », *Philosophische Monatshefte*, 24, 1888, p. 37-65 et 540-574 (traduction italienne en un volume : *Tema e disposizione della « Metafisica » di Aristotele*, a cura di G. Reale, Milano, Vita e pensiero, 1995).

– « Über *Aristoteles'Metaphysik* K 1-8, 1065 a 26 », *Archiv für Geschichte der Philosophie*, 1, 1888, p. 178-193 (traduction italienne dans le volume *Tema e disposizione della « Metafisica » di Aristotele*, a cura di G. Reale, Milano, Vita e pensiero, 1995).

OEHLER K., « Die systematische Integration der aristotelischen *Metaphysik* », *in* I. Düring (hrsg.), *Naturphilosophie bei Aristoteles und Theophrast*, Heidelberg, Stiehm, 1969, p. 168-192.

OWEN G.E.L., « Logic and Metaphysics in Some Earlier Works of Aristotle », *in* I. Düring, G.E.L. Owen (eds.), *Aristotle and Plato in the Mid-Fourth Century*, Göteborg, Elanders, 1960, p. 163-190 (réimpr. *in* G.E.L. Owen, *Logic, Science, and Dialectic. Collected Papers in Greek Philosophy*, edited by M. Nussbaum, London, Duckworth, 1986, p. 190-199).

OWENS J., *The Doctrine of Being in the Aristotelian* Metaphysics, Toronto, Pontifical Institute of Mediaeval Studies, 1951 (III e éd. 1978).

– « An Ambiguity in Aristotle, *EE* VII 2, 1236a23-24 », *Apeiron*, 22, 1989, p. 127-137.

– *Aristotle's Gradations of Being in* Metaphysics *E-Z*, éd. by L. P. Gerson, South Bend, Indiana, St. Augustine's Press, 2007.

PATZIG G., « Theologie und Ontologie in der *Metaphysik* des Aristoteles », *Kant-Studien*, 52, 1961, p. 185-295 (trad. angl. « Theology and Ontology in Aristotle's *Metaphysics* », *in* J. Barnes, M. Schofield, R. Sorabji (eds), *Articles on Aristotle*, vol. III, *Metaphysics*, London, Duckworth, 1979).

PERAMATZIS M., *Priority in Aristotle's Metaphysics*, Oxford, Oxford University Press, 2011.

REALE G., *Il concetto di filosofia prima e l'unità della* Metafisica *di Aristotele*, Milano, Vita e pensiero, 1967 (1 re éd. 1961).

RIJK L.M. de, *The place of the categories of being in Aristotle's philosophy*, Assen, van Gorcum, 1952.

ROSSITTO C., « Metafisica », *in* E. Berti (ed.), *Guida ad Aristotele*, Roma-Bari, Laterza, 1997, p. 199-240.

ROUTILA L., *Die aristotelische Idee der ersten Philosophie*, Amsterdam, North-Holland Publishing Company, 1969.

RUTTEN Chr., « Science de l'être et théologie dans la *Métaphysique* d'Aristote », dans E. Delaruelle, V. Pirenne-Delforge (éd.), *Kepoi. De la religion à la philosophie. Mélanges offerts à André Motte*, Liège, *Kernos. Supplément*, 235, 2001, p. 227-235.

SEFRIN-WEIS H., *Homogeneity in Aristotle's* Metaphysics, Submitted to the Graduate Faculty of Arts and Sciences in partial fulfillment of the requirements for the degree od Doctor of Philosophy, University of Pittsburg, 2002.

– « *Pros hen* and the Foundations of Aristotelian Metaphysics », *in* J. J. Cleary, G. M. Gurtler, S.J. (eds), *Proceedings of the Boston Area Colloquium in Ancient Philosophy*, 24, 2008, p. 261-285.

– *Episteme tis: Aristotle on Metaphysics as a Science*, University of South Carolina, 2011 (forthcoming).

SHIELDS C., « Being *qua* Being », *in* C. Shields (ed.), *The Oxford Handbook of Aristotle*, Oxford, Oxford University Press, 2012, p. 343-371.

STEVENS A., *L'ontologie d'Aristote au carrefour du logique et du réel*, Paris, Vrin, 2000.

– « La science de l'être en tant qu'être, une nouvelle conception du savoir philosophique », dans Aristote, *Métaphysique* Gamma, introduction, texte grec et traduction par M. Hecquet-Devienne, Onze études réunies par A. Stevens, Louvain-la-Neuve, Peeters, 2008, p. 267-286.

STEVENSON J. G., « Being *qua* Being », *Apeiron*, 9, 1975, p. 42-50.

THORP J. W. « Does Primacy Confer Universality : Logic and Theology in Aristotle », *Apeiron*, 22, 1989, p. 101-125.

TREPTOW E., *Der Zusammenhang zwischen der Metaphysik und der Zweiten Analytik des Aristoteles*, München-Salzburg, Pustet, 1966.

VERBEKE G., « La doctrine de l'être dans la *Métaphysique* d'Aristote », *Revue philosophique de Louvain*, 50, 1952, p. 471-478.

– « L'objet de la *Métaphysique* d'Aristote selon des études récentes », *Revue de philosophie ancienne*, 1, 1983, p. 5-30.

WAGNER H., « Zum Problem der aristotelischen Metaphysikbegriff », *Philosophische Rundschau*, 7, 1959, p. 129-148.

WEDIN M., « The Science and Axioms of Being », *in* G. Anagnostopoulos (ed.), *A Companion to Aristotle*, Malden, Wiley-Blackwell, 2009, p. 125-143.

WILSON M., *Aristotle's Theory of the Unity of Science*, Toronto, Buffalo, London, University of Toronto Press, 2000.

WINTER M., « Aristotle, *hôs epi to polu* relations, and a demonstrative science of ethics », *Phronesis*, 42, 1997, p. 163-189.

L'ÊTRE PAR ACCIDENT

AUBEL M. van, « Accident, catégories et prédicables dans l'œuvre d'Aristote », *Revue philosophique de Louvain*, 71, 1963, p. 361-401.

AUBENQUE P., « De "Socrate assis" à l'homme nouveau : péripétie et catastrophe dans la pensée grecque », *in* C. Natali (ed.), *Aristotle : Metaphysics and Practical Philosophy. Essays in Honour of Enrico Berti*, Louvain-la-Neuve, Peeters, 2011, p. 47-76.

BRUNSCHWIG J., « Accidents, II : Accident Theory in Greek Philosophy », *in* H. Burkhardt, B. Smith (eds), *Handbook of Metaphysics and Ontology*, vol. I, Munich, Philosophia Verlag, 1991.

– « Note sur la conception aristotélicienne de l'accident », *Méthexis. Études néoplatoniciennes présentées au Professeur Evanghelos A. Moutsopoulos*, Athènes, C.I.E.P.A., 1992, p. 67-80.

EBERT T., « Aristotelischer und traditionneller Akzidenzbegriff », *in* G. Patzig, E. Scheibe, W. Wieland (eds), *Logik, Ethik, Theorie der Geisteswissenschaften*, Hamburg, Meiner, 1977.

– «Aristotelian Accidents», *Oxford Studies in Ancient Philosophy*, 16, 1998, p. 133-159.

FREDE D., «Accidental Causes in Aristotle», *Synthese*, 92, 1992, p. 39-62.

HEINAMAN R. E., «Aristotle on Accidents», *Journal of the History of Philosophy*, 23, 1985, p. 311-324.

JUDSON L., «Chance and 'Always or For the Most Part' in Aristotle», *in* L. Judson (ed.), *Aristotle's* Physics: *A Collection of Essays*, Oxford, Clarendon Press, 1991, p. 73-99.

MASI F. G., «La filosofia e l'accidente: Aristotele, *Metafisica*, E 2», *Dianoia*, 15, 2010, p. 7-42.

QUEVEDO A., *"Ens per accidens"*. *Contingencia y determinación en Aristóteles*, Pamplona, EUNSA, 1989.

ROSSI G., *El azar según Aristóteles. Estructuras de la causalidad accidental en los procesos naturales y en la acción*, Sankt Augustin, Academia Verlag, 2011.

TIERNEY R., «On the senses of *'symbebekos'* in Aristotle», *Oxford Studies in Ancient Philosophy*, 21, 2001, p. 61-81.

URBANAS A., *La notion d'accident chez Aristote*, Montréal, Bellarmin, Paris, Les Belles Lettres, 1988.

WILLIAMS C. J. F., «Some Comments on Aristotle's *Metaphysics* E. 2, 3», *Illinois Classical Studies*, 11, 1986, p. 181-192.

LES CAUSES ACCIDENTELLES

BOTTER B., *La necessità naturale in Aristotele*, Napoli, Loffredo, 2009.

DONINI P. L., *Ethos. Aristotele e il determinismo*, Alessandria, Edizioni dell'Orso, 1989 (trad. angl. *Aristotle and Determinism*, Louvain-la-Neuve, Peeters, 2010).

DUDLEY J., *Aristole's Concept of Chance. Accidents, Causes, Necessity and Determinism*, Albany, SUNY Press, 2012.

FINE G., «Aristotle on Determinism: a Review of Richard Sorabji's *Necessity, Cause, and Blame*», *The Philosophical Review*, 90, 1981, p. 561-579.

FREDE D., «Aristotle on the Limits of Determinism: Accidental Causes in *Metaphysics* E 3», *in* A. Gotthelf (ed.), *Aristotle on Nature and Living Things*, Pittsburg, Mathesis, Bristol, Bristol Classical Press, 1985, p. 207-225.

– «Accidental causes in Aristotle», *Synthese*, 92, 1992, p. 39-62.

FREDE M., *A Free Will. Origins of the Notion in Ancient Thought*, éd. by A. A. Long, with a Foreword by D. Sedley, Berkeley-Los Angeles-London, University of California Press, 2011.

FREELAND C. A., «Accidental Causes and Real Explanations», *in* L. Judson (ed.), *Aristotle's* Physics: *A Collection of Essays*, Oxford. Clarendon, 1991, p. 49-72.

GRGIĆ F., «Aristotle against the Determinist: *Metaphysics* 6.3», *International Philosophical Quarterly*, 38, 1998, p. 127-136.

HANKINSON R. J., *Cause and Explanation in Ancient Greek Thought*, Oxford, Clarendon Press, 1998.

HINTIKKA J., *Time and Necessity. Studies in Aristotle's theory of Modality*, Oxford, Clarendon Press, 1973.

– in collaboration with U. REMES and S. KNUUTTILA, *Aristotle on Modality and Determinism*, Amsterdam, North-Holland Publishing Company, 1977 (*Acta Philosophica Fennica*, vol. 29, n. 1).

KELSEY S., « The Argument of *Metaphysics* VI 3 », *Ancient Philosophy*, 24, 2004, p. 119-134.

MADIGAN A., « *Metaphysics* E 3 : A Modest Proposal », *Phronesis*, 29, 1984, p. 123-136.

MASI F. G., « The cause of accidental being. Matter and Indeterminism in Aristotle's *Metaphysics* », dans C. Viano, C. Natali, M. Zingano (eds), *Aitia I. Les quatre causes d'Aristote : origines et interprétations*, Leuven-Paris-Walpole MA, Peeters, 2013, p. 161-190.

NATALI C., *L'action efficace. Études sur la philosophie de l'action d'Aristote*, Louvain-la-Neuve, Peeters, 2004.

NATALI C., MASO S. (eds), *La catena delle cause. Determinismo e antideterminismo nel pensiero antico e in quello contemporaneo*, Amsterdam, Hakkert, 2005.

POLANSKY R., KUCZEWSKI M., « Accidents and Processes in Aristotle's *Metaphysics* E 3 », *Elenchos*, 9, 1988, p. 295-310.

SEEL G., *Die aristotelische Modaltheorie*, Berlin-New York, W. de Gruyter, 1982.

SORABJI R., *Necessity, Cause, and Blame : Perspectives on Aristotle's Theory*, London, Duckworth, 1980.

WEIDEMANN H., « Aristoteles und das Problem des kausalen Determinismus (*Met.* E 3) », « Phronesis », 31, 1986, p. 27-50.

WEISS H., *Kausalität und Zufall in der Philosophie des Aristoteles*, Basel, 1942 (réimpr. Darmstadt, Wissenchaftliche Buchgesellschaft, 1967).

WHITE M.J., « Fatalism and Causal Determinism : an Aristotelian Essay », *The Philosophical Quarterly*, 31, 1981, p. 231-241.

ZUCCA D., « Il caso e la fortuna sono cause ? Aristotele, *Phys.* II 4-6 », *in* C. Natali, S. Maso (eds), *La catena delle cause. Determinismo e antideterminismo nel pensiero antico e in quello contemporaneo*, Amsterdam, Hakkert, 2005, p. 75-97.

L'ÊTRE COMME VRAI

BÄRTHLEIN K., *Die Transzendentalienlehre der alten Ontologie*, I. Teil : *Die Transzendentalienlehre im Corpus Aristotelicum*, Berlin, W. de Gruyter, 1972.

BERTI E., *Heidegger e il concetto aristotelico di verità*, dans R. Brague, J.-F. Courtine (éd.), *Herméneutique et ontologie. Mélanges en hommage à Pierre Aubenque*, Paris, P.U.F., 1990, p. 97-120.

– « Réconsidérations sur l'intellection des "indivisibles" selon Aristote, *De anima* III 6 », dans G. Romeyer-Dherbey (dir.), *Corps et âme. Sur le De anima d'Aristote*, études réunies par C. Viano, Paris, Vrin, 1996, p. 390-404 (réimpr. dans E. Berti, *Dialectique, physique et métaphysique. Études sur Aristote*, Louvain-la-Neuve, Peeters, 2008, p. 115-128).

CAVINI W., « Vero e falso nelle *Categorie* », *in* M. Bonelli, F. G. Masi (eds), *Studi sulle Categorie di Aristotele*, Amsterdam, Hakkert, 2011, p. 371-406.

CRIVELLI P., *Aristotle on Truth*, Cambridge, Cambridge University Press, 2004.

FIORENTINO F., « Il problema della verità in Aristotele », *Sapienza*, 54, 2001, p. 257-302.

HEIDEGGER M., *Logik: Die Frage nach der Wahrheit*, W. Biemel (hrsg.), (*GA* II 21), Frankfurt a. M., Klostermann, 1976 (2ᵉ éd., 1995).

– *Vom Wesen der menschlichen Freiheit. Einleitung in die Philosophie*, H. Tietjen (hrsg.), (*GA* II 31), Frankfurt a. M., Klostermann, 1982 (2ᵉ éd. 1994).

KAHN Ch. H., *The Verb Be in Ancient Greek*, Dordrecht-Boston, Reidel, 1973 (réimpr. avec une nouvelle introduction Indianapolis-Cambridge, Hackett, 2003).

– *Essays on Being*, Oxford, Oxford University Press, 2009 (réimpr. 2011).

KÜNNE W., *Conceptions of Truth*, Oxford, Clarendon Press, 2003.

LONG Ch. P, *Aristotle on the Nature of Truth*, Cambridge-New York, Cambridge University Press, 2011.

MASO S., « La verità di Aristotele. Intorno a *Epsilon* 4 », *in* L. Cortella, F. Mora, I. Testa (eds), *La socialità della ragione. Scritti in onore di Luigi Ruggiu*, Milano-Udine, Mimesis, 2011, p. 89-102.

MATTHEN M., « Greek Ontology and the 'Is' of Truth », *Phronesis*, 28, 1983, p. 113-135.

NEGRO G., « Alcune note sul *vero* in Aristotele. L'ἀλήθεια come isomorfismo di essere e conoscere », *Atti dell'Istituto Veneto di Scienze, Lettere ed Arti*, 155, 1996-1997, Classe di scienze morali, lettere ed arti, p. 335-357.

NUCHELMANS G., *Theories of the Proposition: Ancient and Mediaeval Conceptions of the Bearers of Truth and Falsity*, Amsterdam-London, North Holland Publishing Company, 1973, p. 227-241.

OWEN G.E.L., « Aristotle on the Snares of Ontology », in R. Bambrough (éd.), *New Essays on Plato and Aristotle*, London, Routledge & Kegan Paul, 1965, p. 69-95 (réimpr. *in* G.E.L. Owen, *Logic, Science, and Dialectic. Collected Papers in Greek Philosophy*, edited by M. Nussbaum, London, Duckworth, 1986, p. 259-278).

PEARSON G., « Aristotle on Being-As-Truth », *Oxford Studies in Ancient Philosophy*, 28, 2005, p. 201-231.

PRITZL K., O.P., « Being True in Aristotle's Thinking », *Proceedings of the Boston Area Colloquium in Ancient Philosophy*, 14, 1998, p. 177-201.

SIMONS P., « Aristotle's Concept of State of Affairs », *in* O. Gigon, M. Fischer (eds), *Antike Rechts-und Sozialphilosophie*, Frankfurt am Main-Bern-New York-Paris, Peter Lang, 1988, p. 97-112.

SONDEREGGER E., « La vérité chez Aristote », dans D. O'Meara, I. Schüssler (eds), *La vérité. Antiquité-Modernité*, Lausanne, Payot, 2001, p. 47-63.

THORP J., « Aristotle on Being and Truth », *De Philosophia*, 3, 1982, p. 1-9.

– *« Being in the Strictest Sense » : Aristotle on Truth, Reality and Existence*, 2001 (manuscrit dactylographié non publié).

TUGENDHAT E., «Der Wahrheitsbegriff bei Aristoteles», in *Philosophische Aufsätze*, Frankfurt am Main, Suhrkamp, 1992, p. 251-260.

VELOSO C. W., «Signifier ce qui n'est pas selon Aristote», *Cahiers de Philosophie de l'Université de Caen*, n° 43, 2007, p. 49-83.

WILLIAMS C. J. F., «Aristotle and Copernican Revolution», *Phronesis*, 36, 1991, p. 305-312.

WILLIAMS K. J., «Aristotle's Theory of Truth», *Prudentia*, 10, 1978, p. 67-76.

WILPERT P., «Zum aristotelischen Wahrheitsbegriff», *Philosophisches Jahrbuch der Görres-Gesellschaft*, 53, 1940, p. 3-16, réimpr. *in* F.-P. Hager (hrsg.), *Logik und Erkenntnislehre des Aristoteles*, Darmstadt, Wissenschaftliche Buchgesellschaft, 1972, p. 106-121.

WOLFF F., «Proposition, être et vérité: Aristote ou Antisthène? (À propos de *Métaphysique* Δ 29)», dans Ph. Büttgen, S. Diebler, M. Rashed (éd.), *Théories de la phrase et de la proposition de Platon à Averroès*, Paris, Éditions Rue d'Ulm – Presses de l'École Normale Supérieure, 1999, p. 43-63.

LA FORTUNE DE *MÉTAPHYSIQUE* E

AERTSEN J., «Metaphysics as a Transcendental Science», *in* P. Porro (ed.), *Metafisica – sapientia – scientia divina. Soggetto e statuto della filosofia prima nel Medioevo, Quaestio. Annuario di storia della metafisica*, 5, 2005, p. 377-390.

ALBERTUS MAGNUS, *Opera omnia*, vol. XVI: *Metaphysica*, éd. B. Geyer, Münster, Aschendorff, 1960.

ALCINOOS, *Enseignement des doctrines de Platon*, texte introduit, établi et commenté par J. Whittaker, traduit par P. Louis, Paris, Les Belles Lettres, 2002.

AL-FARABI, *Traité sur les buts d'Aristote dans chacun des livres de l'œuvre nommée au moyen des lettres*, dans Th.-A. Druart, «Le traité d'Al-Farabi sur les buts de la *Métaphysique* d'Aristote», *Bulletin de philosophie médiévale*, 24, 1982, p. 38-43.

AL-KINDI, *Livre de la philosophie première*, dans R. Rashed, J. Jolivet (éd.), *Œuvres philosophiques et scientifiques d'Al-Kindi*, vol. II, *Métaphysique et cosmologie*, Leiden-Boston-Köln, Brill, 1998.

[ANON.], *Guide de l'étudiant*, dans C. Lafleur (éd. avec J. Carrier), *L'enseignement de la philosophie au XIIIᵉ siècle. Autour du "Guide de l'étudiant" du ms. Ripoll 109*, Turnhout, Brepols, 1997.

ARNZEN R., «Ibn Rushd on the Structure of Aristotle's *Metaphysics*», *Documenti e studi sulla tradizione filosofica medievale*, 21, 2010, p. 375-410.

AVICENNA, *Metafisica. La scienza delle cose divine*, testo arabo, testo latino, traduzione a cura di O. Lizzini, prefazione e cura di P. Porro, Milano, Bompiani, 2002.

– *Libro della guarigione. Le cose divine*, a cura di A. Bertolacci, Torino, Utet-Libreria, 2008.

AVICENNA LATINUS, *Liber de Philosophia prima sive Scientia divina*, édition critique de la traduction latine médiévale par S. van Riet, Louvain-Leiden, Peeters-Brill, 1977.

BARNES J., « Roman Aristotle », *in* J. Barnes, M. Griffin (eds), *Philosophia togata, II, Plato and Aristotle at Rome*, Oxford, Clarendon Press, 1997, p. 1-69.

BERTOLACCI A., *The Reception of Aristotle's Metaphysics in Avicenna's Kitab-al Sifa : A Milestone of Western Metaphysical Thought*, Leiden, Brill, 2006.

– « Ammonius and Al-Farabi: The Sources of Avicenna's Concept of Metaphysics », *in* P. Porro (ed.), *Metafisica – sapientia – scientia divina. Soggetto e statuto della filosofia prima nel Medioevo, Quaestio. Annuario di storia della metafisica*, 5, 2005, p. 287-306.

– « Avicenna and Averroes on the Proof of God's Existence and the Subject-matter of Metaphysics », *Medioevo*, 32, 2007, p. 61-97.

BOÈCE, *Traités théologiques*, présentation et traduction par A. Tisserand, Paris, Flammarion, 2000.

BOETHIUS M. A. S., « De Trinitate », in *De consolatione philosophiae, Opuscula theologica*, ed. C. Moreschini, Munich-Leipzig, K. G. Saur, 2005.

BONELLI M., *Alessandro di Afrodisia e la metafisica come scienza dimostrativa*, Napoli, Bibliopolis, 2001.

– « Alexandre d'Aphrodise et la philosophie première », dans M. Bonelli (éd.), *Physique et métaphysique chez Aristote*, Paris, Vrin, 2012, p. 259-275.

BOULNOIS O., *Être et représentation. Une généalogie de la métaphysique moderne à l'époque de Duns Scot (XIIIᵉ-XIVᵉ siècle)*, Paris, P.U.F., 1999.

– « Heidegger, l'ontothéologie et les structures médiévales de la métaphysique », *Quaestio. Annuario di storia della metafisica*, 1, 2001, p. 379-406.

– « La métaphysique au Moyen Âge: onto-théologie ou diversité rebelle? », *in* P. Porro (ed.), *Metafisica – sapientia – scientia divina. Soggetto e statuto della filosofia prima nel Medioevo, Quaestio. Annuario di storia della metafisica*, 5, 2005, p. 37-66.

– *Métaphysiques rebelles. Genèse et structure d'une science au Moyen Âge*, Paris, P.U.F., 2013.

CLAUBERG J., *Elementa philosophiae sive Ontosophia, Scientia prima, de iis quae Deo creaturisque suo modo communiter attribuuntur*, Groningae 1647 (réimpr. in *Opera omnia philosophica*, Amstelodami, ap. W. Janssen van Waesberg, 1691, repr. Hildesheim, Olms, 1968).

CORAZZON R., *Metaphysics or Ontology? The debate about the Subject-Matter of First Philosophy*, www.ontology.co/subject-metaphysics.htm

COUJOU J.-P., *Suárez et la refondation de la métaphysique comme ontologie*, Louvain-la-Neuve, Institut Supérieur de Philosophie, Paris, Peeters, 1999.

COURTINE J.-F., « Philosophie et théologie. Remarque sur la situation aristotélicienne de la détermination thomiste de la "theologia" (S. Th., I.a, qu.1, a.1 et 5) », *Revue philosophique de Louvain*, 84, 1986, p. 315-344.

– *Suárez et le système de la métaphysique*, Paris, P.U.F., 1990.

DE CARVALHO M., « Tra Fonseca e Suárez: una metafisica incompiuta a Coimbra », *in* C. Esposito (ed.), *Origini e sviluppi dell'ontologia (secoli XVI-XXI), Quaestio. Annuario di storia della metafisica*, 9, 2009, p. 41-60.

DEVAUX M., LAMANNA M., « The Rise and Early History of the Term Ontology », *in* C. Esposito (ed.), *Origini e sviluppi dell'ontologia (secoli XVI-XXI), Quaestio. Annuario di storia della metafisica*, 9, 2009, p. 173-208.

DOIG J. C., *Aquinas on Metaphysics. A historico-doctrinal Study of the Commentary on Metaphysics*, The Hague, M. Nijhoff, 1972.

DONINI P., « Unità e oggetto della metafisica secondo Alessandro di Afrodisia », *in* G. Movia (ed.), *Alessandro di Afrodisia e la Metafisica di Aristotele*, Milano, Vita e pensiero, 2003, p. 15-51.

ESPOSITO C., « Heidegger, Suárez e la storia dell'ontologia », *Quaestio. Annuario di storia della metafisica*, 1, 2001, p. 407-430.

– « Introduzione. Dalla storia della metafisica alla storia dell'ontologia », *in* C. Esposito (ed.), *Origini e sviluppi dell'ontologia (secoli XVI-XXI), Quaestio. Annuario di storia della metafisica*, 9, 2009, p. VII-XXXI.

FAZZO S., « Nicolas, l'auteur du *Sommaire de la Philosophie d'Aristote*. Doutes sur son identité, sa datation, son origine », *Revue des Études Grecques*, 121, 2008, p. 99-126.

FAZZO, S., ZONTA M., « Aristotle's Theory of Causes and the Holy Trinity. New Evidence about the Chronology and Religion of Nicolaus 'of Damascus'», *Laval Théologique et Philosophique*, 64, 2008, p. 681-690.

FONSECA P., *Commentariorum in Libros Metaphysicorum Aristotelis Stagiritae tomus tertius*, Coloniae, impensis Lazari Zetzneri bibliopolæ, 1604.

FORLIVESI M., « Impure Ontology. The Nature of Metaphysics and Its Object in Francisco Suárez Texts », *in* P. Porro (ed.), *Metafisica – sapientia – scientia divina. Soggetto e statuto della filosofia prima nel Medioevo, Quaestio. Annuario di storia della metafisica*, 5, 2005, p. 559-586.

– « Approaching the Debate on the Subject of Metaphysics from the Later Middle Ages to the Early Modern Age : the Ancient and modern Antecedents », *Medioevo*, 34, 2009, p. 9-59.

– « Filippo Fabri vs Patrizi, Suárez e Galilei : il valore della "Metafisica" di Aristotele e la distinzione delle scienze speculative », *in* G. Piaia, M. Forlivesi (eds), *Innovazione filosofica e università tra Cinquecento e primo Novecento*, Padova, CLEUP, 2011, p. 95-116.

FRANK G., SPEER A. (eds), *Der Aristotelismus in der Frühen Neuzeit. Kontinuität oder Wiedereneignung ?*, Wiesbaden, Harrassowitz, 2007.

FREDE M., « Monotheism and Pagan Philosophy in Late Antiquity », *in* P. Athanassiadi, M. Frede (eds), *Pagan Monotheism in Late Antiquity*, Oxford, Clarendon Press, 1999, p. 41-69.

FREEDMAN J. S., « The Godfather of Ontology ? Clemens Timpler », *in* C. Esposito (ed.), *Origini e sviluppi dell'ontologia (secoli XVI-XXI), Quaestio. Annuario di storia della metafisica*, 9, 2009, p. 3-40.

GENEQUAND Ch., « L'objet de la métaphysique selon Alexandre d'Aphrodise », *Museum Helveticum*, 36, 1979, p. 48-57.

GHISALBERTI A., « Percorsi significativi della *Metafisica* di Aristotele nel Medioevo », *in* A. Bausola, G. Reale (eds), *Aristotele. Perché la metafisica*, Milano, Vita e pensiero, 1994 (*Rivista di filosofia neo-scolastica*, 85, 1993), p. 451-470.

GILSON Ét., *L'être et l'essence*, Deuxième édition revue et augmentée, Paris, Vrin, 1962 (1 ʳᵉ éd. 1948).

– *Constantes philosophiques de l'être*, éd. par J.-F. Courtine, Paris, Vrin, 1983.

GÖCKEL R., *Lexicon philosophicum quo tanquam clave philosophiae fores aperiuntur*, Francofurti, Becker, 1613 (réimpr. Hildesheim, Olms, 1980).

GUNDISSALINUS DOMINICUS, *De divisione philosophiae*, L. Baur (hrsg.), Münster, Aschendorff, 1903 (*Beiträge zur Geschichte der Philosophie und Theologie des Mittelalters*, 4).

HEIDEGGER M., *Identität und Differenz*, Pfullingen, Neske, 1957 (*GA* I 11).

HONNEFELDER L., *Ens inquantum ens : Der Begriff des Seienden als solchen als Gegenstand der Metaphysik nach der Lehre des Johannes Duns Scotus*, Münster, Aschendorff, 1979 (*Beiträge zur Geschichte der Philosophie und Theologie des Mittelaters*, 16).

– *Scientia transcendens. Die formale Bestimmung der Seiendheit und Realität in der Metaphysik des Mittelalters und des Neuzeit (Duns Scotus – Suárez – Wolff – Kant - Peirce)*, Hamburg, Meiner, 1990.

– *La métaphysique comme science transcendantale entre le Moyen Âge et les Temps Modernes*, Paris, P.U.F., 2002.

IOANNES DUNS SCOTUS, *Quaestiones in Metaphysicam*, ed. G. Etzkorn, Saint Bonaventure-New York, The Franciscan Institute, 1997.

KOBAU P., «Ontologia», in M. Ferraris (ed.), *Storia dell'ontologia*, Milano, Bompiani, 2008, p. 145.

KREMER K., *Der Metaphysikbegriff in den Aristoteles-Kommentaren der Ammonius-Schule*, Münster, Aschendorff, 1961 (*Beiträge zur Geschichte der Philosophie und Theologie des Mittelalters*, 39/1).

LAMANNA M., « Sulla prima occorrenza del termine 'ontologia' », *Quaestio. Annuario di storia delle metafisica*, 6, 2006, p. 557-570.

– « "De eo enim metaphysicus agit logice". Un confronto tra Pererius e Goclenius », *Medioevo*, 34, 2009, p. 315-360.

– « Tra Fonseca e Suárez. L'ingresso della nozione di *ens reale* nella *Schulmetaphysik* », in M. Sgarbi (ed.), *Francisco Suárez and his Legacy. The Impact of Suárezian Metaphysics and Epistemology in Modern Philosophy*, Milano, Vita e pensiero, 2010, p. 141-168.

LIBERA A. de, « Structure du corpus scolaire de la métaphysique dans la première moitié du XIIIᵉ siècle », dans C. Lafleur (éd. avec J. Carrier), *L'enseignement de la philosophie au XIIIᵉ siècle. Autour du "Guide de l'étudiant" du ms. Ripoll 109*, Turnhout, Brepols, 1997, p. 61-88.

LORHARD J., *Ogdoas scholastica continens diagraphen typicam artium Grammatices, Logices, Rhetorices, Astronomices, Ethices, Physices, Metaphysices, seu Ontologiae*, Sangalli, Straub, 1606.

LUNA C., *Trois études sur la tradition des commentaires anciens à la Métaphysique d'Aristote*, Leiden-Boston-Köln, Brill, 2001.

MANDRELLA I., « Le sujet de la métaphysique et sa relation au *conceptus entis transcendentissimi* aux 16ᵉ et 17ᵉ siècles », *Medioevo*, 34, 2009, p. 123-140.

MARTINI C., « La tradizione araba della *Metafisica* di Aristotele. Libri α-A », *in* C. D'Ancona, G. Serra (eds), *Aristotele e Alessandro di Afrodisia nella tradizione araba*, Padova, Il Poligrafo, 2002, p. 75-112.

MORAUX P., *Der Aristotelismus bei den Griechen*, Bd. 1 : *Die Renaissance des Aristotelismus im I. Jh. v. Chr.*, Berlin-New York, W. de Gruyter, 1973.

NICOLAUS DAMASCENUS, *On the Philosophy of Aristotle*, ed. H. J. Drossaart Lulofs, Leiden, Brill, 1965.

PERERII B., *De Communibus omnium rerum naturalium Principiis & Affectionibus libri XV*, Parisiis, Apud Thomam Brumennium, 1585.

PETERSEN P., *Geschichte der aristotelischen Philosophie im protestantischen Deutschland*, Leipzig, Meiner, 1921 (réimpr. Stuttgart-Bad Cannstatt, Frommann, 1964).

POPPI A., « L'oggetto della metafisica nella *Quaestio de subjecto metaphysicae* di Giacomino Malafossa (1553) », *Medioevo*, 34, 2009, p. 105-122.

PORRO P., « Introduzione. Dalla *Metafisica* alla metafisica, e ritorno : una storia médiévale », *in* P. Porro (ed.), *Metafisica – sapientia – scientia divina. Soggetto e statuto della filosofia prima nel Medioevo, Quaestio. Annuario di storia della metafisica*, 5, 2005, p. IX-LI.

PRIMAVESI O., « Ein Blick in der Stollen von Skepsis : vier Kapitel zur frühen Überlieferung des *corpus aristotelicum* », *Philologus*, 151, 2007, p. 51-77.

RASHED M., « Aristote à Rome au IIᵉ siècle : Galien, *De indolentia*, § 15-18 », *Elenchos*, 32, 2011, p. 54-77.

ROCCARO P., « Soggetto e statuto della filosofia prima in Averroè », *in* P. Porro (ed.), *Metafisica – sapientia – scientia divina. Soggetto e statuto della filosofia prima nel Medioevo, Quaestio. Annuario di storia della metafisica*, 5, 2005, p. 345-362.

RUFFINENGO P. P., « L'oggetto della metafisica nella scuola tomista tra tardo medioevo ed età moderna », *Medioevo*, 34, 2009, p. 141-219.

SACCON A., « Metafisica », *in* M. Ferraris (ed.), *Storia dell'ontologia*, Milano, Bompiani, 2008, p. 67-97.

SAVINI M., « Johannes Clauberg e l'esito cartesiano dell'ontologia », *in* C. Esposito (ed.), *Origini e sviluppi dell'ontologia (secoli XVI-XXI), Quaestio. Annuario di storia della metafisica*, 9, 2009, p. 153-172.

SGARBI M., « Francisco Suárez and Christian Wolff. A Missed Intellectual Legacy », *in* M. Sgarbi (ed.), *Francisco Suárez and his Legacy. The Impact of Suárezian Metaphysics and Epistemology in Modern Philosophy*, Milano, Vita e pensiero, 2010, p. 229-244.

STEEL C., « Theology as First Philosophy. The Neoplatonic Concept of Metaphysics », *in* P. Porro (ed.), *Metafisica – sapientia – scientia divina. Soggetto e statuto della filosofia prima nel Medioevo, Quaestio. Annuario di storia della metafisica*, 5, 2005, p. 3-22.

SUÁREZ F., *Disputationes metaphysicae*, éd. C. Berton, *in Opera omnia*, XXV-XXVI, Paris, Vivès, 1861 (réimpr. 2 vol., Hildesheim, Olms, 1965 et 1998).

– *Disputes métaphysiques : I, II, III*, texte intégral présenté, traduit et annoté par J.-P. Coujou, Paris, Vrin, 1998.

THOMAS DE AQUINO, *Super Boetium de Trinitate, Expositio Libri Boetii de Ebdomadibus*, éd. P. M. Gils, L.-J. Bataillon, C. A. Grassi, Commission Léonine, Rome-Paris, Éditions du Cerf, 1992.

VAN DER BERG S., *Die Epitome der Metaphysik des Averroes*, übersetzt und mit eine Einleitung und Erläuterungen versehen, Leiden, Brill, 1924 (réimpr. Frankfurt am Main, Institute for the History of Arabic-Islamic Science, 1999).

VERBEKE G., «Aristotle's *Metaphysics* viewed by the Ancient Greek Commentators», *in* D. O'Meara (ed.), *Studies in Aristotle*, Washington, D.C., The Catholic University of America Press, 1981, p. 107-127.

VOLLRATH E., «Die Gliederung der Metaphysik in eine *Metaphysica Generalis* und eine *Metaphysica Specialis*», *Zeitschrift für philosophische Forschung*, 16, 1962, p. 258-284.

WOLFF Chr., *Philosophia prima, sive Ontologia, methodo scientifica pertractata*, Frankfurt-Leipzig, Renger, 1729; *Cosmologia generalis, ibidem*, 1731; *Psychologia rationalis, ibidem*, 1734; *Theologia naturalis*, 2 vol., *ibidem*, 1739-1741 (réimpr. in *Gesammelte Werke*, hrsg. u. bearb. v. J. École u. H. W. Arndt, Hildesheim, Olms, 1962-).

ZIMMERMANN A., *Ontologie oder Metaphysik? Die Diskussion über den Gegenstand der Metaphysik im 13. Und 14. Jahrhundert. Texte und Untersuchungen*, Louvain-la-Neuve, Peeters, 2ᵉ éd. 1998.

GLOSSAIRES

GREC-FRANÇAIS

ἀεί (*aei*) : toujours
ἀίδιος (*aidios*) : éternel
αἴσθησις (*aisthêsis*) : sensation
αἰτία, αἴτιος (*aitia, aitios*) : cause
ἀληθής (*alêthês*) : vrai
ἁπλῶς (*haplôs*) : simplement
ἀρχή (*arkhê*) : principe
ἀφαιρεῖν (*aphairein*) : soustraire
ἀχώριστος (*akhôristos*) : inséparé
γένεσις (*genesis*) : génération
γένος (*genos*) : genre
γίγνεσθαι (*gignesthai*) : devenir, arriver, génération
διαίρεσις (*diairesis*) : division
διανοητική (*dianoêtikê*) : rationnelle
διάνοια (*dianoia*) : pensée rationnelle
δύναμις (*dunamis*) : capacité, puissance
εἶδος (*eidos*) : forme
ἐνέργεια (*energeia*) : acte
ἕξις (*hexis*) : habitude, disposition
ἐπαγωγή (*epagôgê*) : induction
ἐπιστήμη (*epistêmê*) : science
θεωρητική (*theôrêtikê*) : théorétique
καθ᾽ αὐτό (*kath'hauto*) : par soi
καθόλου (*katholou*) : universel
κατὰ συμβεβηκός (*kata sumbebêkos*) : par accident
κατηγορία (*katêgoria*) : prédication
κύριος (*kurios*) : principal
λόγος (*logos*) : discours, raison, argument, définition
μαθήματα (*mathêmata*) : sciences mathématiques
μὴ ὄν (*mê on*) : non-être
νοῦς (*nous*) : intellect
ὄν (*on*) : être
ὂν ᾗ ὄν (*on hêi on*) : être en tant qu'être

οὐσία (*ousia*) : substance
πάθος (*pathos*) : affection
ποίησις (*poiêsis*) : production
ποιητική (*poiêtikê*) : productrice
ποιόν (*poion*) : qualité
ποσόν (*poson*) : quantité
πρᾶγμα (*pragma*) : chose
πρᾶξις (*praxis*) : action
πρακτική (*praktikê*) : pratique
πρακτόν (*prakton*) : objet de l'action
προαίρεσις (*proairesis*) : choix
πρῶτος (*prôtos*) : premier
σοφία (*sophia*) : sagesse
στοιχεῖον (*stoikheion*) : élément
συμβαίνειν (*sumbainein*) : arriver
συμβεβηκός (*sumbebêkos*) : accident
συμπλοκή (*sumplokê*) : composition
σύνθεσις (*sunthesis*) : union
συνκεῖσθαι (*sunkeisthai*) : être uni
τέχνη (*tekhnê*) : art
τί ἐστιν (*ti estin*) : essence
τί ἦν εἶναι (*ti ên einai*) : être essentiel
τύχη (*tukhê*) : hasard
ὕλη (*hulê*) : matière
ὑπόθεσις (*hupothesis*) : hypothèse
ὑποκείμενον (*hupokeimenon*) : sujet
φθείρεσθαι (*phtheiresthai*) : se corrompre
φθορά (*phthora*) : corruption
φυσικός (*phusikos*) : physique, physicien
φύσις (*phusis*) : nature
χωριστός (*khôristos*) : séparé
ψευδής (*pseudês*) : faux
ὡς ἐπὶ τὸ πολύ (*hôs epi to polu*) : dans la plupart des cas

FRANÇAIS-GREC

accident : συμβεβηκός *(sumbebêkos)*
acte : ἐνέργεια *(energeia)*
action : πρᾶξις *(praxis)*
affection : πάθος *(pathos)*
argument : λόγος *(logos)*
arriver : γίγνεσθαι *(gignesthai)*, συμβαίνειν *(sumbainein)*
art : τέχνη *(tekhnê)*
capacité : δύναμις *(dunamis)*
cause : αἰτία, αἴτιος *(aitia, aitios)*
choix : προαίρεσις *(proairesis)*
chose : πρᾶγμα *(pragma)*
composition : συμπλοκή *(sumplokê)*
corruption : φθορά *(phthora)*, φθείρεσθαι *(phtheiresthai)*
dans la plupart des cas : ὡς ἐπὶ τὸ πολύ *(hôs epi to polu)*
définition : λόγος *(logos)*
devenir : γίγνεσθαι *(gignesthai)*
discours : λόγος *(logos)*
disposition : ἕξις *(hexis)*
division : διαίρεσις *(diairesis)*
élément : στοιχεῖον *(stoikheion)*
essence : τί ἐστιν *(ti estin)*
éternel : ἀΐδιος *(aidios)*
être : ὄν *(on)*
être en tant qu'être : ὂν ᾗ ὄν *(on hêi on)*
être essentiel : τί ἦν εἶναι *(ti ên einai)*
être uni : συνκεῖσθαι *(sunkeisthai)*
faux : ψευδής *(pseudês)*
forme : εἶδος *(eidos)*
génération : γένεσις *(genesis)*, γίγνεσθαι *(gignesthai)*
genre : γένος *(genos)*
habitude : ἕξις *(hexis)*
hasard : τύχη *(tukhê)*
hypothèse : ὑπόθεσις *(hupothesis)*

induction : ἐπαγωγή (*epagôgê*)
inséparé : ἀχώριστος (*akhôristos*)
intellect : νοῦς *(nous)*
matière : ὕλη (*hulê*)
nature : φύσις *(phusis)*
non-être : μὴ ὄν *(mê on)*
objet de l'action : πρακτόν (*prakton*)
par accident : κατὰ συμβεβηκός (*kata sumbebêkos*)
par soi : καθ'αὐτό (*kath'hauto*)
pensée rationnelle : διάνοια *(dianoia)*
physique : φυσικός *(phusikos)*
pratique : πρακτική (*praktikê*)
prédication : κατηγορία (*katêgoria*)
premier : πρῶτος (*prôtos*)
principal : κύριος (*kurios*)
principe : ἀρχή (*arkhê*)
production : ποίησις (*poiêsis*)
productrice : ποιητική (*poiêtikê*)
puissance : δύναμις *(dunamis)*
qualité : ποιόν *(poion)*
quantité : ποσόν *(poson)*
raison : λόγος *(logos)*
rationnelle : διανοητική (*dianoêtikê*)
sagesse : σοφία (*sophia*)
science : ἐπιστήμη (*epistêmê*)
sciences mathématiques : μαθήματα (*mathêmata*)
sensation : αἴσθησις (*aisthêsis*)
séparé : χωριστός *(khôristos)*
simplement : ἁπλῶς *(haplôs)*
soustraire : ἀφαιρεῖν (*aphairein*)
substance : οὐσία (*ousia*)
sujet : ὑποκείμενον (*hupokeimenon*)
théorétique : θεωρητική (*theôrêtikê*)
union : σύνθεσις (*sunthesis*)
universel : καθόλου (*katholou*)
toujours : ἀεί (*aei*)
vrai : ἀληθής (*alêthês*)

INDEX LOCORUM

Les passages du livre Epsilon ne figurent pas dans l'index.

INDEX NOMINUM

Les noms des éditeurs, des traducteurs et des auteurs, anciens et modernes, de commentaires continus du livre E de la *Métaphysique* ne figurent pas dans l'index.

TABLE DES MATIÈRES

ARISTOTE
MÉTAPHYSIQUE
Livre Epsilon

Dépôt légal : mai 2015
IMPRIMÉ EN FRANCE

Achevé d'imprimer le 4 mai 2015
sur les presses de l'imprimerie «La Source d'Or»
63039 Clermont-Ferrand
Imprimeur n° 17857

Dans le cadre de sa politique de développement durable,
La Source d'Or a été référencée IMPRIM'VERT®
par son organisme consulaire de tutelle.
Cet ouvrage est imprimé - pour l'intérieur - sur papier offset 80 g
provenant de la gestion durable des forêts,
produit par des papetiers dont les usines ont obtenu
les certifications environnementales ISO 14001 et E.M.A.S.